HENRI DE RÉGNIER

La
Double Maîtresse

— ROMAN —

SEPTIÈME ÉDITION

PARIS
SOCIÉTÉ DV MERCVRE DE FRANCE
XV, RVE DE L'ÉCHAVDÉ-SAINT-GERMAIN, XV

MCM

MERCVRE DE FRANCE

Fondé en 1672
(*Série moderne*)

15, RVE DE L'ÉCHAVDÉ. — PARIS

paraît tous les mois en livraisons de 300 pages, et forme dans l'année 4 volumes in-8, avec tables.

Littérature, Poésie, Théâtre, Musique, Peinture
Sculpture, Philosophie, Histoire, Sociologie, Sciences,
Voyages, Bibliophilie, Sciences occultes,
Critique, Littérature étrangère, Portraits, Dessins
et Vignettes originaux, Revue du mois internationale.

REVUE DU MOIS

Épilogues (actualité) : Remy de Gourmont.
Les Poèmes : Pierre Quillard.
Les Romans : Rachilde.
Théâtre (publié) : Louis Dumur.
Littérature : Robert de Souza.
Histoire, Sociologie : Marcel Collière.
Philosophie : Louis Weber.
Psychologie : Gaston Danville.
Science sociale : Henri Mazel.
Questions morales et religieuses : Victor Charbonnel.
Sciences : Albert Prieur.
Méthodes : Valéry.
Voyages, Archéologie : Charles Merki.
Romania, Folklore : J. Drexelius.
Bibliophilie, Histoire de l'Art : R. de Bury.
Ésotérisme et Spiritisme : Jacques Brieu.
Chronique universitaire : L. Bélugou.
Les Revues : Charles-Henry Hirsch.
Les Journaux : R. de Bury.
Les Théâtres : A.-Ferdinand Herold.
Musique : Pierre de Bréville.
Art moderne : André Fontainas.
Art ancien : Virgile Josz.
Publications d'Art : Y. Rambosson.
Le Meuble et la Maison : Les XIII.
Chronique du Midi : Jean Carrère.
Chronique de Bruxelles : Georges Eekhoud.
Lettres allemandes : Henri Albert.
Lettres anglaises : Henry-D. Davray.
Lettres italiennes : Luciano Zúccoli.
Lettres espagnoles : Ephrem Vincent.
Lettres portugaises : Philéas Lebesgue.
Lettres latino-américaines : Pedro Emilio Coll.
Lettres russes : Zinaïda Wenguerov.
Lettres néerlandaises : Alexandre Cohen.
Lettres scandinaves : Peer Eketræ.
Lettres tchèques : Jean Rowalski.
Lettres hongroises : Zrinyi János.
Variétés : X.
Publications récentes : Mercure.
Echos : Mercure.

PRIX DU NUMÉRO :

France : 2 fr. » — Étranger : 2 fr. 25

ABONNEMENT

FRANCE		ETRANGER	
Un an	20 fr.	Un an	24
Six mois	11 »	Six mois	13
Trois mois	6 »	Trois mois	7

On s'abonne *sans frais* dans tous les bureaux de poste en France (Algérie, Corse comprises), et dans les pays suivants : Belgique, Danemark, Italie, Norvège, Pays-Bas, Portugal, Suède, Suisse.

Imp. C. RENAUDIE, 56, rue de Seine, Paris.

LA DOUBLE MAITRESSE

DU MÊME AUTEUR

Poésie

PREMIERS POÈMES	1 vol.
POÈMES	1 vol.
LES JEUX RUSTIQUES ET DIVINS.	1 vol.
LES MÉDAILLES D'ARGILE.	1 vol.

Prose

LA CANNE DE JASPE	1 vol.
LE TRÈFLE BLANC	1 vol.
LE BOSQUET DE PSYCHÉ	1 plq.

HENRI DE RÉGNIER

La
Double Maîtresse

— ROMAN —

SEPTIÈME ÉDITION

PARIS
SOCIÉTÉ DV MERCVRE DE FRANCE
XV, RVE DE L'ÉCHAVDÉ-SAINT-GERMAIN, XV

MCM

Il a été tiré de cet ouvrage :

Cinq exemplaires sur Japon impérial, numérotés de 1 à 5,
Cinq exemplaires sur Chine, numérotés de 6 à 10,
et vingt-neuf exemplaires sur Hollande, numérotés de 11 à 39.

Justification du tirage :

Droits de reproduction et de traduction réservés pour tous pays,
y compris la Suède, la Norvège et le Danemark.

A MARIE DE RÉGNIER

Je ne sais trop, pour dire vrai, d'où j'ai été conduit à écrire ce singulier roman ni par où il m'est venu à l'esprit. Ce qui est certain, c'est qu'il y trouva presque à mon insu de quoi m'imposer son autorité et me contraindre à faire droit à ses exigences.

Malgré tout, je n'aurais pas dû, peut-être, lui accorder le crédit qu'il réclamait ni lui permettre de prendre corps en un livre qui, s'il contenta ma fantaisie, ne laisse pas d'embarrasser quelque peu mon jugement; mais cette hétéroclite figure de M. de Galandot m'est, si souvent et avec tant d'insistance, apparue à la pensée que j'ai ressenti le besoin de me l'expliquer à moi-même. Je lui ai inventé une vie pour l'écarter de la mienne et j'ai pris ensuite le parti de le faire connaître aux autres pour mieux parvenir à l'oublier.

Le voici donc représenté aussi exactement que possible avec les évènements que j'ai imaginés autour de lui dans le sens de son caractère. C'est un pauvre homme que M. de Galandot. J'ai eu soin de lui composer une histoire qui lui convînt. Si le lecteur ne voit point là ce que j'y ai voulu montrer, il me pardonnera mon erreur et je lui passerai son désaveu sans lui en vouloir davantage qu'il ne m'en voudra sans doute d'avoir proposé à son plaisir un personnage qui a souvent fait le mien.

D'ailleurs, je n'ai guère cherché autre chose qu'à faire défiler sur les verres de ma lanterne quelques ombres à la française et, si j'avais voulu mettre au frontispice le portrait de mon héros, croyez que c'eût été à la manière de ces petites figures de jadis qu'on appelait des silhouettes et qui découpent à plat sur le papier blanc leurs profils à l'encre noire.

R.

PROLOGUE

M. de Portebize avait beau remonter le cours de son souvenir, il n'y trouvait rien qui concernât particulièrement son grand-oncle, M. de Galandot.

Il faut dire que les figures les plus familières à la mémoire du jeune homme n'étaient point celles de ses proches. Ses parents avaient plutôt confié son enfance aux mains des serviteurs et sa jeunesse à celles des maîtres à apprendre que pris soin eux-mêmes de l'une et de l'autre. Aussi, des visages qui s'étaient penchés par-dessus son épaule, au jeu ou à l'étude, qu'il fouettât une toupie ou feuilletât un livre, lui en revenait-il davantage de servantes et de valets, de cuistres d'école ou de régents de collège que de personnes de sa famille. De plus, non seulement frères et sœurs lui firent défaut, mais aussi cousins et cousines et, par conséquent, les tantes et les oncles, car M. de Galandot, à proprement parler, ne comptait pas ; j'entends par là qu'il ne représenta aucunement et jamais ce personnage si unique et si important à l'enfance et qui tient à ses yeux une place à part, l'Oncle.

Cet état, que M. de Galandot eût pu remplir envers son petit-neveu, resta donc sans titulaire dans la mémoire de François de Portebize. Il ne connut pas ce visiteur familier qui ne vient qu'à certains jours et se présente le plus souvent sous un aspect bonasse et débonnaire, qui d'abord s'intéresse aux jeux et plus tard aux fredaines, ne vous gronde guère et vous morigène tout au plus, vous tapote la joue et vous pince l'oreille et vous laisse le souvenir de sa vieillesse lié bizarrement à celui de votre jeune âge.

François, cependant, se souvenait assez bien d'avoir entendu nommer parfois M. de Galandot, mais il n'en savait rien de plus. M. et Mme de Portebize parlaient peu devant leur fils qui d'ailleurs se trouvait assez rarement en leur compagnie. On ne s'occupa de lui qu'indirectement et par le choix qu'on faisait des gens destinés à sa garde et des personnes chargées de son éducation. Le collège survint. Il ne parut guère plus souvent au parloir qu'il ne venait au salon. Aussi ne regretta-t-il point la maison paternelle. Elle était vaste et déserte avec un carrosse toujours attelé dans la cour, car M. et Mme de Portebize partaient courir la ville à toute heure de nuit et de jour. Les congés qu'il passait là ne le divertissaient guère ; il s'ennuyait et, le soir, il avait peur dans sa chambre ; aussi retournait-il sans regret au dortoir, au pupitre et à la férule.

De ces séjours en famille il ne se rappelait pas avoir vu jamais, parmi les cadres où figuraient sa mère en déesse, la draperie à l'épaule et le sein nu, et son père, un cornet de dés à la main, aucun portrait qui représentât M. de Galandot et où il eût pu prendre quelque idée de sa taille ou de sa mine.

Il s'en étonnait sans savoir ce qui avait empêché que l'oncle parût là, même en peinture. Il ne subsistait, en effet, entre les Portebize et leur cousin, d'autre lien que celui de la parenté dont la force durable et imprévue venait de se faire sentir de la façon la plus heureuse, car le vieux gentilhomme, en mourant à Rome où il s'était retiré depuis de longues années, laissait ses biens à ce petit-neveu.

Aussi François était-il encore tout abasourdi de cette aubaine. Le peu de chances à cet héritage en rendait la surprise plus agréable encore, et l'heureux héritier ressentait le plaisir qu'il y a à se réveiller un beau matin, et d'un seul coup, solidement riche.

Jamais donc M. de Galandot ne lui parut plus vivant que maintenant qu'il était mort. Le jeune homme cherchait à se représenter exactement son bienfaiteur inattendu, mais il manquait, comme on voit, des secours ordinaires qui aident en pareil cas notre incertitude au sujet de quelqu'un qui prend pour nous un intérêt subit; et il se tourmentait en vain pour s'imaginer comment pouvait donc bien être ce Galandot d'Italie qui mourait si juste à point pour un Portebize de France, et, faute de mieux, il en était réduit pour toute ressource à ne se le figurer autrement qu'à l'effigie des écus dont ce favorable trépas faisait tinter à ses oreilles le bruit argentin. Il lui voyait le profil d'une monnaie et ainsi le trouvait fort beau.

François de Portebize l'était aussi. C'était un garçon de vingt-cinq ans, joli à voir sous son uniforme vert à parements rouges, le catogan bien tressé et noué, sur la nuque, d'un ruban noir. Sa tournure militaire faisait se retourner les femmes quand il passait sur la place en compagnie de MM. de Créange et d'Oriocourt, ses inséparables à la parade comme au tripot. Ils se montraient experts, tous trois, aux jeux d'amour et de hasard. Ils y faisaient brelan et chacun marquait cœur à son tour. Tous trois pauvres d'ailleurs, car, si les profits de l'épaulette sont minces, ceux des cartes sont incertains; aussi, ne possédait-il guère, comme ces Messieurs, que le bien d'une bonne mine et d'une fort bonne naissance, car il était de noblesse prouvée et de taille agréable.

Il s'y ajoutait, de plus, la chance d'être le fils d'une jolie femme dont son père, le gros Portebize, n'avait point dédaigné l'avantage d'être le mari en épousant, déjà sur le retour, la belle Julie de Mausseuil, de qui était né le beau François.

Du reste le singulier mariage de cette gracieuse personne et de ce libertin ventru avait eu ses raisons dans l'entremise de la vieille Mme de Galandot, tante de Julie, qui s'y employa comme nous dirons. L'affaire bâclée, la nouvelle mariée suivit à Paris son époux que les écus de la dot qu'on lui compta aidèrent à reprendre figure.

Celle de sa femme était trop charmante pour qu'on n'y fît pas attention, et Portebize fut attentif à tirer profit de l'émotion que produisaient ce visage délicat et frais, cette beauté voluptueuse et saine et qui semblait naïve. Il se poussa activement en tous sens, s'accrédita et se fût même enrichi si le goût du jeu n'eût été le tambour par lequel s'en alla ce qu'attirait la flûte aux lèvres de cette nouvelle sirène. Cela ne se passa point sans que Portebize fût cocu, mais il le sut être avec profit et bonhomie. Ses cornes furent d'abondance. Sous un air lourdaud et rustre, il était fin, expert et corrompu; aussi se pourvut-il grassement de places lucratives où il prenait de quoi risquer au tapis vert assez pour paraître gros joueur et en acquérir une espèce de renom parmi les brelandiers de la Cour et de la Ville. Cela lui donna une importance qui, jointe aux faveurs qu'il obtint de sa complaisance conjugale, fit de lui une sorte de personnage décrié, mais à même de bien des choses.

Sa femme, pour sa part, ne se supposa jamais l'instrument de cette louche fortune. Elle n'imaginait point qu'on pût tirer de l'amour autre chose que du plaisir, ni du plaisir que ce que l'on en peut prendre soi-même. Que son mari pensât autrement, peu lui importait. Satisfait des services involontaires qu'elle lui rendait, il ne s'opposait point à son divertissement particulier. Aussi usat-elle en toute liberté d'un goût naturel pour la galanterie où la portait la vivacité de ses sens et auquel semblaient la disposer l'éclat même de sa chair et toute la riche exubérance de sa beauté.

Julie provoquait plus le désir qu'elle n'attirait l'amour. Elle répondait à l'un avec une promptitude qui eût sans doute offusqué l'autre, tant elle mettait une sorte de hâte à satisfaire l'impatience qu'elle causait. Aussi fut-elle à son insu en mesure de servir son mari auprès de beaucoup de gens qui surent à leurs dépens ce qu'il en coûta à leur complaisance d'avoir profité de la sienne. Parfaitement heureuse, elle fit beaucoup d'heureux. Mais le désir passe avec qui l'a fait naître. Sa brusquerie se prend aux apparences qui se gâtent les premières. Tout charnel, il se conforme à la chair; il en dépend et, comme il en a subi la vigoureuse chaleur, il se mesure à la durée de son éclat.

Celui de Julie fut splendide et succulent. Elle éblouit, charma et ne retint pas. Elle eut des liaisons et pas de ces liens qui nouent l'une à l'autre deux destinées et font que l'amour se prolonge entre deux amants malgré le déclin des corps qu'ils unissent et l'usure des visages dont ils se regardent. M. le maréchal de Bonfort, qui l'avait eue des premiers, l'appelait assez plaisamment les Mille et une Nuits. Elle souriait et passait outre, toujours belle, voluptueuse et fraîche.

Pourtant le temps vint où le sourire délicieux qui avait animé ce charmant visage n'y trouva plus l'aide de la jeunesse et où la belle Julie fut la toujours belle Julie avant de devenir l'encore belle Mme de Portebize. Elle le restait d'une beauté plus mûrie et comme alourdie, ce soir où, le dernier, elle parut parmi ceux qui allaient si vite l'oublier.

On soupait chez le maréchal de Bonfort quand, au milieu du second service, le gros Portebize s'affaissa brusquement sur sa chaise et donna de la tête contre son assiette. On le releva, le nez barbouillé de sauce et la face écarlate. On s'empressa, mais tous les soins furent vains. La veine ouverte par la lancette du chirurgien resta sèche. Il était mort, si bien que, quand on l'eut emporté, M. de Bonfort, en se mettant au jeu, ne laissa pas de dire qu'après tout c'était encore là ce que le drôle avait jamais fait de mieux que de finir en bonne compagnie une vie que la plus mauvaise occupait d'ordinaire, et qu'il en fallait louer Dieu.

Ce trépas eut pour suites que Mme de Portebize demeura pauvre avec son fils déjà grandelet. Son miroir consulté ne lui permit pas de doute sur l'opportunité de faire retraite. Il lui indiquait discrètement que son visage, qui l'avait si bien servie, ne tarderait pas à la desservir. Aussi prit-elle le franc parti de disparaître d'un monde où elle avait paru avec un éclat qu'elle n'était plus en mesure de soutenir. Sa dot depuis longtemps dispersée, il ne restait guère à la veuve et à son fils que la terre de Bas-le-Pré, qui lui venait de ses parents et continuait à porter récolte de ses maigres arpents. Elle s'y retira donc complètement, laissant François à Paris, au collège de Navarre, où M. de Bonfort le maintint de ses deniers. Le vieux maréchal prit soin du jeune homme qui ne revit sa mère qu'au moment de partir pour le service du roi et durant la semaine qu'il vint passer à Bas-le-Pré, avant de rejoindre son régiment où il retrouva MM. de Créange et d'Oriocourt, qu'il avait connus à l'Académie. Tous trois tenaient leurs brevets du maréchal et se ressemblaient singulièrement.

C'est en ce manoir de Bas-le-Pré que François de Portebize revoyait sa mère en pensée et, tout en causant de choses et d'autres sur le mail où il se promenait avec MM. d'Oriocourt et de Créange, il retrouvait dans sa mémoire les moindres détails de ce bizarre logis.

On y arrivait par un chemin d'arbres rabougris qui partait de la grand'route et débouchait devant le château. C'était un bâtiment carré avec une tourelle à chaque angle. Une poterne voûtée donnait accès à une cour intérieure gazonnée et coupée d'une croix de sentiers. En face de la poterne, une porte basse ouvrait au dehors sur un potager dont les plates-bandes bordées d'un buis clairsemé contenaient des légumes rachitiques et de malingres arbres à fruits. Par-dessus les haies de clôture, on apercevait quelques chaumières, groupées en hameau, qui formaient une douzaine de feux.

Une terre de médiocre étendue composait avec elles toute la dépendance du château en grande partie inhabité. Mme de Portebize y occupait les pièces basses du rez-de-chaussée que surmontaient un étage de chambres et des greniers.

Elle vivait là fort solitaire, vêtue de grosse laine, vaquant aux soins du ménage, un trousseau de clefs à la main. Elle surveillait la cuisine, aimant à manger finement, et la buanderie, ayant gardé le goût du beau linge. Aussi l'armoire et le buffet étaient-ils largement garnis si la garde-robe était moins pourvue. Le plus clair du mince revenu de

Mme de Portebize s'employait à faire venir de la ville des aunes de toile et des paniers de provisions, car les fruits du jardin et les volailles de la basse-cour ne lui eussent fourni qu'une chère piteuse.

La redevance des fermiers était chétive. Ils respectaient fort Mme de Portebize, car elle mettait grande attention à ne point se laisser duper. Elle examinait avec soin le beurre de la baratte et le grain du boisseau, mais elle ne pouvait faire que les vaches ne fussent avares de lait et la semence pauvre d'épis.

Ces menus soins achevés, elle s'asseyait d'ordinaire près de la fenêtre et filait au rouet. Elle accompagnait son travail monotone de chansons continuelles, car elle demeurait gaie et rieuse ; mais, au lieu de noëls et de complaintes de bonne femme, elle fredonnait des couplets gaillards et des refrains grivois, car sa mémoire était pleine de ceux qui couraient en son beau temps et elle en murmurait sans y penser l'inconsciente gravelure. Ces ponts-neufs contrastaient singulièrement avec son costume de Mère l'Oie, mais personne n'était là pour prendre garde au disparate. La vieille Jeannette tisonnait l'âtre et le petit Jean, qui était simple, entrait ou sortait, portant quelque vaisselle, avant d'aller passer une souquenille pour dresser la table et servir le repas de sa maîtresse.

Elle mangeait seule, abondamment et longuement. L'embonpoint tendait sa chair encore souple. Elle gardait de sa beauté passée un visage agréable. Elle était grasse, avec les plus belles mains du monde, et quand, à son miroir, avant de se mettre au lit, elle défaisait sa guimpe de lingerie et laissait tomber sa jupe de futaine, de cette dépouille, couleur de cendre et de feuille morte, elle sortait nue et plantureuse, les seins lourds et la croupe rebondie.

François de Portebize se revoyait à Bas-le-Pré, assis en face de sa mère, devant la grande soupière à fleurs à laquelle ils apportaient tous deux un appétit égal. Le sien s'aiguisait au grand air. L'après-midi, il battait le pays sur un vieux courtaud qui le ramenait le soir aux quatre tourelles de Bas-le-Pré. La nuit, il entendait grincer leurs girouettes. Le vent courait sur les campagnes par larges poussées et s'arrêtait un instant à taquiner les vieilles ferrures, puis passait outre et continuait sa route aérienne. Cette antique demeure, avec sa cour herbue, debout au milieu des champs, lui semblait un triste séjour. L'alentour n'en compensait pas l'intérieur.

Cette piètre seigneurie de Bas-le-Pré était composée de terres revêches et dures, rebelles à la charrue, d'une culture difficile et d'un produit médiocre. Le blé y poussait court; l'herbe rase nourrissait un bétail maigre. Le paysan y était hargneux et hâve. Les bois sans futaie ne donnaient guère que des broussailles et des baliveaux. Les troncs y étaient rugueux, les branches estropiées, les souches cornues et grimaçantes. Des marais embusquaient çà et là leurs eaux ternes qui en rongeaient sournoisement les bords. C'était un mauvais coin de pays, une sorte de sol de rebut qui contrastait avec les terres voisines, vertes, plantureuses, de bon aspect.

Ce Bas-le-Pré enfonçait par des pointes bizarres son terroir anguleux et dur dans la fertilité environnante. Il formait une enclave hostile, ridée de sillons arides, vêtue d'herbe pelée. Ses mares glauques louchaient, ses arbres menaçaient. Il avait, si l'on peut dire, mauvais visage. Il était une manière de déchet dont les seigneurs du lieu durent s'accommoder tant bien que mal. Ils y avaient toujours vécu à l'étroit, retirés et rétifs, connus pour leur âcre vouloir et leur méchant caractère, leur aigreur. Mal hospitaliers, de foi scabreuse et d'adresse retorse, assez bien représentés par leur nom même de Mausseuil.

C'était merveille de penser que la belle Julie fût née en ce vilain lieu, de ces vilaines gens et même du pire d'entre eux. Elle était la fille tardive du dernier M. de Mausseuil qui, d'un second mariage d'où elle était issue, l'avait laissée orpheline avec la seule compagnie d'une tante plus qu'à moitié folle, autant par nature que par la rage d'avoir vu sa cadette sortir de Bas-le-Pré et épouser par une fortune extraordinaire le comte de Galandot dont elle mit au monde, en 1716, un fils du nom de Nicolas, qui se trouva le cousin de Julie et, par suite, devint le grand-oncle de François de Portebize.

Les terres des Galandot étaient vastes et bonnes. Elles entouraient de toutes parts celles des Mausseuil. Les quatre tourelles de Bas-le-Pré regardaient au-delà de leurs chétifs arpents s'étaler une noble étendue de prés, de champs et de bois, et voici que, par un singulier retournement de fortune, tout cela passait aujourd'hui aux mains heureuses de François de Portebize. Le petit domaine acariâtre et rechigné accaparait la grande et forte seigneurie. Les minces sillons de l'un se continuaient des bons labours de l'autre. Les bois rachitiques s'unissaient aux riches forêts, les prés pelés aux fertiles prairies. C'était l'union des sept vaches grasses et de la vache maigre.

Il semblait à François de Portebize qu'un large souffle de bonheur venait de passer sur sa vie. Les girouettes des tourelles de Bas-le-Pré avaient tourné brusquement. Le vent avait fait battre les volets, ouvert les fenêtres, chassé la poussière; et tout cela parce que quelqu'un qu'il ne connaissait pas était mort à Rome et parce que lui était bien vivant, prêt à jouir de ce que la vie donne à tous et, grâce à ce legs opportun, de tout ce dont l'augmente la richesse. Oh! le digne oncle que ce Nicolas de Galandot! Et svelte en son coquet uniforme à parements rouges, le catogan bien tressé et noué à la nuque d'un ruban noir, sur le mail qu'il parcourait entre MM. d'Oriocourt et de Créange, ses inséparables, il allait faisant sonner ses éperons, tandis qu'à son oreille une petite voix intérieure lui disait : « Eh bien ! François de Portebize, êtes-vous content ? » et ajoutait du ton de fausset d'un tabellion qui assure ses bésicles : « Seigneur de Noircourt-les-Trois-Fontaines, seigneur de Clairchamps, de Saint-Martin-le-Pieux, du Clos-Joli, des Serpentes, de Saint-Jean-la-Vigne et autres lieux, châtelain de

Pont-aux-Belles... » Et il se sentait une reconnaissance, pour tant de biens imprévus, envers ce Galandot le Romain qui lui apparaissait dans une sorte de prestige incertain mais imposant, debout sur un socle, le glaive à la cuisse, la cuirasse au torse, et avec la longue perruque que porte le Grand Roi quand on le représente en César ou en Auguste, sur les places de ses bonnes villes ou sur les médailles de ses victoires.

PREMIÈRE PARTIE

PONT-AUX-BELLES

I

Le château de Pont-aux-Belles où naquit Nicolas de Galandot, le 4 juin 1716, était un fort beau lieu et resté tel, comme le constata François de Portebize quand, après la mort de son oncle, accompagné du vieil intendant qui, les clefs à la main, lui en ouvrait une à une les chambres désertes, il en parcourut les hautes et basses salles avec tout le soin et le détail naturels à ces sortes de visites.

On pouvait admirer à Pont-aux-Belles, outre la bonne dimension des vestibules, l'heureux agencement des corridors et la parfaite entente des dégagements, avec je ne sais quoi de sévère et de solide, qui en rehaussait l'ordonnance. Tout y semblait pour favoriser une vie calme et réglée. Les escaliers par leurs larges marches et leur ample révolution conseillaient la lenteur des pas. Ils étaient aisés et justes à la montée comme à la descente, en proportion avec l'enjambée. La bibliothèque vaste et bien fournie disposait aux longues heures de lecture et de méditation. La salle à manger monumentale paraissait faite pour des repas copieux et graves, comme les salons pour s'y entretenir avec décence et cérémonie, plutôt en propos alternatifs et en fortes sentences que par plaisanteries et calembredaines.

Les hautes fenêtres y donnaient vue sur les jardins qui, par leurs allées régulières, leurs quinconces symétriques, leurs charmilles égales, semblaient reproduire au dehors le bel ordre intérieur. Devant le château, entre deux miroirs d'eau plate, sur une table de pierre, un cadran solaire marquait, de l'angle oblique de son gnomon de bronze, la durée du jour.

C'est à ce cadran que M. de Galandot, le père, sut que son fils Nicolas venait de coûter à sa mère un laborieux travail, car il était huit heures du matin quand la noble dame ressentit les premières douleurs et ce fut à trois de relevée qu'on accourut annoncer à son époux, au jardin où il avait fui le spectacle de l'opération naturelle dont sa femme supportait patiemment les épreintes, que la conséquence s'en trouvait un petit garçon à qui il ne manquait rien.

M. de Galandot se sentit fort soulagé. Il prit dans sa tabatière une large pincée de tabac, souleva son chapeau, mit sa perruque à la pomme de sa canne et s'essuya cérémonieusement le front. Il commanda aussitôt qu'on lui apportât à boire.

Un valet se montra bientôt avec une bouteille débouchée sur un plateau. M. de Galandot se versa un grand verre de vin, le haussa à la hauteur de son œil et le but à la santé du jeune Nicolas. Puis il se dirigea vers la chambre de l'accouchée pour le compliment d'usage qu'il abrégea, car il la vit sur ses oreillers, fort pâle et les yeux clos, ce qui mit quelque mesure à ses façons qu'il avait d'ordinaire fort tournées aux longs discours. Le nouveau-né lui apparut aux mains des matrones, rouge, ridé et grimaçant. Il se laissa dire que le poupon était en tous points bien conformé et digne de son père, ce qui le fit fort content de tous deux.

Bien que M. le comte de Galandot ne se départît pas facilement de sa gravité habituelle, il n'avait jamais été si ému depuis le jour où, orphelin, riche et pourvu de bonnes terres et d'écus sonnants, il était monté en carrosse pour aller demander au vieux M. de Mausseuil la main de sa fille cadette dont il souhaitait de faire sa femme, l'ayant vue à une assemblée où elle lui parut passer en sagesse et en agrément ce que la province offrait de beautés les plus qualifiées.

Le vieux Mausseuil habitait Bas-le-Pré, comme on sait, mais ce qu'on ne saura jamais assez, c'est combien il se trouvait être le plus grincheux et le plus rechigné hobereau qui se pût voir. Il tirait de sa pauvreté un venin particulier dont la bile colorait son visage jaune et infectait son caractère hargneux. Ses habits à l'ancienne mode, sa taille contournée et sa tournure carabosse faisaient de lui une sorte de marmouset redouté à la ronde pour la méchanceté de sa langue et pour son humeur tracassière. Ses filles qu'il tyrannisait le détestaient, et son fils Hubert ne le haïssait pas moins.

Celui-là, qui ne lui ressemblait guère de corps, car il était haut et bien pris, ne valait pas mieux à plus d'un titre. Si l'un par sa fourberie venimeuse eût mérité la potence, l'autre par sa brutalité grossière eût été digne du billot. En attendant le méfait auquel les vices de sa nature le destinaient tôt ou tard, il employait les forces de son bel âge à poursuivre les bergères derrière les haies et les souillons à leurs fourneaux. Au lieu de rester comme son père confiné à Bas-le-Pré, il courait le pays et se montrait partout, encore que peu à peu on lui eût fait sentir le dégoût de ses bas excès dont le moindre était de boire à outrance jusqu'à l'ivresse la plus furieuse.

Il fallut voir comment le vieux Mausseuil reçut la requête de ce pauvre M. de Galandot. Le comte avait préparé en route un discours dont il se répétait les termes et dont il ne put placer les premiers mots, tant M. de Mausseuil l'interrompit aigrement dès l'ouverture, si bien que le prétendant s'embarrassa et finit par balbutier ce qu'il s'était promis de dire avec ampleur et ménagement. On le renvoya sans réponse après l'accueil le plus acariâtre et, quand on acquiesça enfin à ses demandes réitérées, ce fut sous la forme la plus rebutante, en lui faisant sentir la faveur de cette union où il assurait à Jacqueline de Mausseuil les avantages les plus considérables.

Celle-ci attendait avec une anxiété secrète l'issue de la négociation. Bas-le-Pré fut terrible durant ces jours.

Le vieux Mausseuil, qui avait cru surprendre

quelque chose de la joie dissimulée de sa fille, y voyait celle de le quitter et s'en plaignait amèrement. L'aînée des deux demoiselles de Mausseuil, enragée de la préférence qui favorisait sa cadette, ne cessait de la tourmenter de sa jalousie vindicative et pensa mourir d'envie et de colère rentrée quand on apporta les parures que le comte, par amour et par ostentation, offrit fort riches et dont elle gâta méchamment l'une des plus belles en y répandant l'huile d'une lampe qu'elle en approcha sous prétexte de mieux examiner le grain de l'étoffe. C'était une magnifique soie à ramages, qui se trouva perdue par cette laide malice. Il arriva de même malheur à un flacon précieux qu'Hubert de Mausseuil, qui le touchait, laissa choir sur la dalle, de ses mains avinées.

Jacqueline, d'ailleurs, fuyait son frère avec une horreur manifeste et évitait même de lui parler, ce que, brutal et hautain, il n'eût pas souffert, si sa sœur n'avait eu quelque bonne raison à ce mépris public qu'elle faisait de lui et qu'il supportait d'elle sans rien dire et en courbant le dos sous l'avanie.

Enfin le mariage eut lieu.

M. de Mausseuil conduisit sa fille à l'autel avec son plus sournois sourire. Quant au frère, il entra à l'église tellement ivre qu'il n'en put ressortir sur ses jambes et resta à son banc, accablé de vin et pris d'un si épais sommeil que les archets des violons, le branle des cloches et les pétarades de la mousqueterie ne parvinrent pas à l'éveiller.

Les noces à peine accomplies, la nouvelle comtesse commença à prendre sur son mari un ascendant qu'elle ne perdit jamais et dont le premier usage fut de pousser le débonnaire Galandot à refuser assez sèchement au vieux Mausseuil certains avantages qu'il s'était fait consentir et dont il se vit débouter.

Le hargneux gentilhomme se rebiffa; mais sa fille prit prétexte de ses récriminations pour rompre net avec lui et, par la même occasion, avec sa sœur Armande qui passa sa rage sur sa belle-sœur, dès qu'Hubert de Mausseuil se fut marié à son tour, aussitôt leur père mort d'une goutte remontée et de la colère que lui causa le procédé de sa fille et de son gendre, sourds à ses doléances furieuses.

Mme de Galandot ne le pleura guère, toute au travail de s'assurer une fois pour toutes son mari qui se prêtait, d'ailleurs, de bonne grâce à une servitude pour laquelle il était naturellement fait. L'admiration où il tenait le caractère de sa femme s'accordait avec l'amour qu'il ressentait pour sa beauté. Aussi Mme Jacqueline régna-t-elle sans conteste à Pont-aux-Belles, non seulement sur l'esprit de son époux, mais encore sur toutes choses et sur tout le monde.

Si sa conduite était habile, son administration était excellente, à la fois hardie et avisée, prudente et ferme. Le château fut reconstruit. On jeta bas l'ancienne bâtisse et sur la place s'éleva la nouvelle demeure. L'architecture en fut simple et solide. Mme de Galandot veilla à tout, avec grand soin de laisser au comte l'idée qu'il était de beaucoup dans le projet et dans la réussite.

Par ces divers moyens, elle l'occupait entièrement en se réservant, au fond, de s'occuper de tout.

Il ne demandait guère que de trouver sa table bien servie, son vêtement ample et ordonné et les complaisances du lit quand l'envie lui en prenait. Elle ménageait ce triple goût, l'ayant reconnu gourmand de nourriture et vain d'habits. Quant au besoin qu'il avait d'elle, elle y voyait le plus ferme soutien de son pouvoir et ne manquait pas à l'entretenir, tout en en modérant l'usage afin d'en mieux sauvegarder la durée.

Le comte était donc heureux. Une main adroite et sûre dirigeait tout autour de lui, faisait pousser les fruits au verger et les fleurs au jardin. Il n'avait qu'à en savourer la succulence et à en respirer l'odeur. Si la maison était bien ordonnée, les domaines étaient prospères.

On vantait Clairchamps pour ses fourrages et ses granges pleines. Les blés de Noircourt-les-Trois-Fontaines étaient réputés dans le pays pour la qualité de leur paille et le poids de leurs épis; la Ville-aux-Bœufs devait son nom à la renommée de son bétail. Au Clos-Joli et à Saint-Jean-la-Vigne, les ceps venaient bien. Le sol des Serpentes nourrissait des grappes juteuses. La forêt contenait les plus beaux arbres de la contrée. Des coupes sagement réglées n'abattaient que le nécessaire, laissant s'accroître la futaie et se fournir le taillis.

Quand les bûcherons, la hache à l'épaule, les laboureurs, l'aiguillon au poing, les vignerons, la hotte au dos, venaient à Pont-aux-Belles pour quelque affaire de bail ou de loyer, Mme de Galandot savait leur parler avec autorité. Elle obtenait d'eux ce qu'ils se présentaient pour demander d'elle. Aussi l'admiration du comte pour Jacqueline était-elle sans bornes et sans mélange, d'autant plus qu'il connut sa femme toujours belle.

La comtesse l'était quand il l'épousa, elle l'était quand, après plusieurs années de mariage, naquit leur fils Nicolas. Son dernier regard la vit telle encore lorsqu'il mourut assez subitement pour être resté trop longtemps, un jour d'été, au gros soleil, chapeau bas et debout auprès du cadran solaire, entre les miroirs d'eau, à y voir venir midi.

On était en 1723, Mme de Galandot avait juste trente-neuf ans, et le petit Nicolas finissait sa septième année.

Les obsèques du comte de Galandot, comme toute sa vie, furent bien réglées. On y vint d'alentour, et la noblesse de la province tint à saluer une dernière fois un de ses meilleurs gentilshommes. On défila dans les salons drapés de noir, devant la veuve en grand habit. Il y eut une chapelle ardente avec une herse de cierges. Les paysans portèrent à bras et sur leurs épaules le cercueil de M. le comte. On psalmodia; les chantres nasillèrent. La petite église de Pont-aux-Belles, qui ne s'emplissait d'ordinaire que de l'odeur rustique des villageois, connut le parfum musqué des dames en atours de deuil.

La tribune fut trop étroite pour les contenir. On s'installa comme on put avec un froufrou de jupes et des saluts de connaissance. L'absoute courba les têtes.

La vieille dalle des sépultures fut soulevée. L'air froid du caveau offusqua le nez de ceux qui se penchèrent sur son trou noir. On y descendit les restes de M. le comte, le cœur et les viscères mis à part dans une urne d'argent, car ce pauvre homme était un riche et puissant seigneur. Son épitaphe en fit foi; puis le râteau des jardiniers effaça devant le château la trace des pas et le vestige des roues de carrosses. Chacun partit; et le cadran continua à marquer l'heure au soleil, de sa petite ombre anguleuse, noire et mobile, sur la pierre tiède ou glacée.

II

Mme de Galandot fit grande figure de veuve et la maintint avec une rigueur exceptionnelle au-delà même du temps que prescrit l'usage. Elle le suivit et le dépassa.

Elle renonça à toute parure pour un vêtement uniforme qu'elle ne quitta plus. Elle referma pour toujours la cassette sur les bijoux dont son mari aimait à la voir ornée. Les riches robes qu'aux occasions elle sortait, pour lui plaire, des grandes armoires de chêne et des coffres à ferrures y restèrent désormais pendues ou pliées ; celles qui n'avaient point encore été taillées demeurèrent à la pièce.

Ce ne fut pas seulement à son vêtement que Mme de Galandot apporta un changement qui survécut aux circonstances et persista assez pour qu'on y pût voir un projet bien médité de vivre selon un plan nouveau. Peu après, elle réforma également autour d'elle tout ce qu'elle avait concédé à l'humeur du feu comte que, gourmand et vain, elle satisfit en ce double penchant, par une table bien fournie de mets et par une antichambre bien garnie en laquais.

La livrée et la bouche étaient deux dépenses auxquelles elle consentit par condescendance, mais qu'elle n'aima point ; aussi, une fois veuve et libre d'agir à son gré, y mit-elle promptement fin. Elle congédia les marmitons et les valets et ne garda auprès d'elle que le nécessaire pour ouvrir la porte et tourner la broche.

Des nombreuses chambrières attachées à sa personne, elle ne conserva, pour son service particulier, que les deux plus âgées qui suffisaient amplement à l'entretien de sa lingerie et au soin de sa garde-robe, et encore, le plus souvent, se passait-elle de leur aide, préférant s'habiller, se coiffer et se recoudre elle-même, ce qu'elle n'eût certes point risqué de faire, au temps de M. de Galandot qui détestait même les menus ouvrages auxquels se distraient d'ordinaire les femmes et dont il ne souffrait guère que la sienne s'occupât.

La simple vue d'une aiguille ou d'un dé l'agaçait. Il aimait qu'on fût oisif et qu'on passât des heures assis, l'un devant l'autre, en de larges fauteuils, bien parés, et à discourir de la pluie ou du beau temps.

Il n'avait guère de goût que pour le jeu, moins ceux de cartes que tels autres, non les échecs par exemple dont la difficulté le fatiguait vite, mais les jonchets, qui le divertissaient infiniment. De sa belle main grasse sortant des dentelles de la manchette, il débrouillait l'enchevêtrement capricieux des petites figures taillées dans l'os ou l'ivoire et mettait à cette tactique une patience et une dextérité remarquables. Hors ce passe-temps de cabinet, celui qu'il prenait le plus volontiers était de se promener au grand air des jardins.

Ceux de Pont-aux-Belles passaient pour fort beaux, et leur entretien coûtait cher en jardiniers de toutes sortes, les uns pour les fleurs, les autres pour les arbres, sans compter ceux qui veillaient aux fruits, aux légumes et aux plantes potagères. Mme de Galandot mit bon ordre à ce train superflu. Elle se conserva un certain Hilaire, expert aux semis, aux greffes et aux tailles, capable de lui tenir en état ses espaliers et ses plates-bandes; pour le reste, elle s'en remit à la nature, qui fait pousser les arbres d'eux-mêmes, et se contenta de faire de temps en temps, avec l'aide de quelques paysans, émonder les charmilles et sarcler les allées où le pauvre M. de Galandot s'était promené si souvent, se baissant pour ramasser proprement une feuille oubliée par le râteau et qu'on retrouvait morte, le matin, dans ses poches, quand on les retournait pour les vider, en brossant son habit.

Comme on cessa de réparer les conduites d'eau des bassins, ils devinrent moins limpides, et l'un d'eux situé au bout du parc tarit presque; mais Mme de Galandot entendait avant tout s'éviter la charge de ces agréments dispendieux.

Quand tout fut à son gré, elle n'y changea plus rien. Elle avait pour ainsi dire complété son caractère et s'y tenait.

Chaque jour, elle s'asseyait à une table également frugale et sobrement servie. Elle s'en levait pour regagner son appartement qu'elle ne quittai.

guère et où elle passait son temps en oraisons et en comptes, étant, de pieuse, devenue dévote et, d'ordonnée, plus qu'avare.

Les économies n'avaient point porté que sur les gens. Les écuries furent vidées. Le comte détestait la chasse et l'équitation et n'avait jamais eu ni meutes ni bêtes de selle, mais son humeur pompeuse et vaine se plaisait assez aux beaux attelages. Il voyait là un attribut de gentilhomme et n'eût manqué pour rien au monde à en user. Aussi nourrissait-il plusieurs paires de forts chevaux qu'il tirait à grands frais d'Allemagne, une d'alezans dorés, une autre de blancs, la troisième de gris pommelés, une encore de disparates et la dernière de hongres pies, dont il ne se montrait pas peu fier.

C'est ceux-là qu'on attelait au grand carrosse doublé de satin rouge à crépines d'or, aux housses armoriées, où montaient M. et Mme de Galandot, en habit de cérémonie, pour visiter le voisinage, ce qui avait lieu, chaque année, d'ordinaire aux premiers jours du printemps.

L'air frais d'avril entrait par les glaces baissées. La route sonnait aux fers des chevaux; parfois une ornière faisait pencher le carrosse, car les pluies de l'hiver avaient raviné le terrain; des oiseaux coupaient le ciel d'un vol vif; un lièvre déboulait d'un champ et traversait le chemin. Les paysans saluaient au passage. Dans les hameaux, sur le pas des portes, des femmes regardaient venir le noble équipage; on entendait le bruit d'une enclume ou le grincement d'une corde de puits; on respirait une odeur d'étable ou un parfum de grange, et les polissons qui avaient suivi le carrosse à la course s'arrêtaient essoufflés, tandis qu'un chien jaune l'accompagnait plus loin et, las d'aboyer aux roues, finissait par le devancer, et on le voyait, haletant, lever la patte contre un tas de cailloux et pisser là, la cuisse haute et la langue pendante.

Parfois l'arrivée des visiteurs réveillait le chenil et son concert discordant de voix furieuses et rauques et de faussets glapissants. Derrière les grillages, on distinguait des gueules roses, des babines sanguinolentes et des crocs acérés. Le marchepied abaissé, la portière ouverte, M. et Mme de Galandot descendaient sur le sable d'une cour ovale, devant un perron de pierre.

M. d'Estance les recevait aux Meutes. Il baisait la main de Mme de Galandot et frappait familièrement sur l'épaule du comte qui supportait cette privauté par égard pour la considération dont jouissait dans le pays le vieux gentilhomme. Il s'était retiré du service avec le grade de maréchal de camp après maintes campagnes et de beaux états, à la suite d'une blessure qui ne guérit qu'à moitié. On voyait au mur son portrait qui le représentait en pied, le bras tendu et la main dans un gant de buffle gris à dentelle d'or, sa cuirasse barrée du cordon rouge, et debout sur un tertre où brûlait, parmi des éclats d'armes, une grenade.

Il y avait assez loin du personnage militaire figuré sur la toile à l'hôte rustique qui accueillait ses voisins de Pont-aux-Belles. M. d'Estance portait un vieil habit chamois rapiécé, de longues guêtres et des galoches à gros clous. Avec cela une barbe de trois jours.

Le plus souvent on le trouvait, la carnassière au côté et le fusil à la main, car il se distrayait à abattre les pies et les corneilles en attendant les grandes chasses d'automne où il découplait sa meute qui parfois faisait l'hallali jusque sur les terres de Pont-aux-Belles.

Ce train ne plaisait guère à Mme de Galandot, soucieuse du bon état de ses champs, dont elle n'osait pas refuser l'entrée à M. d'Estance qui, en échange du procédé et en compensation du dégât, fournissait l'office du château de quartiers de venaison et de maint autre gibier.

Le plus proche voisin de M. d'Estance était M. Le Melier, ancien conseiller au Parlement. Il était riche et allié, par sa femme dont il était veuf, au marquis de Blimont qui, avec M. le comte de Galandot, se trouvait le seigneur le plus considérable du pays.

M. de Blimont habitait un fort antique château et avait, disait-il plaisamment, autant de filles que de tours. Elles se montaient en tout à dix. Les cinq demoiselles de Blimont étalaient des grâces corpulentes et des teints fleuris. Elles contrastaient par leur embonpoint avec la maigreur de leur père et rendaient plus singulières encore sa complexion malingre et sa mine chafouine. Quant à la mère, une lettre de cachet la tenait enfermée depuis longtemps dans un couvent, ce dont le marquis se louait chaque jour en se souvenant des escapades où sa galante compagne avait aventuré son honneur à toutes mains.

Quand le carrosse des Galandot avait visité toutes les gentilhommières dont les maîtres valaient la peine qu'on s'y arrêtât, il se dirigeait vers la ville. Les Galandot y fréquentaient peu et seulement l'indispensable, bien qu'ils y possédassent un hôtel où, du reste, ils ne séjournaient jamais et dont les volets et le portail restaient clos tout le long de l'année.

On ne les voyait guère qu'à cinq ou six portes et à celle de l'évêché.

C'était une fort belle maison de pierre. L'évêque y résidait peu, mais le diocèse l'estimait pour sa bonne tournure épiscopale, ses rochets de fine dentelle et la renommée qu'il s'était acquise ailleurs, autant par ses talents réels pour la chaire que par ses hautes vues de politique ecclésiastique, et Mme de Galandot ne manquait pas, chaque année, de poser à l'anneau pastoral le baiser de ses belles lèvres froides.

Elle ne les desserrait guère par contre chez les Berville. M. de Berville portait sabots et patoisait, et ce n'était pas non plus sans quelque peine qu'elle consentait à descendre un instant chez les du Fresnay.

Ces bonnes gens, apparentés de fort loin aux Mausseuil, possédaient au Fresnay une agréable demeure. Dès l'entrée, on y respirait une odeur de pâtisserie cuite et d'essences distillées. Mme du Fresnay excellait à confire des fruits et à composer des friandises de sa façon. Elle apparaissait toute rose, les manches retroussées sur ses bras poudrés de sucre. On la surprenait en train de mélanger en des bassines des ingrédients délicats dont elle tirait des bonbons exquis et des élixirs délicieux. Elle connaissait les mérites divers des cédrats et des limons, de la coriandre et du clou de girofle et de toutes les drogues qui servent à réjouir la bouche et à divertir l'estomac.

Si elle excellait à flatter le palais, elle savait aussi amuser l'ouïe. La maison retentissait de concerts perpétuels, car M. du Fresnay jouait du violon à ravir et Mme du Fresnay accompagnait à merveille, au clavecin, sa voix qu'elle avait d'un timbre charmant. C'était d'ailleurs un ménage fidèle et tendre, uni en ce double goût de la friandise et de la musique, mais que sa parenté avec les Mausseuil rendait suspect à la vindicative Mme de Galandot.

A cela s'ajoutait que, pour aller au Fresnay, il fallait passer tout contre Bas-le-Pré et que Mme de Galandot détestait la vue de ces quatre tourelles dont les pointes aiguës lui entraient dans le souvenir comme de malfaisantes aiguilles.

Si le comte s'en tenait avec ses voisins à une politesse cérémonieuse, Mme de Galandot, pour sa part, restait sur un pied de haute réserve envers leurs femmes. Son caractère hautain les maintenait à un éloignement voulu. A les voir peu, on prêtait moins à leur bavardage. Les prétextes manquaient ainsi à leurs caquets.

Hors leur principal grief qui était contre Mme de Galandot sa retenue excessive, les langues ne trouvaient guère, à son endroit, ces traits précis et exacts que fournit seule l'intimité et dont se nourrit et se fortifie la médisance qui, sans eux, s'épuise ou tâtonne, imagine ou suppose et n'a point, pour s'exercer, d'aliment substantiel, faute de quoi elle reste générale, indécise et plus piquante que dangereuse. Tellement c'est en nous-mêmes qu'on prend le mieux de quoi nous dénigrer et qu'il est prudent de ne point s'offrir en pâture aux dents d'autrui.

Mme de Galandot donnait donc à reprendre en gros, succinctement et à distance. On ne s'en privait pas, à la ville surtout où elle avait irrité certaines prétentions et déconcerté certaines entreprises.

Quelques-unes de ces dames, dans les premières années du mariage de Mme de Galandot, voulurent, si l'on peut dire, forcer la porte de la nouvelle châtelaine. Elle les éconduisit l'une après l'autre avec une adresse et une fermeté parfaites et, par une habile manœuvre, en arriva à ses fins. Elle les relégua à bonne longueur et les y maintint, si bien que, ses relations mises au point où elle les désirait, elle ne les laissa jamais plus se départir du caractère qu'elle leur sut imposer.

En cela elle obéissait moins à un calcul qu'à un instinct qui, poussé selon son humeur personnelle, l'eût sans doute menée plus loin qu'il n'eût convenu à son mari qui tenait fort à rester en assez bons termes avec tout le monde pour mériter la réputation de politesse qu'on lui reconnaissait partout. A ces causes, Mme de Galandot n'alla pas jusqu'au bout de ses dispositions, et le grand carrosse attelé de chevaux d'Allemagne continua, chaque année, à conduire le couple à ses devoirs d'usage.

Aussi, le comte mort, fut-il poliment convoyé par tous ceux qu'il avait si poliment visités, mais sa femme augmenta dans son veuvage l'écart où elle s'était toujours tenue. Son nouvel état la dispensa pendant un temps de ces corvées annuelles, et ensuite, quand elle eût pu les reprendre, plusieurs avaient cessé d'elles-mêmes.

Il sévit à la ville une épidémie de petite vérole qui ferma trois ou quatre des maisons qu'y visitaient M. et Mme de Galandot. M. d'Estance était mort la même année que le comte et peu après lui. Le marquis de Blimont quitta le pays avec ses cinq filles pour une ambassade où il les emmena et en maria deux à des barons allemands, l'une en Souabe, l'autre en Thuringe, et une troisième en l'électorat de Cologne, à un jeune conseiller aulique qui l'engrossa et lui fit réparation. Ce qui restait s'accoutuma fort bien à ce que Mme de Galandot ne sortît plus de Pont-aux-Belles. D'autres devoirs l'y retenaient, elle s'y voua tout entière.

Les terres que comportait la seigneurie de Pont-aux-Belles étaient considérables et leur administration eût pesé à une femme de moins de tête que Mme de Galandot. Elle en prit la charge et s'y donna avec plus de soin encore qu'auparavant.

Dieu favorisa ses efforts. Elle le priait et, sans doute, l'en priait. La religion prit une grande place dans sa vie. Elle ne manifestait pourtant pas sa piété par des œuvres extérieures, car elle demeura toujours parcimonieuse et dure aux pauvres. Elle distribuait peu, et l'évêque, M. de la Grangère, qui admirait sa vertu, ne pouvait pas, tout de même, louer sa charité. Il disait d'elle qu'elle était une âme au pain sec, voulant sans doute faire entendre par là son honnête sécheresse. Il lui manquait l'onction des grandes chrétiennes. Elle était plus selon l'Eglise que selon le Christ. Sa foi était plus vraie qu'efficace; la dévotion n'y ajoutait aucune douceur. Son élan d'âme était une montée de l'esprit, toute verticale, sans épanchement ni rosée.

Mme de Galandot était donc à la fois une personne pratique et pieuse. Son caractère se faisait sentir en châtaigne, par ses pointes qui étaient aiguës et dures, mais demeurait caché quant à sa substance intime. L'aspérité s'en dissimulait par le fait même qu'elle trouvait peu d'occasions de se montrer, car Mme de Galandot avait tout établi autour d'elle de façon à être à l'aise dans sa nature, sans que rien la pût contrarier, de telle sorte qu'il était fort difficile d'en pénétrer l'intrinsèque.

Aussi, quand l'abbé Hubertet vint habiter Pont-aux-Belles, sur la recommandation épiscopale de M. de la Grangère, qui lui obtint, en 1730, l'éducation du jeune Nicolas de Galandot, il ne vit d'abord en sa mère qu'une dame noble et majestueuse.

Elle avait alors quarante-six ans, le visage plein et reposé, mais avec une tendance à jaunir, la taille gâtée et épaissie, mais encore plutôt maigre que grasse, avec un grand air de hauteur et d'autorité. L'abbé resta incertain du reste. D'ailleurs, il ne s'y acharna pas et reporta tous ses soins sur le jeune Nicolas qui lui tombait à l'improviste entre les mains.

L'abbé Hubertet était un excellent choix. Jeune encore et fort savant, il se trouvait en tous points parfaitement capable de ce qu'on attendait de lui.

Sa laideur faisait passer son âge aux yeux de Mme de Galandot. Il avait trente-deux ans quand il débarqua à Pont-aux-Belles avec son petit bagage qui ne contenait guère plus que quelques nippes et quelques livres. On était en hiver ; il faisait froid et, bien qu'il ne fût pas tard, presque nuit. Nicolas croisa dans le corridor le nouveau venu qui gagnait sa chambre pour s'y apprêter avant de descendre en présence de Mme de Galandot. Dans l'obscurité, Nicolas ne parvint point à voir le visage de son maître.

Aux chandelles, l'abbé Hubertet montra une grosse figure aux joues rouges et comme fardées, des lèvres rebordées, des yeux petits et fins, des mains épaisses, des mollets maigres et un ventre proéminent, en tout, un ensemble favorable et jovial. Il portait une perruque ronde, un collet noir et le rabat bleu.

Entré dans l'Eglise par vraie piété, il n'y avait guère trouvé d'accueil. Les ordres réguliers lui répugnèrent : ils lui offraient, chacun selon la règle, une vie de mendiant, de goujat ou de policier ; aussi ne se résigna-t-il à devenir ni cordelier, ni franciscain, ni jésuite. Les couvents de haute prière ou de travail, Trappes ou Chartreuses, l'épouvantèrent par la durée de leurs vœux. La perspective du cloître et de la discipline l'en éloigna non moins que la pensée de subir un supérieur. Quoique prêtre, il entendait rester libre ; serviteur de Dieu à la fois et des hommes lui paraissait être trop.

Le clergé séculier le reçut donc, mais il y serait mort de faim, n'y comptant ni protecteur ni patron. Il faut une figure pour confesser, pour prêcher ou pour instruire, et la sienne, bien qu'il fût ingénieux, éloquent et savant, eût fait rire. Les dévotes aiment l'absolution d'une belle main et la parole de Dieu ne les touche que par une bouche qui n'en grimace pas trop humainement les préceptes divins. Les éducations de grande maison lui étaient également interdites. On veut d'un précepteur à prestance. Les emplois domestiques et les aumôneries échoient à qui sait en remplir la fonction non seulement par son mérite, mais, aussi et déjà, par sa mine.

Restaient les bénéfices ; ils sont rares. L'abbé le savait, et l'évêque, M. de la Grangère, qui l'avait connu à Paris et s'intéressait à lui, l'en avertit. Ne pouvant lui en procurer un, le prélat lui offrit l'éducation provinciale et obscure du jeune Nicolas de Galandot. C'était le vivre, le couvert, des gages modestes, mais le temps d'attendre que quelque chose vaquât. Cela sauvait l'abbé des difficultés d'une vie que servaient mal à soutenir quelques messes au rabais qu'il fallait mendier à la porte des sacristies et quelques mauvais travaux de librairie qui rapportaient à peine le papier, l'encre et la chandelle qu'ils coûtaient.

Aussi l'abbé quitta-t-il avec joie Paris et le galetas du haut de la rue Saint-Jacques, où il gelait l'hiver et étouffait l'été, pour la résidence de Pont-aux-Belles où l'attendaient bon lit et, sinon bonne table, au moins nourriture saine et solide.

Son appétit avait trop souffert des jeûnes de la pauvreté et des rogatons de la gargote pour ne pas apprécier la régulière pitance du château et quand, le bénédicité une fois dit, il s'asseyait, la serviette au menton et les mains croisées sur sa bedaine, il éprouvait un juste plaisir à voir soulever le couvercle de la lourde soupière et à voir la fumée du potage suinter en gouttelettes moites sur la grande louche d'argenterie qu'on y plongeait. Aussi ne cacha-t-il pas sa gratitude à M. de la Grangère qui, de son côté, appréciait fort d'avoir là, à sa portée, un serviteur humble et discret, toujours disposé à lui composer une homélie, un sermon, un panégyrique, voire même un petit carême dont il ornait sa mémoire et tirait grande réputation d'éloquence et de doctrine.

Quant à l'abbé Hubertet, il s'estimait heureux pourvu qu'après avoir achevé quelque belle pièce oratoire il la pût débiter à l'aise dans quelque coin du jardin où il allait, gesticulant et prêchant aux arbres, la calotte de travers et le rabat en désordre.

Outre celui-là, son principal divertissement consistait à s'enfermer dans la bibliothèque et à y passer son loisir.

Elle était riche et formée d'assez bons ouvrages.

Le feu comte y avait rassemblé un grand nombre de toutes sortes de livres, beaucoup en langue latine et grecque, et le tout fortement relié en solide peau de veau et portant aux plats l'écusson de leur possesseur, car le bonhomme s'occupait davantage de leur parure que de leur contenu et ne les considérait que comme l'attribut d'un bon gentilhomme, au même titre que ses manchettes, ses boucles de souliers, sa canne et son carrosse. Il n'aurait pas plus souffert que son château de Pont-aux-Belles manquât de caves que de bibliothèque, seulement il puisait plus volontiers aux unes qu'à l'autre. Aussi n'eut-il de cesse de voir sa librairie considérable et en accord avec le train de sa maison et l'importance de toute sa personne. Il y venait chaque jour dans l'après-midi.

L'été surtout, le comte goûtait les avantages du lieu, car la pièce était fraîche et silencieuse. Il s'asseyait dans un grand fauteuil de cuir cordouan, devant une table chargée d'une lourde écritoire d'argent massif, pourvue de poudres de toutes les couleurs et de plumes d'oie qu'il taillait avec soin. La plupart du temps, il en restait là. Quelquefois il se penchait, prenait une large feuille de papier et, posément, y écrivait son nom, soignant le caractère et le paraphe, le compliquant et l'enjolivant jusqu'à en faire une sorte d'arabesque inextricable dont il laissait sécher les entrelacs.

Plus souvent encore, il croisait sa jambe droite sur sa gauche, posait sa tabatière sur la table, choisissait une des mouches qui volaient autour de lui et la suivait attentivement des yeux jusqu'à ce qu'il eût perdu sa piste ailée, puis recommençait ce manège jusqu'à ce qu'il finît par s'endormir, la tête inclinée sur l'épaule et la bouche ouverte.

A son réveil, il rajustait avec soin son jabot et ses manchettes, faisait le tour de la pièce, regardait les tablettes chargées de livres comme pour bien se pénétrer, par leur aspect, de ce qu'ils pouvaient renfermer et se composait un visage méditatif qui semblait garder le reflet des plus graves pensées.

L'abbé Hubertet fit un tout autre usage de la bibliothèque. Les reliures paresseuses s'ouvrirent entre ses mains actives; les volumes quittèrent les rayons et s'empilèrent sur la table qui se couvrit de papiers rapidement griffonnés. Il se courba sur les textes et rendit à leur destination ces beaux instruments de science.

C'est là aussi que, chaque jour, il donna ses leçons à Nicolas de Galandot. Vers dix heures, le jeune homme arrivait avec ses cahiers sous le bras. L'abbé, qui était là depuis l'aube, repoussait ses paperasses et souriait à son élève qui le saluait et s'asseyait devant lui, attentif et étonné.

III

Nicolas de Galandot venait juste d'avoir quatorze ans quand il passa aux mains de l'abbé Hubertet. L'abbé, sous sa grosse figure vulgaire, était un homme de cœur et de sens. La tâche d'une belle éducation tentait son zèle novice, et il en voyait plus l'honneur que le salaire. Il brûlait de communiquer à son élève ce qu'il se sentait en soi de la connaissance des hommes et des choses.

Quoique voué à la science par goût et par habit, il n'était point pour cela fermé au monde et à ce qu'il présente de beautés naturelles et inoffensives. Il comprenait les grandeurs terrestres et tout le spectacle divers de la vie. Il pensait qu'il n'était pas mauvais et qu'il n'y avait pas de mal à accepter les joies permises et surtout celles que nous donnent la vue de l'univers et plus spécialement les lieux et les circonstances où nous sommes placés. Aussi aimait-il les fleurs, les plantes et les arbres, la douceur moelleuse de l'air ou sa vivacité piquante, la fluidité et la langueur des eaux, la saveur des fruits.

Il portait cette curiosité jusque dans le passé et se plaisait, par le secours de l'histoire, de la

morale ou des arts, à s'imaginer comment avaient
vécu les hommes d'autrefois, et particulièrement
de l'antiquité. Les usages et les habitudes de l'humanité, l'intéressaient non moins que le spectacle
des caractères et le jeu des passions.

A l'égard des femmes, sa doctrine était notamment excellente. Sans ignorer les dangers où
le péché nous sollicite ni aucun de ses périlleux
attraits, il n'estimait point qu'il suffit pour son
salut de fermer les yeux. Il croyait qu'une exacte
notion de la vie universelle est encore la meilleure condition pour bien diriger la nôtre; qu'il
importe avant tout d'être un homme et de rester
en contact avec la créature et de se tenir en usage
direct de la création.

A ces fins, il ne montrait aucune de ces sottes
méfiances où se paralyse d'ordinaire la vertu et il
était d'avis qu'on usât de tout en subordonnant
ses désirs au choix de la raison.

C'est en ce sens qu'il aurait voulu diriger son
élève; il eût désiré former en lui des idées justes
et saines de toutes choses et, dès les premiers jours,
il chercha les entrées de ce jeune esprit, de façon
qu'une fois introduit dans sa pensée il en pût
éclairer l'intérieur d'une lumière égale, sûre et
utile.

L'abbé Hubertet se sentait bien servi dans cette
tâche par sa fine connaissance des âmes. Elle était
d'autant plus aiguisée qu'il la devait à l'adversité
et que cette dure institutrice impose à qui la subit
une nécessaire clairvoyance pour percer les hypocrites détours où le monde cherche à nous perdre.

Cette nette clarté qu'il avait des êtres lui permit de se rendre compte qu'il arrivait trop tard à Pont-aux-Belles où une influence déjà décisive et toute-puissante avait marqué à jamais l'esprit du jeune Nicolas de Galandot d'une empreinte plus que durable. On ne lui remettait entre les mains qu'une argile déjà sèche et sur laquelle le pouce ne pouvait guère imprimer sa guise. Il aurait fallu pulvériser cette âme, l'humecter et la pétrir de nouveau, mais à cela les quelques heures de leçon, qui étaient tout ce que la jalouse Mme de Galandot permettait à son fils chaque jour, ne suffisaient pas, bonnes tout au plus, à orner cet esprit, mais inefficaces à le refondre.

L'abbé vit promptement la situation, en prit son parti et se borna au possible.

Sous sa prudente direction, Nicolas fit d'assez notables progrès, au point de donner l'espoir qu'il devînt sinon un helléniste, du moins un latiniste de bonne force.

Ce ne fut pas sans réflexion que l'abbé se décida à le pousser en ce sens. Il estimait que la fréquentation des anciens rehausse ceux qui s'y vouent et leur communique, à leur insu, je ne sais quoi qui se ressent à la longue dans leur personne et dans leurs mœurs. Ils s'y renforcent singulièrement et ils y prennent comme une habitude qui les distingue, en même temps qu'il leur en reste malgré eux en leur langage une certaine dignité usuelle qui n'est point sans noblesse. A ces fins, l'abbé nourrit le jeune Nicolas de la substance des meilleurs textes, laissant au hasard le soin de les faire germer en sa mémoire, et satisfait d'avoir mis au fond de son disciple une belle matière de pensée.

« Je lui confie, pensait l'abbé, quand, la leçon finie et les livres refermés, ils allaient faire un tour au jardin, je lui confie la lampe de Psyché, éteinte, il est vrai, mais qu'une étincelle peut ranimer. » Il faisait beau ; les buis sentaient amer ; la cloche du déjeuner sonnait, et l'abbé, en rentrant au château, ne manquait pas, dès le vestibule, de jeter la feuille ou la fleurette qu'il mâchonnait entre ses grosses lèvres, car il n'eût pas osé se présenter devant Mme de Galandot en cet appareil qu'il jugeait galant, champêtre et trop familier.

L'abbé Hubertet se surveillait fort à ces déjeuners pour ne point laisser échapper son approbation à la qualité d'une viande ou à la saveur d'un fruit. Mme de Galandot ne semblait porter aucune attention à ce qu'elle mangeait. Une fois même qu'on servit une pièce de gibier avariée, elle alla jusqu'au bout de son assiette et Nicolas en fit autant, car il se tenait vis-à-vis de sa mère dans une singulière servitude d'imitation. Il paraissait que Mme de Galandot gardait sur son fils un empire extraordinaire. On ne sentait pas seulement Nicolas tel qu'il était parce que les entrailles originelles l'avaient conçu ainsi, mais surtout parce que l'autorité maternelle l'avait rendu ce qu'elle voulait qu'il fût.

Nicolas de Galandot était, à quatorze ans, d'une taille assez haute et flexible, par suite d'une croissance subite par où il était brusquement sorti d'enfance. L'expression du visage, par contre du corps, restait puérile. Des yeux bleus éclairaient une figure douce et pâle et presque un peu niaise par un allongement qui mettait entre ses traits des distances qui surprenaient le regard et le déconcertaient. De longues jambes soutenaient un torse faible. Une grande régularité de mouvements s'accordait avec des façons polies et cérémonieuses. Nul feu de jeunesse en lui et une sorte de fatigue qui le rendait comme incertain et indécis. Il lui fallait peu de chose pour s'occuper et peu d'espace pour vivre.

Le petit nombre d'objets qu'il avait vus ne lui avait donné qu'un petit nombre d'idées. Une seule le dominait, celle de plaire en tout à sa mère. Son respect pour elle, plus que filial, était sans mesure. Hors ce point, il se montrait surtout soucieux du bon ordre de ses habits et de petites habitudes auxquelles il semblait fort attaché.

Sa mère lui avait inculqué, entre autres, celle d'une piété sincère et l'aversion du péché, aversion, d'ailleurs, toute nominale et aucunement matérielle. Il savait, par principe, l'existence de la faute, mais il n'en connaissait guère la pratique, car il manquait des occasions d'en commettre d'autres que des plus vénielles, étant réellement sans malice et par là presque hors d'état de pécher avec le propos nécessaire à en aggraver le cas et à en aiguiser l'offense.

Son enfance étroite et rigoureuse se passa donc en lui-même sans qu'il éprouvât de grands besoins de se mêler à l'alentour. Les jardins de Pont-aux-Belles furent le seul terrain de son exercice physique et spirituel. Souvent il demeurait le plus long de ses journées dans l'appartement où Mme de Galandot se retirait d'ordinaire pour travailler, réfléchir et prier. C'est en son unique et sévère compagnie qu'il grandit, occupé à ce qui se faisait entre ces quatre murs et sans relations avec le dehors dont presque vraiment rien ne parvenait jusqu'à lui.

Il n'avait, du reste, aucun moyen qui l'aidât à s'imaginer ce qui dépassait sa vue immédiate. Aussi pensait-il assez naturellement que tout le monde vivait comme lui et que toute vie consistait comme la sienne, à se lever à des heures réglées, à s'habiller honnêtement, à se conduire avec décence et monotonie, à prier Dieu et, en définitive, à être heureux. Non qu'il fût dépourvu d'intelligence, mais elle s'était exercée sur des faits sans importance et toujours les mêmes et que leur répétition ininterrompue avait comme soudés en un seul autour duquel il tournait continuellement en cercle.

On l'avait restreint et il s'en tenait là sans impatience ni curiosité. Poli et doux, il demeurait borné à la pratique d'une existence sans imprévu et sans désirs. Il se suffisait de très peu ; il ne se connaissait pas de souvenirs, rien n'ayant changé en lui ni autour de lui. Aucune de ces joies ou de ces douleurs enfantines qui craquèlent l'âme de secrètes fissures et qui sont plus tard la source de nos goûts et de nos sentiments.

L'abbé Hubertet discerna vite tout cela, et, quand il voyait, des fenêtres de la bibliothèque, Nicolas se promenant sagement aux jardins, d'un pas égal et mesuré, faire le tour des bassins, il pensait, en respirant, par ses narines ouvertes, l'odeur de la terre, des arbres et des eaux :

« Certes, ce jeune homme ne prend même pas à ce beau jardin le plaisir qu'il y devrait prendre. Il n'en admire point les fleurs et n'en comprendra jamais l'ordonnance harmonieuse; dans ces allées il ne voit qu'un terrain favorable à la marche sans que rien y contrarie le pas; de même que, dans ces vers de Virgile que nous venons d'étudier ensemble, il n'a saisi que le sens des mots sans ressentir ce qui se cache sous leur apparence. Mais à marcher ainsi à plat terrain on ne risque ni entorse ni chute. Son appétit s'aiguise normalement à cette action saine et monotone. Nicolas dînera bien et dormira profondément ; son sommeil sera vide, car il n'y emportera pas d'images qui le ravissent ou le tourmentent. Il pense peu, mais il pense bien. A la place de ce vieux jardinier qui râtisse, il n'imaginera jamais quelqu'un de ces Dieux qui visitent les humains sous des formes familières où il les faut savoir reconnaître, et cette antique servante qui puise à la fontaine ne lui fera jamais désirer que sorte, de l'eau où elle penche son visage ridé, quelque Nymphe inattendue, voluptueuse et fluide. »

IV

Les années du séjour de l'abbé Hubertet à Pont-aux-Belles ne furent point perdues pour Nicolas de Galandot. Si sa nature ne changea point quant au fond, son esprit s'orna d'une surface de connaissances agréables. Il apprit même à raisonner assez bien de ce qu'il savait et à soutenir à peu près un entretien. Il acquit un peu de grec et beaucoup de latin, une teinture d'histoire. L'abbé se félicitait d'avoir tiré pour le mieux parti de cette nature et d'y avoir donné les embellissements qu'elle comportait sans en détruire la proportion.

Mme de Galandot craignait, au début, quelque entreprise qui cherchât à soustraire son fils à l'autorité directe qu'elle prétendait garder sur lui. Elle se rassura peu à peu à voir l'abbé Hubertet agir avec modération, si bien qu'elle lui en sut gré et le lui montra en le traitant avec des ménagements et une estime particulière. Elle lui tenait compte d'avoir deviné ses intentions et, en entrant dans ses vues, d'avoir contribué à son projet. La vérité sur Mme de Galandot est qu'elle aimait jalousement son fils et au point de le vouloir tout conserver pour elle. Aussi se l'était-elle assujetti, non seulement par les liens de l'affection, mais encore par le nœud solide d'une durable captivité filiale. Elle se croyait, à vrai dire, seule appelée à le rendre heureux, sans admettre un instant qu'il pût l'être quelque part en dehors d'elle. La pensée qu'il la quitterait jamais lui était insupportable. Qu'aurait-il besoin, par exemple, de prendre du service ou de faire valoir à la cour ceux de ses ancêtres? Et tout au fond d'elle-même l'idée qu'un jour il se mariât lui répugnait presque également.

L'abbé Hubertet abordait parfois ce sujet avec Mme de Galandot et même, à mesure que Nicolas prenait de l'âge, il y insistait plus souvent. Il recommandait à la mère ce moyen de garder son fils à sa portée, de le fixer à Pont-aux-Belles, lui représentant que l'oisiveté du cœur est nuisible et que l'amour d'une mère, si grand qu'il fût, ne remplaçait point l'amour d'une femme, si changeant qu'il pût être; que Nicolas touchait à ses vingt-deux ans et qu'il conviendrait de le pourvoir.

L'abbé mettait quelque malice à passer en revue les demoiselles qui pourraient convenir à Nicolas. Mme de Galandot, si retenue d'ordinaire, perdait alors toute mesure. Quelquefois elle rembarrait durement ou avec sécheresse le sermonneur, mais le plus souvent son irritation se prenait au piège, et sa bile valait à l'abbé des portraits où la charité chrétienne, mise de côté, laissait place à la verve la plus caustique.

Elle se donnait carrière avec une âcreté inimaginable, déchirant même qui elle ne connaissait pas. oubliant que depuis plus de quinze ans elle n'avait presque mis le pied hors de Pont-aux-Belles et qu'elle parlait de filles qu'elle n'avait jamais vues, mais dont elle inventait des travers supposés. Il en ressortait pour l'abbé que Mme de Galandot était envenimée contre les personnes de son sexe d'une méfiance et d'une haine surprenantes autant que pour les hommes du plus hargneux mépris.

Une fois qu'elle était allée à la ville, pour affaires, voir l'évêque, elle rencontra chez lui Mlle de Pintel et son père. Ils habitaient les Meutes, qui leur venaient de l'héritage de M. d'Estance, leur parent. Mlle de Pintel était belle et jolie. Dix-huit ans, riche et gracieuse. L'abbé Hubertet, qui accompagnait Mme de Galandot, comme la voiture reprenait, au trot de son vieux cheval, le chemin de Pont-aux-Belles, lui fit l'une de ses ouvertures habituelles, lui représentant les agréments de cette jeune fille, le cas à faire d'une aussi estimable alliance et tant de convenances diverses et assorties. Mme de Galandot ne répondait guère, quand tout à coup elle éclata :

— « Tenez, l'abbé, et elle lui frappa le genou du revers de sa main osseuse, mon fils ne se mariera point, maintenant du moins, ajouta-t-elle pour corriger l'effet de ses paroles. Non, l'abbé, point de mariage, ni cette Pintel ni une autre pour le moment. »

L'abbé s'inclina à la brusquerie de la déclaration.

— « Grâce à mes soins, continua Mme de Galandot, mon fils ignore encore les femmes et presque jusqu'à leur vue, j'entends celles qui pourraient attirer ses regards, encore que le goût des hommes soit si bas et si monstrueux que la plus misérable souillon, la plus crasseuse bergère, la plus laide gaupe puissent tout de même éveiller leur désir, et ce qui le justifie le moins n'est pas ce qui le rend moins violent. »

Cela fut dit avec une sorte d'amertume rancunière. L'abbé se taisait. Mme de Galandot reprit :

— « Nicolas est pur. Ses sens dorment. Comprenez-moi, Monsieur l'abbé, il ne verra dans celle qui les éveillera que le moyen de les satisfaire. Aussi ne veux-je point voir se lier ainsi deux êtres par la seule nouveauté réciproque qu'ils se seront l'un à l'autre. Leurs jeunesses se prendront à cet attrait sensuel qui risquera de périr avec leur âge mûr et ne leur laissera que le regret d'un lien que la seule passion aura formé et que la raison n'approuvera peut-être plus. Hé quoi! ai-je préservé mon fils des dangers extérieurs de cette sorte pour lui en fournir le péril sous mon toit même! Non, non, l'abbé, je veux pour notre Nicolas un mariage fondé sur une sage estime, sur l'amitié des cœurs et l'entente des sentiments... Cette petite Pintel est sans doute délicate et sage, j'y consens, mais elle est trop belle... Ma bru ne le sera point. Et, pour tout vous dire, j'aimerais mieux encore, si ces circonstances de raison ne se présentent point, que l'union de mon fils ne reposât que sur un édifice de convenances et d'intérêts. Le bonheur se peut mieux trouver dans les rapports de la fortune et de l'humeur que dans un vertige des sens qui n'engendrerait à sa suite que troubles et que maux. Non, mon fils ne se mariera point par caprice. Certes, je l'ai prémuni contre les erreurs et les entraînements du corps, mais son jeune âge l'y rend encore trop sujet pour que j'en hasarde le dé. Plus tard, oui, plus tard, quand la raison occupera dans son esprit la place que j'y ai préparée par la religion et la vertu, il pourra choisir avec mon aide la compagne de sa vie qui, maintenant, ne saurait être que l'instrument de ses plaisirs. Il n'obéira plus alors dans son choix à l'ardeur du sang et à l'intempérance du désir ; mais, en attendant, mon cher abbé, je ne veux pas consentir que le couvert et la garantie d'un sacrement servent à protéger les excès de la nature ni faire de l'Eglise un prétexte à de toutes charnelles convoitises. »

Elle se tut et regarda par la portière. La voiture tournait à une croix de route ; on apercevait de longs champs de blés qui se doraient jusqu'à une sorte de lande inculte, au bout de laquelle, derrière un bois, on distinguait les pointes aiguës des tourelles de Bas-le-Pré.

L'abbé se sentit battu une fois de plus. Il eut bien l'idée de faire intervenir l'évêque et de faire à Mme de Galandot un cas de conscience de son entêtement ; mais il se dit que tout cela servirait peu, car il se flattait d'avoir sur elle toute l'influence qu'on pouvait avoir, et que personne ne réussirait mieux que lui où il venait d'échouer. D'autant que Nicolas ne semblait aucunement désirer quoi que ce fût et qu'il paraissait parfaitement heureux.

Et l'abbé se demandait après tout ce que pourrait bien faire d'une femme ce grand benêt qui avait employé hier plus de trois heures avec un contentement visible à produire des ronds et des ricochets dans un bassin en y lançant des pierres et des cailloux plats. Ne valait-il pas mieux, en somme, user des bonnes grâces de Mme de Galandot pour obtenir quelque achat de livres qui manquaient à la bibliothèque et se ménager auprès d'elle ? Ce en quoi il fit bien, car un événement ne tarda pas à survenir où tout son pouvoir ne fut point de trop pour la décider à en accepter les suites.

V

Depuis cette importante conversation entre Mᵐᵉ de Galandot et l'abbé Hubertet, la vie avait continué à Pont-aux-Belles avec sa même uniformité quotidienne. Il restait de l'entretien, dans l'esprit de l'abbé, une vue assez nette du caractère secret de Mᵐᵉ de Galandot. Il l'avait saisie sur le fait de son étrange égoïsme maternel. Sans ignorer que le penchant s'en trouvât chez toutes les mères, il n'en imaginait point de plus conséquente avec elle-même, capable comme celle-là de méthode et de principe et en état de se justifier par des raisonnements qui avaient grand air de raison et semblaient descendre de haut; car Mᵐᵉ de Galandot était principalement une jalouse, et sa jalousie allait jusqu'à être moins spirituelle que, si l'on peut dire, matérielle.

En effet, sûre de l'esprit de son fils, elle ne l'était pas de ses sens et par eux il lui échappait et tombait sous le risque de quelque domination étrangère à quoi elle ne pourrait rien. De là cette aversion subtile et forte à la fois pour le mariage de Nicolas et les scrupules bizarres qu'elle s'en était faits volontairement. L'abbé, doué de finesse, débrouillait assez bien cet écheveau de sentiments, sauf un point dont il avait peine à trouver l'explication.

Il ne se rendait pas exactement compte de la surprenante répugnance où Mme de Galandot tenait l'acte de chair. Ses relations conjugales avec le modèle des maris eussent dû lui en laisser une idée moins rébarbative. Il était singulier qu'un homme, honnête et cérémonieux comme le feu comte, lui eût rendu les devoirs du corps dignes d'une sorte de terreur amère comme elle la manifestait en ses discours. Comment cette vertueuse veuve se trouvait-elle au courant des pires excès de la passion? Seul le spectacle des plus laides débauches eût pu, par la vue de leurs turpitudes, la prévenir ainsi, à ce point, des bas dangers de l'amour.

L'Eglise, dont elle connaissait à fond la doctrine, car elle était grande liseuse de théologie et de casuistique, ne permet-elle pas assez volontiers à ses ouailles l'amour au naturel? Elle ne le réprouve guère que dans son ordure ou sa frénésie, et c'est là où elle allait justement chercher une raison d'en détourner son fils, de retarder son usage de la femme à un temps qu'elle fixait à sa maturité, mais qu'elle eût certes voulu remettre encore et au delà, comme si elle eût craint, non seulement pour elle un partage d'affection dont sa jalousie s'alarmait, mais encore, pour lui et en lui, l'éveil d'un instinct qu'elle considérait comme on ne sait trop quoi de honteux et d'ignoble.

Mme de Galandot revint plusieurs fois à ce sujet

avec l'abbé, et c'est là où il apprit d'elle ce que nous venons de dire. L'abbé se contentait d'observer et d'écouter sans aller plus loin dans la recherche des raisons, sans doute anciennes et à coup sûr curieuses, de cette singulière manie. Il se bornait à ce qu'on lui en voulait montrer, quand un événement imprévu lui en fit voir davantage.

On était aux premiers jours de l'automne. L'abbé Hubertet aimait cette saison à cause d'une certaine mélancolie dont il éprouvait le charme et pour une sorte de trouble vaporeux qu'elle apporte avec elle et où se plaisaient infiniment ses esprits. En outre, gros et lourd, l'été l'accablait un peu. Une autre petite raison encore lui rendait cher ce temps de l'année. C'est à cette époque que le fruit préféré de sa gourmandise arrivait à maturité. L'abbé aimait passionnément les poires. Or les espaliers de Pont-aux-Belles en portaient d'admirables. Le feu comte, qui s'en savait friand, en avait fait planter de toutes les espèces, et l'abbé jouissait de cette heureuse prévoyance. Se jugeant un peu privé sur la table, il se rattrapait sur le verger. Certes, hors son préféré, il ne négligeait pas les autres fruits et n'en dédaignait aucun. Il aurait même désiré goûter ceux dont il lisait dans les récits des voyageurs la forme et la saveur, la goyave d'Amérique et la banane des Canaries, ceux des Indes et ceux que mangent, assis sur les coraux des récifs, au bord d'une mer phosphorescente, des officiers de marine, la hache au côté et qu'entourent, avec mille simagrées, des sauvages nus ou emplumés, un arc à la main et un anneau aux narines. A leur défaut, il se contentait de ceux de nos jardins.

Les groseilles et les framboises l'amusaient par leur acidité et leurs parfums; il estimait les cerises, les plus aigres comme les plus douces, les plus rebondies et les plus molles; les pommes lui agréaient assez. Quant aux pêches, elles le réjouissaient infiniment, celles dont le jus surabonde et celles dont une moiteur sucrée pénètre le fruit tout entier et se répand dans chacune de ses fibres; mais les poires lui paraissaient mériter sa préférence.

Il leur trouvait une diversité de goûts singulière. Elles sentent tour à tour la pluie, la feuille morte et la fourmi. Leur chair est granuleuse ou tendre, acide ou succulente; elles ont une personnalité particulière; leur saveur est individuelle; leur maturité est longue, elle commence en été, remplit l'automne de ses surprises délicieuses et dure jusqu'en hiver; elles sont tachetées et lisses comme des poissons et se faisandent comme des gibiers.

Cette passion immodérée des poires faisait sa victime du pauvre abbé. Dès que la saison favorite approchait, il ne manquait plus de visiter chaque jour les espaliers. Il les savait presque branche par branche; il surveillait chaque fruit, ressentait leur perte si le vent les détachait avant l'heure ou si les guêpes les entamaient. Parfois, il en ramassait de tombés et les regardait avec regret dans sa grosse main qu'ils remplissaient de leur rondeur inachevée ou maladive.

S'il les connaissait à l'arbre, il les reconnaissait

aux corbeilles où on les servait. Quelquefois il éprouvait une amère déception si Mme de Galandot ou Nicolas prenait l'une des pièces qu'il s'était tout bas réservées. Aussi lui arrivait-il parfois, par prévision, de sauver de ces bouches inexpertes un des beaux fruits qu'il avait remarqués en se promenant, suivis en leur croissance et convoités en leur maturité. Pour cela, il descendait de grand matin au verger et, après bien des hésitations et des scrupules, finissait par mettre dans sa poche l'objet de sa convoitise et montait le larcin dans sa chambre.

Ces sauvetages fréquents avaient transformé un des tiroirs ventrus de la commode de l'abbé en un véritable fruitier. Le soir, retiré chez lui, son rabat enlevé, un mouchoir noué sur les oreilles par deux cornes de linge, en chemise et pieds nus, avant de se mettre au lit, il ouvrait le meuble odorant, puis, de l'œil et du doigt ayant choisi dans sa réserve son péché, il le mangeait délicatement avec des grimaces de gourmandise, tandis qu'à la chandelle se dessinait sur le mur son ombre familière et gloutonne.

On était à table où l'abbé Hubertet guettait pour la fin du repas une fort belle poire de cuisse-dame et, le couteau levé, il s'apprêtait à s'en saisir, quand le vieux domestique entra et parla bas à Mme de Galandot. Elle coupait un fruit ; son visage se colora subitement ; d'un mouvement brusque et les sourcils froncés, elle acheva la section des deux moitiés : elles tombèrent simultanément sur l'assiette.

Mme de Galandot se leva, et l'abbé et son fils la virent par la fenêtre, qui parlait à une sorte de paysan debout devant elle. L'homme racontait quelque chose avec de grands gestes. Nicolas et l'abbé regardaient sans rien dire cette pantomime. L'homme congédié, Mme de Galandot rentra au château. On l'entendit marcher dans le vestibule et aller à son appartement.

Quelques instants après, elle fit appeler l'abbé Hubertet qui se rendit aussitôt auprès d'elle. Il la trouva assise dans son fauteuil et parfaitement calme. Il attendit qu'elle parlât la première. Elle semblait hésiter et cherchait le ton juste de sa pensée et le moyen de l'exprimer dans une exacte mesure. L'abbé remarquait cette contrainte inusitée quand elle débuta et lui dit :

— « Monsieur l'abbé, ce paysan vient de m'apprendre que mon frère est mort. »

L'abbé fit un mouvement de surprise qu'elle interpréta comme une velléité de condoléance qu'elle arrêta du geste.

— « Nous n'étions pas très liés, M. de Mausseuil et moi. Le sang seul unissait assez mal ce que d'un commun accord nous avions délié. Je ne vous dirai pas d'où vint cette rupture. Elle date de loin. Je pourrais vous dire que des intérêts nous ont divisés et vous me pourriez objecter que toutes rancunes cèdent devant la mort. Ce fut plus. M. de Mausseuil fut un homme abominable ; il m'a fait me haïr moi-même. Je ne veux pas même me souvenir de lui. Quand j'ai quitté Bas-le-Pré pour épouser M. de Galandot, j'ai fait serment de n'y rentrer jamais. Je tins parole ; je la tiendrai. »

L'abbé s'inclina silencieusement.

Elle reprit :

— « A la mort de mon père, je ne parus point à ses obsèques. Après cela, vous pouvez penser que mon frère a pu se marier et se remarier sans que je l'assistasse, pas plus à ses doubles noces qu'à son double veuvage, car ses deux femmes sont mortes avant lui. Aujourd'hui vient son tour ; je ne m'en mêlerai point. Pourtant il y a à prendre des mesures de convenance ; mes sentiments m'en dispenseraient si je ne devais à mon fils l'exemple de certains devoirs. C'est à votre entremise, Monsieur l'abbé, que je recours pour les accomplir. Vous allez partir pour Bas-le-Pré. J'ai pleine confiance en vous. Vous y règlerez tout pour le mieux et m'en rendrez au retour un compte exact. Le paysan qui est là, aux cuisines, vous emmènera dans sa charrette. Allez donc et revenez au plus vite, car nous avons pris de vous, mon fils et moi, une habitude dont nous aurons peine à nous passer. »

Une heure après, l'abbé Hubertet quittait Pont-aux-Belles au trot dur d'un petit cheval rouan et quand, après les cinq lieues de route, il arriva à Bas-le-Pré, il savait déjà en gros, de la bouche du paysan, le spectacle qui l'y attendait. Il avait démêlé, aux propos du gars, que la mort de M. de Mausseuil n'était que la suite funeste d'une vie de débauches et de violences dont le mauvais bruit lui était déjà venu aux oreilles et dont la catastrophe d'aujourd'hui vérifiait la rumeur commune.

Dès son jeune âge, Hubert de Mausseuil s'était montré paillard et ivrogne et par suite brutal, car le vin et le désir portent l'homme au mépris de soi-même et des autres. M. de Mausseuil se méprisa beaucoup, car il ne cessa de boire et de forniquer. Son existence fut toute de basses ripailles et d'amours ordurières, prises n'importe où et sans aucun choix ni aucune retenue. Viveur débraillé et cynique, il portait beau la crapule de sa vie. Marié une première fois, peu après la mort de son père, à une jeune bourgeoise, Lucienne Valtard, fille d'un certain Valtard, sieur de Lantrelon, qui sortait d'être vilain et prétendait à être noble, il la séduisit par sa mine de hobereau et par ses airs de seigneur. Sitôt en ses mains, il la traita durement et la battit jusqu'à ce qu'elle rendit l'âme, ce qu'elle fit après quatre ans de mariage, c'est-à-dire vers l'an 1717.

Le veuf s'aperçut à peine de cette mort et continua son existence forcenée, furibonde et triviale, sans s'occuper d'autre chose qu'à vider des futailles et à poursuivre des filles. Ce ne fut qu'à cinquante-sept ans, en 1731, qu'il épousa en secondes noces, la demoiselle Anne de Bastan. Rien ne put détourner cette personne charmante, paisible et douce, de risquer le sort de la pauvre Lucienne Valtard. Ni ce qu'elle apprit de M. de Mausseuil, ni ce qu'elle en put voir, rien n'y fit. Mlle de Bastan l'aimait.

Il avait encore de quoi se faire aimer, car il lui demeurait des restes imposants de bel homme, haut de taille et fort en couleur et jovial après tout quand il lui arrivait de n'être pas furieux de vin et de luxure. Rien donc ne rebuta la tendre et délicate demoiselle, pas même, quand il la venait voir au Fresnay chez les parents qu'elle y avait en M. et Mme du Fresnay, qu'il s'endormît dans son fauteuil la perruque emmêlée, le vêtement débraillé, la langue lourde et l'haleine vineuse. Elle l'aima et l'épousa, orpheline d'ailleurs et libre d'elle-même.

M. de Mausseuil, flatté de la passion qu'il inspirait, parut d'abord s'amender. Il corrigea l'ordinaire désordre de ses habits, diminua ses rasades et laissa en repos les gottons de cabaret, les bergères des pâturages et les laveuses de vaisselle dont il était coutumier. Le mariage vint. M. de Mausseuil sembla de jour en jour s'affermir en ses bonnes dispositions. Mme de Mausseuil devint grosse et mit au monde une fille à qui l'on donna le nom de Julie.

Mme de Mausseuil se remettait lentement de ses couches. L'enfant prospérait. On lui avait donné pour nourrice une chèvre et on avait pris pour soigner la bête et la mener paître une espèce de petite mendiante contrefaite qui rôdait souvent autour de Bas-le-Pré et à qui Mme de Mausseuil faisait l'aumône et s'intéressait. La malade ne quittait pas encore sa chambre. Mausseuil, aux petits soins, y passait de longues heures auprès d'elle et il fallait qu'elle le forçât à sortir et le conjurât de prendre quelque exercice, lui voyant le visage rouge et les mains gonflées de veines bleues.

Un soir, au crépuscule, que son mari était sorti

sur ses instances, elle se trouvait seule dans sa chambre dont la fenêtre ouverte donnait sur le jardin ; elle crut entendre du bruit sous sa croisée et, s'étant penchée, vit, au bas du mur, la petite gardienne de la chèvre tenue à la gorge, ses vêtements en lambeaux laissant apercevoir sa chétive et dégoûtante nudité, et rué sur elle, le tricorne à bas, la perruque de travers, le linge dehors, le cauchemar de M. de Mausseuil, brutal et monstrueux, qui était en train de forcer l'infirme.

Mme de Mausseuil, stupéfaite, entendit une faible plainte et un halètement sourd auxquels elle répondit d'en haut par un cri perçant et elle vit distinctement se lever vers elle la tête effarée de son mari, jurant effroyablement et qui, debout d'un bond, s'enfuyait en trébuchant à travers un carré de choux. Du coup, Mme de Mausseuil tomba à la renverse et resta assez longtemps évanouie, tandis que montait dans la nuit venue, ironique et ricaneur, le chevrotement nasillard de la chèvre attachée par une corde à un piquet autour duquel elle tournait, la corne basse et le pis gonflé.

Mme de Mausseuil, qui se blessa gravement dans sa chute, languit quelques semaines et finit par mourir en laissant son mari inconsolable. Il maigrit à vue d'œil, sa panse tomba, et il s'enfonça dans une mélancolie taciturne qui alla en s'augmentant au point qu'on venait de trouver l'hypochondre râlant sur l'herbe, juste sous les volets clos de la chambre où sa femme était morte six ans auparavant. Il gisait étendu dans une mare de sang, le ventre tailladé et la gorge coupée.

Quand on vint constater les particularités de la mort de M. de Mausseuil et relever son cadavre, on crut d'abord à un crime, car l'arme manquait avec laquelle il avait dû se faire ses épouvantables blessures. Ce ne fut qu'ensuite qu'on la retrouva aux mains de Mlle Armande de Mausseuil, et, plus exactement, sous son oreiller où des traces de sang la firent découvrir à la piste.

Mlle Armande, sœur d'Hubert de Mausseuil et de Jacqueline de Galandot, était une créature lamentable. Folle depuis des années, elle errait misérablement dans Bas-le-Pré, vêtue de haillons et couverte d'oripeaux. Sa grosse tête lippue et baveuse se surmontait de coiffures compliquées qu'elle échafaudait de ses mains tremblantes et où elle employait tout ce qui se présentait à elle. Elle les parachevait avec des plumes de vieux plumeaux qu'elle ramassait dans les coins ou avec les ailerons de volailles qu'elle cherchait à la basse-cour. Sa bouche laissait découler continuellement deux jets de salive qui se rejoignaient sous le menton et en tombaient goutte à goutte à chacun de ses mouvements. Avec cela, sournoise et pleurarde, de telle sorte que ses larmes mouillaient le fard dont elle se plâtrait. Elle passait ses mains humides sur ses joues au vermillon et elle rôdait ainsi, barbouillée et grotesque, traînant un vieux soufflet d'où elle s'imaginait tirer de la musique ou faisant tourner pendant des heures quelque petit moulin de papier qu'elle avait volé à sa petite nièce Julie.

La maniaque dérobait, en effet, tout ce qui lui

tombait sous la main et cachait, d'ordinaire, ses larcins dans sa paillasse ou dans quelque recoin de sa chambre. On la rencontrait errant dans le jardin ou les corridors ou bien descendant les escaliers sur son derrière, quelquefois aussi assise sur le seuil des portes et, la jupe retroussée, prenant le frais à nu sur la pierre. Méchante et acariâtre au temps de sa raison, elle restait dans sa folie fourbe et vindicative.

C'était à cette créature que revenait désormais la garde de la petite Julie. Elle avait huit ans et était fraîche et gentille.

L'abbé Hubertet s'entretenait de cette situation avec M. de Fresnay, accouru avant lui à Bas-le-Pré d'où il était le plus proche voisin, à la nouvelle de l'accident dont il avait envoyé prévenir Mme de Galandot. Homme agréable et bon, mais cervelle légère malgré ses cinquante et un ans, il se montrait tout bouleversé de la mort de son cousin et avait été fort heureux de l'arrivée de l'abbé Hubertet qu'il mit au courant des particularités que nous venons de rapporter.

M. du Fresnay, qui connaissait de longue date M. de Mausseuil, n'avait jamais cessé de le voir malgré son ivrognerie et sa débauche. Ce fut au Fresnay que M. de Mausseuil rencontra sa seconde femme, la malheureuse Anne de Bastan. Du Fresnay ne se doutait guère, en recevant par habitude ce gros homme dissolu, qu'il inspirerait jamais à cette douce jeune fille une si véritable passion. Mausseuil divertissait les du Fresnay, car, à travers sa crapule, il conservait des lueurs de raison et des traces d'esprit. Il leur plaisait par une sorte de bouffonnerie naturelle qui faisait rire aux larmes Mme du Fresnay. M. de Mausseuil venait donc là quelquefois. C'était même à peu près la seule maison et les seuls gens de son rang qu'il fréquentât, chassé de partout et relégué aux cabarets, le plus souvent même seul en face de sa bouteille, car on avait fini par craindre son ivresse querelleuse et par faire le vide autour de lui.

Il soupait quelquefois avec M. et Mme du Fresnay qui, après table, se mettaient l'un à son violon, l'autre à son clavecin, Mausseuil assis en quelque coin du salon. Ce rustre aimait fort la musique et la sentait vivement. Il marquait la mesure du talon, fredonnait le motif de sa voix éraillée, puis, mis en verve, finissait par se lever avec agitation et enthousiasme, tandis que les deux musiciens, de connivence, transformaient peu à peu le concert et en hâtaient le mouvement de telle sorte que, commencé en arioso, il dégénérait en sarabande et que Mausseuil se prenait à gambader, à pirouetter et à leur fournir la comédie d'une danse improvisée qui les réjouissait infiniment.

Un soir que, seuls à leurs instruments, ils en jouaient pour s'en donner le plaisir réciproque, comme souvent ils avaient coutume de le faire, ils virent, la porte poussée brusquement, entrer un Mausseuil hagard, débraillé, les genoux terreux et sans chapeau, qui accourait d'une traite au Fresnay raconter à ses amis ce qui venait d'avoir lieu sous les fenêtres de sa femme. Il sanglotait et hoquetait. M. et Mme du Fresnay, effarés de l'énergumène, le ramenèrent à Bas-le-Pré et, à l'état où ils trouvèrent la pauvre Anne, comprirent toute l'étendue du malheur. Ils s'installèrent à son chevet et la soignèrent jusqu'au jour où elle mourut sans consentir à revoir son mari, disant qu'elle avait trop compté sur ses forces en espérant lui pouvoir passer les retours de sa nature, et qu'elle préférait mourir à se sentir incapable du devoir qu'elle s'était prescrit et qu'il était au-dessus d'elle d'accomplir. A la suite de ces tragiques événements, les du Fresnay rompirent tous rapports avec M. de Mausseuil et ce ne fut qu'à cause de la petite Julie restée orpheline que M. du Fresnay reparut à Bas-le-Pré.

On était vers le soir; M. de Mausseuil reposait sur son lit entre deux cierges allumés. Personne auprès de lui; la maison semblait vide. M. du Fresnay et l'abbé se mirent à la recherche de Julie qui avait disparu depuis le matin. En passant par un corridor, ils virent de la lumière aux fentes de la porte de Mlle Armande. On avait enfermé la folle dans sa chambre, et les deux hommes eurent la curiosité de regarder par le trou de la serrure. Elle se tenait debout, coiffée bizarrement, et, sa jupe troussée, nue depuis la ceinture, elle s'occupait à s'administrer un grand clystère et, des deux mains, tenant derrière son dos la grosse seringue, elle lui cherchait au mur un point d'appui. Ces messieurs se retirèrent en haussant les épaules et finirent enfin par trouver Julie.

L'enfant dormait, étendue tout habillée sur son lit; elle gardait encore d'une main une pomme mordue où l'on voyait la trace espacée de ses petites dents; de l'autre, elle serrait bien fort un vieux pot à fard. Elle s'était amusée à s'en enluminer les joues, comme elle le voyait faire à sa tante. Son sommeil était éclatant, comique et délicieux. Ils ne la réveillèrent pas.

Il fut entendu que Julie partirait le lendemain avec M. du Fresnay chez qui elle passerait les deux tiers de l'année, et que l'abbé tâcherait de décider Mme de Galandot à la prendre chez elle le reste du temps.

Le matin, qui suivit, on procéda aux obsèques de M. de Mausseuil. Quelques paysans goguenards et qui se poussaient du coude se réunirent dans la cour de Bas-le-Pré. On descendit le cercueil et on allait se mettre en route quand Mlle Armande fit son entrée. Elle était parvenue à s'échapper et, vêtue et maquillée, elle voulait prendre part à la cérémonie. Quatre rustauds, sur un ordre de l'abbé, s'emparèrent de sa personne. Elle se débattit, cria, mais en vain; on eut raison d'elle et on la vit disparaître, agitant avec frénésie, sous sa robe qu'elles dépassaient, de grandes bottes à éperons dont elle s'était chaussée.

Le petit convoi passa par l'église et se dirigea vers le cimetière. Julie marchait sagement, donnant la main à M. du Fresnay. Quelques fermiers venaient ensuite. On suivait un chemin creux. Derrière une haie, on entendit bêler une chèvre. C'était la vieille bique barbue, aux mamelles flasques, qui avait été jadis la nourrice de Julie; M. du Fresnay et l'abbé s'aperçurent alors que le cortège était suivi par une créature contrefaite et boitillante. Ils reconnurent la funeste nabote qui n'avait jamais quitté les alentours du château et y reparaissait de temps à autre.

On arriva enfin au cimetière. Dans une fosse creusée de frais, on descendit M. de Mausseuil. La terre retomba par lourdes pelletées. La cérémonie terminée, les assistants se dispersèrent. Il y avait un grand arbre qui ombrageait le tertre. Sa terre brune tachait le gazon vert. L'abbé Hubertet et M. du Fresnay restés seuls s'assirent dans l'herbe; des sauterelles y frémissaient et, où elles avaient sauté, un brin flexible tremblait légèrement. Julie s'amusait à les poursuivre. L'abbé la regardait toute blonde dans le soleil. Il faisait chaud, M. du Fresnay tira machinalement de sa poche une flûte de buis, en trois morceaux; il l'essuya, la monta, y souffla doucement, puis doucement se mit à jouer une ariette. La petite Julie s'arrêta pour écouter, toute blonde, debout dans le soleil, et, comme il était midi, elle n'avait pas d'ombre autour d'elle.

VI

Mᵐᵉ de Galandot n'accepta pas d'un seul coup les arrangements de l'abbé Hubertet et de M. du Fresnay au sujet de sa nièce Julie de Mausseuil; bien au contraire. Elle refusa net de la recevoir chez elle pendant les trois mois que l'enfant ne passerait pas au Fresnay. L'abbé se voyait fort embarrassé, d'autant plus que ses sentiments se trouvaient en jeu en même temps que son devoir. Il ressentait en son cœur une sincère pitié envers la petite abandonnée. Quels souvenirs bizarres devait garder l'enfant des gens parmi lesquels elle venait de vivre, entre un père hypochondre et une tante bariolée et falote, dont la folie dégénérait parfois en crises furieuses où elle se roulait en écumant et d'où elle sortait chaque fois plus idiote et plus dégradée !

Il paraissait indispensable à l'abbé d'éloigner au plus vite Julie de ces impressions dangereuses et funestes. Son séjour au Fresnay, dans cette maison bienveillante, gaie, toute pleine de l'odeur des pâtisseries, du parfum des élixirs et d'un concert de musiques, lui ferait oublier aisément peu à peu les tristes et mauvais spectacles de Bas-le-

Pré. D'autre part, et pour corriger la frivole tutelle de M. et de Mme du Fresnay, il désirait vivement pour Julie la haute et sévère raison de Mme de Galandot qui ne manquerait pas de lui inculquer de solides préceptes d'honneur et de vertu et toute la religion nécessaire à en assurer les principes.

C'est cette influence à prendre sur une enfant que l'abbé faisait valoir à Mme de Galandot. Il savait que son orgueil ne serait pas insensible au pouvoir qu'on attribuait à sa vertu et par là il espérait l'amener peu à peu à ses vues. Nicolas les secondait de son silencieux désir. L'abbé l'avait attendri sur le sort de sa petite cousine, et Nicolas, dont le cœur était meilleur que l'esprit, éprouvait pour elle un charitable intérêt. Il assistait au débat entre sa mère et l'abbé, en y restant à l'écart comme de toutes choses, car, habitué dès longtemps à ne pas agir par lui-même, il était incapable d'intervenir efficacement en quoi que ce fût.

Mme de Galandot évitait toute réponse définitive.

Le temps pressait, néanmoins, car l'abbé Hubertet allait bientôt quitter Pont-aux-Belles. L'évêque qui estimait la science et la sûreté de l'abbé venait de se l'attacher comme secrétaire. M. de la Grangère devait partir pour l'Italie sur la fin de l'automne, chargé par le roi de négociations secrètes, et il emmenait avec lui M. Hubertet qui tenait fort, avant son départ, à avoir introduit la petite Julie à Pont-aux-Belles. Il s'en ouvrit à M. de la Grangère et lui demanda conseil.

Mme de Galandot respectait fort son évêque qui, d'accord avec l'abbé, se résolut d'user de son pouvoir pour imposer à Mme de Galandot, au nom de la foi, ce qu'elle refusait à la parenté et, pour en finir, ils prirent le parti de brusquer l'affaire.

M. de la Grangère fit donc annoncer sa visite à Mme de Galandot sous couleur de prendre congé d'elle avant son voyage, et, un beau jour, vers trois heures de l'après-midi, le carrosse épiscopal entra dans la cour de Pont-aux-Belles.

L'évêque fut reçu à la portière par l'abbé Hubertet et par Nicolas de Galandot. Nicolas avait alors vingt-quatre ans et beaucoup d'embarras et de timidité sous l'habit de cérémonie revêtu pour la circonstance. On échangea des politesses. L'évêque s'excusa que le chanoine qui l'accompagnait ne descendît pas à cause de la goutte qui lui tenait les jambes gourdes. M. Durieu présentait, en effet, la mine rubiconde du parfait podagre. Sa corpulence remplissait exactement le cadre de la portière, qu'il referma sur lui quand, après les saluts d'usage, il se fut rassis au fond du carrosse où on le laissa.

La compagnie se dirigea vers le château. L'évêque marchait à petits pas de ses jambes courtes. Il était alerte et vif, et, en sa petite taille, de grande autorité. On le disait habile homme et adroit courtisan. Il avait fait un long apprentissage des brigues et des pratiques humaines et s'en était toujours tiré à l'avantage de ses amis et à la confusion de ses ennemis. Il fallait qu'il connût à fond l'intrigue ecclésiastique pour mériter qu'on le jugeât propre à affronter les affaires délicates de la politique romaine. Du choix qu'on venait de faire de lui, il ressentait toute l'importance et tout le prix. Aussi ne doutait-il pas de ses succès ultramontains non plus que de la réussite de l'entreprise plus modeste qui l'amenait aujourd'hui à Pont-aux-Belles.

Après les premiers compliments, la conversation prit un tour familier, et M. de la Grangère demanda à visiter les jardins. L'entretien s'y continua. L'évêque marchait auprès de Mme de Galandot qui, pour la première fois, regretta l'état d'abandon et de négligence où se trouvaient, faute de taille et de râtissage, les charmilles et les allées.

On était arrivé à un rond-point. L'évêque, un peu essoufflé, s'arrêta, et, regardant autour de lui, il leva ces mains fluettes :

— « Certes, Madame, quoi que vous disiez de ce qu'il est et pensiez de ce qu'il fut, ce lieu n'en reste pas moins fort beau, et je comprends les regrets de notre abbé d'avoir à en quitter bientôt les tranquilles ombrages. »

Et là-dessus, il vint à laisser entendre que de puissants intérêts voulaient qu'il emmenât à Rome M. Hubertet. Il insista sur les hésitations de l'abbé, son attachement à son élève.

— « Car, Madame, notre abbé a mené modestement et sûrement une grande tâche. Il a fait, avec votre secours, et sous vos yeux, de votre fils, un gentilhomme pieux et bon. Je ne doute pas que

M. Nicolas le fût devenu par lui-même et que vos conseils eussent suffi à diriger un si heureux naturel, mais l'abbé a contribué, pour sa part, à joindre à un cœur que vous avez formé un esprit qu'il travailla de son mieux à nourrir et à orner. »

Nicolas n'était-il point versé aux lettres antiques, latiniste accompli? L'évêque n'en voulait pour preuve que les belles sentences cicéroniennes échangées entre eux à la descente du carrosse. Nicolas n'avait plus rien à apprendre.

— « Le voilà tout à fait homme, concluait M. de la Grangère et capable non seulement de soutenir l'honneur de sa maison, mais encore d'y ajouter. »

Mme de Galandot, tout en exprimant les regrets de circonstance, acceptait assez bien le départ de l'abbé qui depuis quelques semaines ne cessait de la harceler au sujet de la petite Julie et qu'elle commençait à trouver importun.

Il y avait là un banc de pierre. L'évêque et Mme de Galandot s'y assirent pour continuer l'entretien. Un vent léger faisait frissonner les cheveux gris de Mme de Galandot, et M. de la Grangère, le nez un peu rouge par la fraîcheur de l'air, l'écoutait finement se complaire au détail de ses labeurs maternels.

— « Oui, Madame, si l'abbé a sa part de la bonne éducation de M. votre fils, répliqua, quand elle fut au bout, le malin prélat en saisissant une pente favorable à son projet, vous y avez la vôtre, et la plus belle, qui revient aux exemples de votre haute vertu. Ah! je comprends, Madame, votre légitime satisfaction et votre bonheur d'être déchargée d'un grand devoir. Maintenant que cette belle œuvre est terminée, il vous serait doux, ma chère fille, de rentrer en votre paix intérieure, mais le bien est insatiable. Ne croyez-vous pas que d'autres soins vous appellent et resterez-vous sourde à leur voix ?

« Je vous ai toujours tenue quitte des œuvres extérieures, continua l'évêque en souriant, mais Dieu vous en réserve une à laquelle vous ne vous attendiez point. Dieu a pourvu de lui-même au remploi de votre loisir. Il sait tous nos besoins et même ceux dont nous ne nous doutons pas. Il faut que vous accueilliez votre nièce Julie de Mausseuil. »

Le choc fut dur. Aux premiers mots, Mme de Galandot se rebiffa avec une sécheresse et une hauteur déterminées. L'évêque ne se déconcerta point : il avait subi de plus rudes assauts et lié de plus fortes parties et il savait bien des chemins. Il prit d'abord celui de radoucir. Puis, l'effet manquant, il parla à son tour haut et sec, redressé dans sa petite taille. Ses mains agiles et persuasives gesticulaient aux yeux de Mme de Galandot qui voyait passer et repasser devant elle, à l'annulaire, le point d'or de l'anneau épiscopal et ne répondait rien. Alors M. de la Grangère s'échauffa. Il dénonça le murmure public, le scandale de cet abandon, exigeant par calcul plus qu'il ne voulait, puis, tout à coup, réduisant l'obligation à trois mois, qu'il obtint. On fixa le séjour, chaque année, de la mi-juillet à la mi-octobre.

L'évêque entama alors l'éloge de l'enfant. Mme de Galandot, levée brusquement du banc de sa défaite, allait à grands pas vers le château. M. de la Grangère la suivait sur ses courtes jambes, tout guilleret de cette retraite précipitée et de cette colère. On croisa Nicolas et l'abbé Hubertet. L'abbé venait de mettre son élève au courant de sa décision et de ses projets de voyage ; tous deux pleuraient. Ils marchèrent derrière l'évêque qui reprenait haleine auprès de Mme de Galandot enfin ralentie et modérée. De temps à autre on entendait le pauvre Nicolas se moucher bruyamment.

On arriva au carrosse. Tout le monde faisait cercle quand, la portière ouverte, on vit le gros chanoine goutteux assis nu-tête sur la banquette du fond et, sur l'un de ses genoux, Mlle Julie, que l'évêque avait amenée en cachette avec lui, coiffée de la perruque et, au nez, les bésicles du pauvre M. Durieu qui, rouge et effaré, ne savait quelle contenance prendre ni comment se débarrasser de l'importune.

Ce fut en cette bizarre posture que Mme de Galandot fit la connaissance de sa nièce. On convint qu'elle passerait cette fois deux ou trois jours à Pont-aux-Belles et que l'abbé la reconduirait au Fresnay, d'où elle venait, avant de rejoindre son nouveau poste auprès de M. de la Grangère qui, ayant pris congé de la compagnie, mit le soulier au marchepied.

Le gros cocher fouetta les chevaux ; les roues tournèrent, laissant dans la cour de Pont-aux-Belles, auprès de Mme de Galandot, entre l'abbé goguenard et Nicolas interloqué, **une belle** petite fille blonde et mutine qui regardait, à travers les bésicles qu'elle s'était obstinée à ne pas rendre, disparaître le grand carrosse où M. le chanoine Durieu confessait à son évêque que cette gentille demoiselle de Mausseuil était vraiment le diable en personne, ce qui lui aurait paru bien plus vraisemblable encore s'il l'avait entendue derrière eux rire à grands éclats de trois gros crottins frais et fumants qu'avait espacés sur le pavé l'attelage bai de M. de la Grangère.

VII

Ce premier passage de Julie à Pont-aux-Belles se confondit avec les préparatifs du départ de l'abbé Hubertet. Nicolas s'en montra fort affligé et tomba dans un grand désœuvrement. Sa vie étroite et paresseuse se soutenait en équilibre par quelques points d'appui, et, le principal venant à lui manquer subitement, il en ressentait fortement l'entorse.

Certes, Mme de Galandot lui restait, mais, depuis longtemps, elle se déchargeait sur l'abbé du soin d'occuper son fils. M. Hubertet était parvenu à l'intéresser à ses travaux ; il lui avait ouvert le vaste champ de l'antiquité, et, si Nicolas n'en remuait pas les profondeurs, il en parcourait du moins assez volontiers la superficie. Une fois l'abbé parti, il laissa là ses études, évita même la bibliothèque et s'attarda dans une oisiveté qui ne fut pas sans inquiéter Mme de Galandot, car elle n'y voyait aucun remède et s'en faisait même quelque reproche auquel, pourtant, sa certitude de soi mit fin assez vite. Néanmoins, elle fut sur le point de regretter d'avoir, avec tant de soin et avec une si continuelle vigilance, détourné son fils de toutes les occupations qui eussent convenu à son âge et auxquelles elle s'était opposée de toute la force de ses craintes.

En effet, Nicolas de Galandot ne savait rien des pratiques où se distraient d'ordinaire les gentilshommes de la province, qui trouvent dans l'usage de la meute et du cheval leur principal agrément. Sa mère s'était toujours refusée à ce qu'il courût la bête. Elle y voyait l'inconvénient de l'éloigner d'elle durant de longues journées et de l'accointer forcément à la jeunesse du voisinage. Elle redoutait, outre les péripéties parfois dangereuses de l'hallali, les repas bruyants qui suivent les curées. Elle craignait que son fils ne revînt de là, la tête pleine de l'aboi des chiens, du son des cors, des jurons des piqueurs et des propos libertins des compagnons qu'il ne manquerait pas de faire à ces parties et qui l'entraîneraient forcément soit à délaisser Pont-aux-Belles, soit à y introduire une compagnie dont la présence lui eût été, à elle, odieuse et eût troublé d'une choquante disparate sa vie haute, rigide et solitaire.

Elle craignait que le doux et sage Nicolas n'acquît à ces contacts cette sorte de brutalité dont elle gardait un fâcheux souvenir pour en avoir souffert jadis dans ses proches aux temps, maintenant lointains, de sa jeunesse.

Donc Nicolas de Galandot n'apprit ni à manier l'épieu ni à chausser l'étrier, car sa mère craignait les chevaux pour le péril continuel qu'il y a à leurs caprices. Les plus doux en prennent d'inattendus et elle rappelait souvent à Nicolas qu'une fois même le noble attelage qui les menait si majestueusement, elle et son mari, en leur bon carrosse à quatre roues, s'était emporté un jour sur la route de Saint-Jean-la-Vigne et, après une course furieuse à travers champs, les avait versés bel et bien en pleine luzerne, feu M. le comte tombé sur le nez et elle, en tous ses atours, étendue sur le dos, les jambes en l'air. Cet exemple lui servit d'argument à communiquer au jeune Nicolas une aversion circonspecte du manège et de ses conséquences.

Lui ayant ainsi coupé toutes les issues, elle le tenait tout entier tout à elle. En cela, elle avait peut-être calculé plus fortement que justement, car il faut des passions pour en nourrir sa solitude, soit l'occupation à de grandes choses intérieures, soit un intérêt violent à de petites qui nous entourent. Or Nicolas de Galandot avait plutôt des habitudes. C'étaient elles qui constituaient la matière usuelle de ses pensées et la raison commune de ses actes ; leur ensemble parfaitement ordonné et rigoureusement accompli lui composait une vie égale et circulaire d'où il ne tentait aucunement de sortir.

Nicolas de Galandot était vraiment dépourvu de tout excès intime. Il n'éprouvait aucun de ces mouvements sourds qui portent parfois à de brusques écarts dont la surprise déconcerte. Sa religion même n'allait point en sursauts et en profondeur, et son souci de Dieu se contentait de pratiques apprises qu'il accomplissait ponctuellement sans y rien ajouter et sans en rien retrancher. Son existence semblait circonscrite d'avance, comme l'ombre au vieux cadran de pierre où son père avait aimé jadis à voir tourner l'heure au soleil.

Tout ce qui dépassait la limite des circonstances quotidiennes lui apparaissait vague et confus. Il faisait de soi un usage modéré et des autres aucun ; mais, s'il avait dans la tête peu d'images et peu de pensées, il avait au cœur des sentiments très fermes et très constants. Il aimait sincèrement et fortement sa mère ; aussi, quand l'époque approcha où Julie dut revenir à Pont-aux-Belles, partagea-t-il la mauvaise humeur de Mme de Galandot à l'égard de cette petite et ne lui fit-il guère plus bienvenue de cousin qu'elle accueil de tante. Mais ce sentiment, il faut le dire, dura peu, et Nicolas qui était doux, simple et bon, n'y mit pas la durée et la persévérance qu'apporta aussi en Mme de Galandot.

Le lendemain de l'arrivée de Julie au château, elle se promenait dans les jardins sous la surveillance d'une des deux vieilles servantes de Mme de Galandot. Pont-aux-Belles ne se trouvait guère habité que par des vieilles gens ; aussi Julie était-elle la première figure jeune qu'y vit à demeure Nicolas. L'enfant marchait tristement ; on entendait ses petits pieds alertes sur le gravier à travers le pas lourd de l'antique chambrière qui parfois toussait et traînait la jambe par l'allée.

Julie eut quelque peine à se mettre au pas où entendait la réduire sa tante. Mme de Galandot consentait bien à recevoir sa nièce sur les instances de M. de la Grangère et à la pensée du scandale que son refus n'aurait pas manqué de produire, mais elle accomplissait ce devoir à contre-cœur, et Julie ressentit durement la mauvaise humeur de cette obligation. Sa vivacité turbulente heurta ses ailes à la sécheresse de sa tante qui, dès l'abord, la réprima sévèrement.

Certes il y avait loin de l'aimable maison du Fresnay, pleine de chansons et de clavecin, au morne séjour de Pont-aux-Belles. L'enfant s'en aperçut vite.

M. et Mme du Fresnay avaient tendrement choyé l'orpheline et la mignonne les adorait. Ils en raffolaient par retour et ils proposèrent même de garder complètement la fillette auprès d'eux, ce qui leur valut de Mme de Galandot une lettre fort rogue et un refus formel, tant est puissant dans les âmes le goût de la contradiction. La teneur du billet fut telle que M. et Mme du Fresnay durent laisser partir Julie sans l'espoir de l'aller visiter, même une fois, durant qu'elle serait à Pont-aux-Belles. Ce qui les chagrina au point que M. du Fresnay resta bien trois jours sans toucher violon ni flûte, et sa femme tout autant sans ouvrir son clavecin, ni battre ses crèmes et casser son sucre.

Le changement fut brusque pour Julie. Là-bas, elle se passait tout; ici, on ne lui passa rien. Mme de Galandot fit peser sur elle son joug hautain et sans réplique. Elle gardait en elle, si l'on peut dire, de la sévérité inemployée. La docilité de Nicolas lui avait permis de s'assurer sur lui une domination facile sans qu'il fût besoin de faire montre d'aucune rigueur ; aussi, vis-à-vis de Julie, usa-t-elle de cette sorte de réserve de dureté et d'aigreur jusque-là inutiles. On eût pu s'attendre à des révoltes, il n'en fut rien. Devant cette forte contrainte, l'enfant plia, par insouciance un peu, beaucoup par mollesse et aussi par cette facilité aux circonstances particulière aux êtres jeunes, de telle façon que Mme de Galandot en fut déçue dans son projet. Elle ne trouva rien en Julie qui valût les dispositions où elle se trouvait à son égard. Ce manque de résistance la désintéressa à ne pas rencontrer là de quoi satisfaire son attente.

Ce changement créa en Julie un être double par suite de son double séjour au Fresnay et à Pont-aux-Belles. Elle acquit deux habitudes différentes qui prédominèrent en elle chacune à son tour et firent d'elle, plus tard, la voluptueuse et facile Julie des soupers du maréchal de Bonfort et la solitaire et sage Mme de Portebize en train de finir sa vie au rustique manoir de Bas-le-Pré.

Cette rapide docilité, si elle contrariait le désir secret de Mme de Galandot, lui fit estimer fort sa méthode d'éducation et satisfit au moins sa vanité. L'une se résigna donc à être obéie, et l'autre à obéir. Julie hâta l'apprentissage de ce qu'on exigeait d'elle et s'y soumit de bonne grâce. Seulement elle s'ennuyait et son petit visage rose ne riait plus de son grand rire, comme lorsqu'elle se barbouillait des confitures fraîches de Mme du Fresnay ou s'amusait à râcler des notes discordantes sur le violon de M. du Fresnay. Elle était toute préoccupée des convenances nouvelles qu'il fallait qu'elle observât, et cette contrainte donnait à sa petite personne une sorte de gravité charmante et comique. Il restait bien épars dans ses yeux une sorte d'air de gaîté prête à sourire, mais elle lui cherchait en vain dans les yeux des autres un appui et un acquiescement et, quand elle rencontrait le regard austère de sa tante, son avance finissait en une demi-moue, charmante et penaude à la fois, de sa lèvre charnue et rouge, avec je ne sais quoi de déconcerté où il entrait de la déception et un rien de malice, comme un parti pris, puisqu'on n'en voulait pas, de jouir pour elle-même de son sourire.

Si l'on ne savait pas tirer parti d'elle, elle, par contre, savait du moins tirer parti de tout avec une habileté naïve.

Elle trouvait aux objets et aux gens qui l'entouraient mille façons de s'en amuser. Les enfants s'inventent de tout des événements particuliers. Les cailloux, les herbes, les circuits des allées, la forme des parterres, les meubles, les ustensiles lui servaient à des plaisirs spéciaux où le temps qu'il faisait avait sa part non moins que d'autres circonstances mystérieuses et senties d'elle seule.

Le peu de personnes qui, à Pont-aux-Belles, composaient le spectacle journalier de la vie, lui devinrent familières, et elle porta à leur connaissance une finesse native. Si, forcément, le caractère général de Mme de Galandot, par exemple, échappait à son raisonnement d'enfant, elle avait acquis, par instinct et par usage, une prévoyance si exacte de sa physionomie qu'elle y lisait d'avance les précautions à prendre pour déjouer l'irritation qu'elle distinguait aux traits de la vieille dame à une petite grimace de la bouche ou à un certain clignement des yeux. Aussi était-elle admirablement prompte à se garer, à la fois prudente et hardie, avec un talent pour contrefaire, naturel et irrésistible. Elle s'exerçait à imiter la démarche et le port de sa tante ou, grimpée sur une chaise, elle présentait au miroir son petit visage qui caricaturait d'une grimace bouffonne celui de sa sévère parente. Elle poussait ce goût jusqu'à l'effronterie et ne s'en privait pas en présence même de Mme de Galandot qui ne s'apercevait de rien.

Comme de juste, le cousin Nicolas, non plus n'évita pas la moquerie. Julie observa vite son air d'ennui et d'indolence, sa façon de bâiller et le sursaut qui réprimait ce bâillement, sa démarche hésitante, sa manière de traîner sa canne sur le sable, les mains jointes derrière son dos qu'il courbait volontiers, tout le dégingandé de sa longue personne. C'est en se promenant ainsi dans ce jardin, oisif et éternellement perplexe, que Nicolas rencontrait souvent sa cousine Julie.

Elle n'allait pas à lui et ne lui adressait pas la parole et faisait semblant de ne pas le voir, mais elle le regardait en dessous, d'un œil rapide et furtif. La plupart du temps, quand il la croisait, elle baissait la tête et feignait de s'occuper à jouer, si attentive à son jeu qu'elle laissait poindre entre ses lèvres la fine pointe de sa langue rose pour la tirer ensuite toute longue au dos tourné du cousin Nicolas qui s'éloignait à petits pas, les mains derrière les basques de son habit où un petit bout de mouchoir que le distrait laissait souvent sortir de sa poche semblait répondre à la grimace de l'enfant.

La promenade habituelle de Nicolas de Galandot le conduisait souvent au banc où Julie jouait une partie de l'après-midi. Ce banc était adossé à un treillage vert qui séparait l'allée d'un carré de grands arbres. L'enfoncement formait niche et quelques lattes du treillage, rompues à cet endroit, donnaient passage à l'enfant. Le lierre tapissait le sol du sous-bois de ses feuilles pressées en écailles d'un vert sombre ; il montait aux troncs en nervures musculeuses et velues. Le lieu était d'une fraîcheur noire qui plaisait à la petite.

Souvent elle se cachait dans l'épaisseur de cette retraite, lorsqu'elle entendait, de loin, sur le sable, le pas inégal de Nicolas. Elle remarquait qu'il ne manquait guère, en passant là, de l'y chercher des yeux ; puis il s'éloignait sans retourner la tête, d'ordinaire ; mais, une fois, ayant fait volte brusquement à un léger bruit, il aperçut, en dehors du treillage derrière lequel elle l'observait à l'abri, la figure mutine de Julie qui, rieuse et surprise en son divertissement favori, lui tirait irrévérencieusement une langue d'une aune.

Julie, méditant les suites de sa hardiesse, s'était rassise sur le banc, penaude et tranquille. Quelle que fût son habileté à prévenir les mouvements d'humeur de la tante Galandot, elle ne parvenait pas toujours à les tous éviter. Elle connaissait les verges.

C'était toute une cérémonie et les trois fois où

elle les avait reçues déjà durant son séjour à Pont-aux-Belles lui en rendaient le souvenir fort cuisant. La fête s'en réglait ainsi. Le vieux jardinier Hilaire, mandé pour la circonstance, entrait, ses sabots à la main et une poignée de branchettes de l'autre, dans la salle où se tenait Mme de Galandot, au fond d'un grand fauteuil, les lunettes sur le nez. Hilaire, qui était brave homme, choisissait au fagot des brindilles bien sèches, qui cassaient tout de suite; mais Julie n'en gardait pas moins, sa robe baissée, les fesses un peu chaudes et les joues allumées d'avoir crié d'avance sans peur et même sans larmes, mais pour donner à sa tante une haute idée du châtiment. Aussi, quand elle vit, au retour, Nicolas ralentir le pas et s'arrêter devant le banc, appréhenda-t-elle pour le soir la punition d'usage.

La vérité est que Nicolas se sentait fort embarrassé; il remuait le sable du bout de sa canne pour se donner contenance. Julie, qui avait pris son parti de l'événement, le regardait avec malice; puis, soudain, elle nettoya de sa mignonne main les feuilles et les graviers qui couvraient le banc et, se reculant tout au bout, comme pour faire place au survenant, elle fit bouffer sa robe et considéra avec attention la pointe impatiente de ses petits pieds en suspens et qui ne touchaient pas terre.

L'embarras de Nicolas de Galandot augmenta au point que, ne sachant que faire ni comment s'en aller, il s'assit sans rien dire bien à l'extrémité du banc, les mains ballantes et sa bonne figure toute rouge de malaise.

Julie ne soufflait mot. Elle se tenait très droite, très sage, réservée et narquoise. On n'entendait que le bruit de ses talons se heurtant l'un contre l'autre. Dans l'intervalle, un arbre palpitait parfois de ses hautes feuilles. Une brindille sèche tomba d'une cime comme d'une verge invisible. Nicolas la ramassa avec précaution et la posa entre eux deux, puis il se leva, se rassit et enfin, brusquement, s'éloigna non sans avoir salué fort bas sa cousine Julie.

Nicolas revint presque chaque jour. Julie ne fuyait plus. Il la regardait avec intérêt se livrer aux amusements qu'elle s'inventait. Quelquefois elle n'était pas là, mais elle ne tardait pas à sortir de derrière le treillage. Elle rapportait des feuilles ou des racines de lierre, des cailloux, des branches mortes dont elle faisait usage devant lui, car peu à peu elle se familiarisait avec ce visiteur silencieux. On ne parlait guère à Pont-aux-Belles. Nicolas répondait par monosyllabes aux propos de sa mère. Julie, qui trouvait en son grand cousin un auditeur complaisant, bavardait. Il l'écoutait, béat et docile, sans trop répondre aux innombrables questions de la fillette, car il était lent d'esprit et si distrait que les rapides sautes d'idées de la petite le trouvaient au dépourvu.

Julie était vive en paroles et prompte de cœur. Elle se prit d'amitié pour ce grand garçon, de quinze ans plus âgé qu'elle; mais, par une fine perspicacité enfantine, elle se réservait pour les instants où ils se trouvaient seuls au jardin. Devant Mme de Galandot, elle restait indifférente et ne laissait rien paraître de cette camaraderie. A peine si elle échangeait avec Nicolas un coup d'œil d'entente, de telle sorte que la bonne dame, retirée tout le jour en son appartement, ne se doutait pas le moins du monde que l'élève de l'abbé Hubertet préférât aux graves auteurs de la bibliothèque la société d'une petite fille de neuf ans et s'amusât avec elle, assis au bout du parc sur un vieux banc, à nouer des guirlandes de lierres dont il maniait les feuilles lisses et dont Julie caressait en riant, de ses doigts peureux, les tiges souples et velues.

Il faut dire que les cousins ne restaient pas toujours à la place où ils s'étaient rencontrés. Souvent ils faisaient le tour du parc, le long du mur d'enclos. Elle marchait devant et lui la suivait avec docilité partout où elle voulait aller, au soleil dont il avait grande peur et même à la pluie qu'il craignait fort et sous laquelle Julie aimait se promener tête nue pour sentir les gouttes lui mouiller les cheveux et lui couler dans le cou ; car le temps qui avait duré plus de deux mois presque invariablement beau commençait à se gâter. L'automne arrivait et l'époque où Julie devait retourner au Fresnay passer l'hiver et le printemps.

Ce fut un mauvais jour pour le pauvre Nicolas quand M. du Fresnay vint chercher Julie. Mme de Galandot le reçut avec froideur et congédia sèchement sa nièce. Nicolas n'osa rien montrer de son regret à sa petite amie. Il l'accompagna jusqu'au carrosse et, après lui avoir dit adieu, il s'enfuit au jardin et s'assit sur le banc désert. La mousse et le marbre en étaient moites et humides.

Il avait plu, et Nicolas, tête basse sous les feuilles qui tombaient drues et alourdies, ramassa à ses pieds, parmi elles, un petit cœur de lierre tout vert et tout verni et où tremblait une goutte d'eau, puis, comme l'averse revenait, il se leva et lentement retourna au château.

VIII

Lorsque, l'an d'après, la saison s'avança où Julie dut revenir à Pont-aux-Belles, Mme de Galandot fit de grandes plaintes. Elle n'avait, tout le long de l'année, marqué aucun souci d'avoir des nouvelles de sa nièce, et Nicolas, esclave de toutes les humeurs de sa mère, n'avait pas une fois osé lui offrir d'en aller chercher au Fresnay, comme il le désirait vivement.

Mme de Galandot blâmait aigrement la manière d'y vivre et se lamentait que Julie y eût dû prendre des habitudes où elle n'aurait certes pas manqué de perdre le peu de bons principes dont on avait tâché de la pourvoir. Tout cela avait bien dû s'évaporer au bruit du violon et du clavecin et au parfum des pâtisseries et des confitures, et Mme de Galandot grondait contre ces gens qui entreprennent d'élever une fille en lui enseignant, pour tout art, à chanter et à confire, sans même prendre le soin, à coup sûr, de lui apprendre les chiffres ou l'alphabet. Non, certes, que Julie eût besoin de devenir savante. Elle n'aurait guère le temps de lire ni l'occasion de compter, car, une fois grande, elle n'aurait point à être bel esprit ni habile intendante.

Un petit mariage l'attendait, avec peu de biens à administrer et force soins domestiques. Elle n'aurait pour dot que sa part de Bas-le-Pré dont le revenu était mince et qu'il fallait partager avec sa tante Armande et dont ne s'accommoderait guère qu'un époux de médiocre état.

Aussi Mme de Galandot trouvait-elle utile d'enseigner à sa nièce l'ordre, l'économie, le ménage et la couture, tout ce qui convient à une fille pauvre, avec assez de religion pour accepter son sort tel que Dieu le règlerait d'après ce qu'il semblait en laisser prévoir.

Nicolas laissait dire sa mère. Il se proposait tout bas d'instruire Julie. Sans se croire grand maître, il se jugeait capable de lui donner quelques éléments de lecture et d'écriture et il s'ouvrit à sa mère de ce projet. Elle le trouva à son gré, y voyant plus pour son fils une occupation qu'un avantage pour sa nièce. On en convint et on put voir Nicolas, par les allées, un livre à la main, repassant sa grammaire et traçant sur le sable, du bout de sa canne, de grandes lettres d'essai. Mme de Galandot avec plaisir le vit s'attribuer ce rôle de pédagogue, se réservant pour sa part le soin de diriger la conduite de sa nièce et de la chapitrer, de veiller à ses écarts et de la ramener à la discipline, ce qui arriva promptement.

Le lendemain du jour où Julie reprit possession de sa petite chambre, elle se réveilla de grand matin. Dans son lit, elle se mit, les yeux mi-clos, à fredonner un air, puis peu à peu à le chanter. Sa voix claire et aiguë retentissait dans le frais silence matinal. Julie, distraite, se croyait encore au Fresnay. Elle se ravisa vite et se tut, toute confuse, mais trop tard pour que Mme de Galandot, qui ne dormait guère, ne l'eût entendue de son appartement qui était proche et, de trois coups secs frappés à la muraille, avertie de son inconvenance.

Julie, dépitée de la semonce, mordit sa lèvre qu'elle avait rouge et charnue et la marqua de l'empreinte de ses fines dents. Elle touchait à un âge charmant, grandie et commençant à s'effiler ; dans son visage tendre et rond s'en ébauchait un autre encore incertain, mais qu'on pressentait délicieux ; son gros petit corps s'amincissait déjà gentiment, toute sa personne indécise semblait en train de se chercher une proportion exacte. Elle allait sur ses dix ans.

Elle eut bientôt fait de réapprendre Pont-aux-Belles, ses habitudes et ses habitants. Elle mettait une sorte d'adresse naturelle à y passer inaperçue, faisant peu de bruit et tenant peu de place. Il fallait la voir gravir lestement, fraîche et furtive, les escaliers sonores, parcourir les longs corridors, et, dans la vaste pièce où elle travaillait à la couture en face de Mme de Galandot, juchée sur un haut tabouret, suçant avec une moue contrite et futée le bout de son doigt piqué par la pointe de l'aiguille.

Avec Nicolas seul elle redevenait ce qu'elle était réellement, une fillette turbulente, vive et moqueuse. Le vrai signe de l'amitié pour les enfants est d'oublier qu'on n'a point leur âge. Une fois cette égalité établie, ils en abusent à leur profit avec une aisance admirable. Aussi imposait-elle à Nicolas mille choses qui semblaient fort simples et toutes naturelles à la pensée de la petite fille et qui rendaient fort comique ce grand garçon timide et dégingandé, comme de s'amuser avec elle pendant des heures à construire dans le sable, avec des murailles de cailloux et des arbres de branchettes, des jardinets en miniature.

Il faisait vraiment beau voir le cous'n Nicolas, à l'ouvrage, les mains terreuses au point qu'il osait à peine, en cet état, rentrer au château et, près de lui, ouvert sur le gravier, le rudiment que l'honnête garçon apportait chaque jour avec lui dans l'espoir d'en inculquer quelques règles à cette capricieuse petite tête.

Ce n'était qu'après bien des jeux que Julie consentait à s'asseoir sur le banc pour écouter la leçon. Elle se mettait à épeler avec beaucoup de sérieux et de bonne volonté, tout en suivant du coin de l'œil son pied qu'elle balançait en mesure de façon à effleurer sournoisement du talon les bas de son distrait professeur qu'elle tachait de poussière. Sa malice finissait par la faire éclater de rire sans que Nicolas interloqué sût au juste pourquoi elle riait ainsi. La leçon continuait tant bien que mal jusqu'à ce que Julie se laissât glisser doucement du banc. C'était la fin et alors la poursuite commençait.

Julie mettait à ce jeu une animation et une ardeur extraordinaires. Elle ne se fatiguait jamais de ce divertissement auquel son cousin se prêtait avec une bonne grâce et une patience infinies. Il se cachait derrière les arbres juste assez pour se laisser voir; il courait à grandes enjambées juste assez pour se laisser rejoindre et pour donner à la petite le sentiment qu'elle allait être atteinte sans lui en infliger l'affront dont elle n'aurait pas supporté la contrariété en mauvaise joueuse qu'elle était. De là, entre eux, des querelles furieuses et risibles, car Nicolas faisait quelquefois mine de s'apercevoir des tricheries de Julie et de résister à ses caprices.

Quelquefois même, il résistait pour de bon et les deux compagnons se disputaient. Nicolas oubliait son âge et traitait Julie comme si elle eût le sien. Alors, c'étaient des cris, des colères et surtout des bouderies où ils se montraient aussi obstinés l'un que l'autre. Puis, enfin, le bon sens revenait à Nicolas et il se considérait avec surprise et confusion, debout dans sa grande taille, faisant face du bec et des ongles à une bambine de dix ans, comme un échassier en querelle avec une linotte.

Le sentiment de cette disproportion mettait d'ordinaire fin à la brouille par le consentement habituel de Nicolas à ce que voulait de lui Julie. En conséquence de ces raccommodements, la fillette obtenait, ce qui l'amusait le plus au monde, une promenade au miroir d'eau, soit de suite, soit pour le lendemain.

C'était un des plus agréables endroits des jardins de Pont-aux-Belles. Le feu comte avait fait creuser là un bassin pas très vaste, mais assez profond et fort propre à mirer les beaux arbres qui l'entouraient. Quatre pentes de talus de gazon en encadraient les quatre pans. Une allée étroite et sablée le bordait, et Julie qui aimait fort à la suivre n'en recevait la permission qu'avec la promesse de ne point quitter la main de Nicolas.

Là-dessus il se montrait intraitable, autant par prudence que pour le plaisir de tenir entre ses doigts la menotte qu'il y sentait toute vive d'impatience et de curiosité. Le tour fini, Julie voulait recommencer. Pour avoir la paix, le naïf Nicolas offrait d'aller à ce qu'on appelait le « petit bassin ». Julie lançait un dernier regard vers l'eau somnolente où s'engourdissaient des carpes paresseuses qu'on entrevoyait bleuâtres et fluides et comme à demi-mortes en leur bronze charnu.

Le petit bassin se trouvait en contre-bas du grand et à quelque distance. Il était orné à ses angles de figures marines, et à son centre d'un Triton qui levait d'un geste sa conque en spirale vers sa bouche toute gonflée du souffle de ses joues.

Mme de Galandot, qui n'aimait pas les dépenses inutiles, avait laissé se perdre peu à peu ce jouet hydraulique, mais, en ouvrant les conduites à demi rompues, on obtenait encore qu'un mince filet d'eau s'égouttât de la conque obstruée. Cela suffisait à amuser Julie, mais non à remplir le bassin qui, l'été, tarissait complètement et écaillait sous le pied sa sécheresse limoneuse.

Julie y descendait, puis, montée sur le dos du Triton, elle attendait et battait des mains quand Nicolas soulevait par son anneau de fer une dalle de pierre et y introduisait une sorte de clé à cet usage. Ses petits bras autour du cou, sa joue contre la joue de la figure marine, elle écoutait avec une attention passionnée.

La statue, silencieuse plus ou moins longtemps, semblait enfin s'animer d'un bruit mystérieux et presque imperceptible qui sourdait dans son corps de bronze. L'eau arrivait lentement en elle, montait doucement avec un gazouillis léger, comme une sorte de fluide circulation intérieure. Peu à peu, elle atteignait la poitrine, semblait s'y épandre, puis dans un hoquet sourd passait la gorge, emplissait la bouche et débordait dans la conque d'où elle coulait en fils de cristal et en gouttelettes claires.

Alors Julie trépignait de joie, et il fallait, pour l'emmener de là, que Nicolas fermât les conduites et lui promît de revenir bientôt à ce délicieux plaisir.

Le temps passait, on arrivait à la mi-septembre, et Nicolas n'avait guère manqué un jour à cette servitude de son choix. A peine si sa mère lui demandait parfois où en étaient les leçons de Julie. Elle les supposait brèves et irrégulières et ne pensait pas que son fils y consacrât plus de temps qu'il en fallait pour satisfaire à un devoir qu'elle avait été fort aise de lui voir s'imposer et qui lui semblait en son fils une marque de sérieux dans le caractère. Nicolas, par contre, cachait soigneusement sa camaraderie avec sa cousine. C'était un coin réservé de son existence et il se sentait fort jaloux de ce petit secret qui lui tenait fort à cœur.

Du reste, il n'avait guère à craindre d'indiscrétions. Le jardin était désert. Le vieux jardinier Hilaire y rôdait seul. Le bonhomme sarclait ou râtissait. Le potager soigné le matin, l'après-midi il promenait son râteau devant les fenêtres du château. On était d'ailleurs averti de sa présence par l'aigre bruit de son travail. De plus, il détestait assez Mme de Galandot à cause de l'abandon où elle laissait les jardins et il vénérait la seule mémoire de feu M. le comte. Il ne tarissait pas en éloges sur l'ancien train du château, si diminué aujourd'hui, tellement que Mme la comtesse leur ferait à tous couper la gorge, à vouloir habiter avec si peu de monde une grande bâtisse, assez loin du village pour qu'on n'entendît pas crier au secours.

Quant à Mme de Galandot, elle sortait de moins en moins de son appartement. La messe du dimanche et rien de plus. Quoique se portant fort bien et s'étant toujours bien portée, elle donnait dans la maladie imaginaire, craignant le froid, le chaud, la pluie, le soleil et le vent. Cette méfiance naturelle s'accroissait avec l'âge jusqu'à devenir une sorte de manie qui lui faisait redouter l'approche des gens à cause des épidémies qu'ils peuvent communiquer, même à leur insu, s'ils en apportent avec eux les miasmes sans en avoir les principes. Aussi refusait-elle de recevoir le curé qui, par métier, visite les malades. Quand le notaire venait de la ville pour quelque affaire — M^e Le Vasseur, habile homme, en qui elle avait confiance, en traitait pour elle d'importantes — elle lui faisait jurer qu'il n'eût pas récemment, au chevet de quelque moribond, été prendre quelque testament ou consigner quelque donation. Elle vivait ainsi recluse, inquiète et calfeutrée et, malgré tout, assez à la dure et avec peu de souci de ses aises, sans nulle délicatesse véritable pour elle-même, mais avec mille précautions contre des maux incertains qu'elle prévenait par des recettes bizarres dont elle avait un livre plein et la tête farcie.

Elle montrait, en effet, un goût singulier à se médicamenter, recourant plus volontiers à l'empirique qu'au médecin, d'autant mieux que sa forte santé avait moins besoin de remèdes que sa lubie de drogues. Elle employait beaucoup de temps à en fabriquer de toutes les sortes, en tisanes, onguents, collyres, emplâtres, toute une pharmacopée baroque. Elle avait auprès de sa chambre une véritable officine d'apothicaire où elle s'enfermait pour composer des panacées dont elle étudiait ensuite sur elle-même les effets. Elle y occupait des journées.

Nicolas et Julie pouvaient donc employer les leurs à leur gré sans craindre, au détour d'une allée, la fâcheuse rencontre de Mme de Galandot dont Julie n'avait guère après tout à subir que les sermons, les réprimandes acariâtres et parfois les médicaments, car à certains jours sa tante lui administrait d'autorité des bouillons d'herbes et des jus de plantes qui lui faisaient faire la grimace et dont elle se serait fort bien passée, car elle était naturellement fraîche et saine et robuste en sa rose jeunesse.

Lui-même, à son âge, Nicolas n'échappait pas complètement à la médecine maternelle. De temps à autre, on le voyait, de grand matin, vêtu d'une robe à ramages, les mains sur le ventre et à pas pressés, traverser les corridors et courir à la garde-robe.

Aux jours de purge, Mme de Galandot le tenait au château sans sortir, désœuvré et nez aux vitres, pendant que Julie se promenait seule aux jardins. Il profitait de ces retraites forcées pour écrire à l'abbé Hubertet. Mme de Galandot lisait la lettre, en commentait la teneur et le tour, et c'est en y joignant une feuille pour remercier l'abbé de certaines graines qu'il lui avait envoyées de Rome où il était encore avec M. de la Grangère, qu'elle terminait ainsi son message : « Quant à ma nièce Julie de Mausseuil, dont vous avez eu la bonté de vous informer, je ne trouve que peu à vous dire. C'est une petite personne assez médiocre et qui ne promet rien, encore qu'elle se montre plus réservée qu'on aurait pu s'y attendre. Mon fils, qui s'occupe de la débrouiller, m'assure qu'elle apprendra avec assez de facilité. D'ailleurs son séjour ici, pour cette fois, touche à sa fin. Dans une semaine au plus, M. de Fresnay viendra la prendre pour nous la ramener l'an prochain. »

IX

Le retour de Julie au Fresnay était accueilli chaque année avec joie. Plusieurs semaines d'avance on s'y préparait. Mme du Fresnay composait ses friandises les plus appétissantes. Les buffets s'emplissaient d'assiettes odorantes et de flacons parfumés. Le plus beau du goût de Mme du Fresnay pour les pâtisseries était que ni elle ni son mari n'y touchaient jamais. Ils détestaient tous deux les sucreries, et toutes ces bonnes choses s'en allaient sur les tables du voisinage. Mme du Fresnay les distribuait à qui voulait, et on vit des mendiants et des pauvres, entrés dans la cour du château pour y demander un morceau de pain, en sortir la bouche pleine et la besace remplie des plus délicates gourmandises.

M. du Fresnay riait tout le premier de cette folie de sa femme et en plaisantait volontiers, ce qui la fâchait au rouge en attendant qu'elle finît par convenir de bonne grâce de cet aimable travers que son mari mettait en chansons, en ariettes et en refrains.

Lui aussi fêtait à sa façon le retour de la petite. Il accordait son violon d'une mine attendrie, pirouettait sur les talons et sifflait un air à danser qui s'arrêtait entre ses dents à mesure qu'il approchait de Pont-aux-Belles, car Mme de Galandot lui en imposait fort, et il redoutait toujours que quelque lubie de la dame lui refusât sans recours cette gentille nièce dont elle n'avait vraiment que faire, ni elle, ni ce grand niais de Nicolas.

A peine Julie descendue de berline, embrassée, cajolée par Mme du Fresnay qui l'accablait de tendres noms et de caresses passionnées, on la conduisait à la chambre qui lui était réservée et qui formait un petit appartement élégant et coquet. Certes on ne trouvait pas au Fresnay les grandes proportions de Pont-aux-Belles, mais tout y était, par contre, joli, commode et pimpant, arrangé au goût du jour, plein de meubles galants et de tapisseries claires.

Le salon en rotonde donnait sur un long jardin au bout duquel M. du Fresnay avait fait construire un pavillon de musique. Des colonnes soutenaient un fronton octogone. L'édifice était sculpté d'attributs et de guirlandes et fourni de pupitres à jouer et d'instruments divers. M. du Fresnay y passait beaucoup d'heures à étudier. Julie venait souvent rôder autour; elle écoutait l'harmonie qui filtrait au dehors, par les hautes fenêtres; elle voyait M. du Fresnay debout, le violon collé au jabot, ses belles manchettes de dentelle s'agitant aux mouvements de l'archet. Lui l'apercevait et faisait signe d'entrer.

Elle ne pénétrait dans le pavillon qu'avec un respect curieux et sur la pointe de ses petits pieds, sans toucher à rien, et elle se haussait pour regarder à la fente noire des violoncelles et à la lucarne des contrebasses.

De temps à autre, quelques amateurs se réunissaient à M. du Fresnay pour donner concert. On voyait là M. de Pintel et M° Le Vasseur. Ils s'introduisaient mystérieusement dans la petite salle et chacun prenait place sur une haute chaise, devant un pupitre. Selon leur nombre ils faisaient trio, quatuor ou quintette. Julie aimait à les voir battre la mesure de la semelle, hocher la tête de contentement et cligner de l'œil aux bons endroits.

Quelquefois, M. Le Melier, ancien conseiller au Parlement et qui habitait non loin du Fresnay, venait seul jouer quelque air de vielle. Il excellait véritablement à cet instrument rustique, et Julie s'amusait fort des sons nasillards qu'il en tirait. Ces jours-là, la fillette se couchait tard, car M. Le Melier ne se présentait guère au Fresnay que dans la soirée. Il passait ses journées dans sa bibliothèque à juger des procès imaginaires, car il ne se consolait pas d'avoir, par humeur, vendu sa charge et de s'être, par dépit, exilé aux champs. Pour se distraire de son chagrin, il se faisait à lui seul tout un Parlement : il entendait les parties, ordonnait les enquêtes, cassait, renvoyait, enregistrait, entérinait, se chargeait des plaidoiries, des débats et des arrêts et concluait, après de grandes et inutiles recherches, en ces litiges factices et ces cas vains qu'il imaginait les plus compliqués et les plus embarrassants possibles. Puis, encore tout animé de ces audiences solitaires, il dînait vite et seul, prenait sa vielle et, pour se dégourdir les jambes, s'y jouait d'interminables bourrées qu'il dansait en songe, à moins qu'on le vît arriver au Fresnay passer la soirée en compagnie.

Il se mettait en route à travers champs et par des petits chemins déjà obscurs. La vielle, en bandoulière et enfermée dans un sac de peau, gonflait les plis amples de sa grosse houppelande. Les chiens aboyaient dans la cour des fermes endormies. Le bichon de Mme du Fresnay, engourdi sous la jupe de sa maîtresse, se dressait sur ses pattes et, son museau rose hors de ses poils soyeux, jappait rageusement vers la porte du salon.

Elle s'ouvrait et on apercevait dans le vestibule M. Le Melier se débarrassant de ses hardes et ôtant ses galoches fourrées, car les boues de l'automne ne l'arrêtaient point, non plus que les pluies du printemps ni les neiges de l'hiver.

Malgré la nuit, on se rendait au pavillon. M. du Fresnay portait une lanterne. Mme du Fresnay et Julie suivaient emmitouflées. Le jardin rayonnait d'une obscure blancheur, d'une ombre argentée sous un ciel d'étoiles. La neige craquait aux pas. La lanterne balançait son mobile reflet. On entendait le rire clair de Julie, puis le pavillon s'illuminait a giorno.

M. Le Melier tirait alors la vielle de son sac. Elle apparaissait côtelée et ventrue en sa rondeur de gros scarabée sonore et endormi. Il la passait à ses reins par une courroie, puis il tournait la manivelle et il faisait gronder le bourdon et la niargue.

Le pavillon résonnait d'une musique grêle et stridente, saccadée et rauque, et M. Le Melier entamait son interminable répertoire. A minuit, d'instinct, il tirait de son gousset une grosse montre, la portait à son oreille et la faisait sonner. Elle tintait d'une sonnerie fine et lointaine, campagnarde, si l'on peut dire, comme si l'heure eût été apportée par le vent, rapetissée et minuscule, de quelque horloge de village, là-bas, dans la nuit.

Alors M. Le Melier rentrait à la maison, reprenait sa houppelande et ses galoches et s'en allait à grands pas après avoir bu un ou deux petits verres des liqueurs de Mme du Fresnay. On l'entendait un instant au dehors, puis le bruit cessait. Un grand silence se faisait et, peu après, l'aboi éloigné d'un chien, et M. du Fresnay disait : « Voici le chien de la ferme qui salue M. Le Melier; il a tourné à la route. » Et, pendant que M. Le Melier arpentait la campagne glacée, M. du Fresnay prenait délicatement Julie endormie sur un fauteuil et la montait doucement à sa chambre où Mme du Fresnay la mettait au lit sans qu'elle se réveillât.

Julie donc se plaisait beaucoup au Fresnay. Mme du Fresnay prenait tous les soins imaginables et entre autres celui de la vêtir coquettement, à quoi la fillette n'était déjà pas insensible. Julie revenait chaque fois de Pont-aux-Belles avec des habits que la sévère Mme de Galandot lui faisait coudre à l'ancienne mode par ses deux vieilles servantes qui ignoraient complètement l'art d'en agrémenter l'étoffe commune et la forme surannée.

Mme du Fresnay, au contraire, tenait beaucoup à ce que la mise de l'enfant fît valoir sa gentillesse naturelle. Aussi veillait-elle, elle-même, à l'ajuster. Elle n'en restait pas là et s'inquiétait également de sa croissance, de sa taille et de son teint et se souciait de la trouver en bonne formation. A son retour elle ne manquait pas de lui en faire subir une sorte d'examen, la palpant et la retournant en tous sens, afin de se rendre un compte exact de l'état de toute sa petite personne.

Julie se prêtait volontiers et avec patience à cette revue. Elle aimait la parure, ayant tôt remarqué que les vieux amis de M. du Fresnay considéraient déjà sa jolie mine. Ils contribuaient à l'embellir par de petits présents de toilette et par le don de menus bijoux.

Tout alla bien ainsi jusqu'à ses treize ans. Cette année-là, elle revint de Pont-aux-Belles fort enlaidie, et tous les soins de Mme du Fresnay n'y purent rien changer. Elle était grandie de plusieurs pouces, mais son corps et sa figure étaient pour ainsi dire en désordre. Sa croissance se faisait en désaccord. C'était le moment de l'âge ingrat, et l'ingratitude de Julie fut remarquable. Avec cela elle devint mélancolique. On chercha en vain à la distraire. Elle, si expansive, se renfermait. De gracieuse elle se rechigna, et les bons du Fresnay la virent repartir pour Pont-aux-Belles avec quelque inquiétude. Julie prétendait vouloir entrer au couvent et ils craignaient que les sermons de Mme de Galandot ne la poussassent en cette voie.

Le pauvre Nicolas eut à subir pendant trois mois

les tristesses de sa petite amie. Il en profita pour tâcher de lui apprendre quelque chose. Il y réussit. Bientôt elle lut et écrivit couramment. Les jeux d'autrefois avaient cessé. Nicolas aurait bien voulu trouver à distraire sa triste cousine, mais il était un peu court de moyens et sans les ressources nécessaires, ni en lui-même, ni par les autres. Aussi Julie retourna-t-elle au Fresnay comme elle en était venue.

Pourtant M. du Fresnay qui, quoique honnête homme, se connaissait en tendrons, ne fut point sans s'apercevoir d'un changement qui, peu à peu, s'opérait en Julie et qui eût passé inaperçu à un œil moins exercé. Il la trouvait intéressante sous sa laideur passagère. Une beauté secrète, une grâce dissimulée, un charme caché lui apparaissaient sournoisement en ce visage encore incertain et qui, aux yeux de tous, ne faisait encore semblant de rien. M. du Fresnay guettait la surprise de cette éclosion prochaine dont il prévoyait l'éclat et dont il pressentait le parfum et il souriait à part soi quand Mme du Fresnay se lamentait de la disgrâce de Julie, content de savourer à l'insu de tous l'instant délicieux de cet avant-printemps où les fillettes vont devenir filles.

L'hiver encore se passa pour Julie dans une sorte de dégoût de toutes choses que rien ne pouvait vaincre et qu'avouaient la gaucherie découragée et la langueur pâlotte de toute sa personne. Elle laissait au fond des armoires les jolies robes que la bonne Mme du Fresnay lui avait fait tailler et s'obstina à porter les hardes étriquées dues aux ciseaux inhabiles des antiques chambrières de Pont-aux-Belles. Il lui arrivait de s'enfermer dans sa chambre des journées entières, et c'est en vain que Mme du Fresnay, du bas de l'escalier, s'égosillait à l'appeler pour goûter un bonbon ou dire son avis sur une friandise. Julie ne répondait pas et Mme du Fresnay regagnait ses fourneaux en agitant avec désespoir ses beaux bras enfarinés.

M. du Fresnay suivait avec intérêt ces giboulées. Parfois il parvenait à emmener avec lui Julie au pavillon de musique. Elle s'asseyait tristement sur un tabouret, lui se tenait devant elle et prenait son violon.

Au lieu de distraire la mélancolie de la jeune fille par des mélodies vives et légères, il lui donnait, au contraire, l'aliment des airs les plus tendres et les plus langoureux. Il la berçait de longs murmures passionnés et cherchait à jouer avec délicatesse et sentiment. Toute cette musique amoureuse emplissait le petit pavillon sonore. Peu à peu le jour baissait et M. du Fresnay continuait par cœur dans l'ombre. Quand il s'interrompait, le silence obscur lui répondait par le craquement de quelque bois d'instrument, ou bien il entendait parfois Julie pousser un long soupir. Aux bougies, ensuite, il lui voyait le visage encore mouillé de larmes, les yeux délicieusement beaux d'avoir pleuré. Elle ressentait en ces jours troubles tout ce que son être pouvait, par nature, produire de mélancolie comme pour, d'avance, s'en délivrer à jamais. Ce furent ses seules larmes, et plus tard la vie n'en obtint plus d'elle. Ni les plaisirs, ni les tourments ne lui arrachèrent jamais de pleurs. La volupté même l'enivra sans l'attendrir et elle n'offrit jamais à l'amour que le sourire de sa belle bouche.

Un jour que M. du Fresnay montait à la chambre de Julie pour lui proposer une de ces parties au pavillon, il trouva la porte entrebâillée et il la poussa sans faire de bruit. Mlle de Mausseuil se tenait debout et le dos tourné, un miroir d'une main. Ses cheveux frisaient sur sa nuque. Elle était en corset et M. du Fresnay vit, reflétés dans la glace, un fin sourire et une gorge charmante qu'elle y mirait et où elle touchait d'un doigt étonné la pointe naissante de son petit sein bien formé.

M. du Fresnay referma la porte doucement, descendit l'escalier en fredonnant et sortit dans le jardin. Il faisait doux. Les massifs bourgeonnaient. Mars finissait en ondées tièdes et en chaud soleil. Il se sentit guilleret et dispos et résolu à brusquer ce qu'il appelait en lui-même le printemps de Julie.

L'occasion se présenta belle.

Il n'était bruit dans le pays que de l'arrivée et du séjour à la ville du régiment de Royal-Lorraine que des rumeurs de guerre et des marches de troupes y avaient amené. M. Le Melier qui avait assisté à l'entrée de cette cavalerie n'en tarissait pas et répétait sur sa vielle la sonnerie militaire des trompettes. C'était, en effet, un fort beau régiment que celui de Royal-Lorraine, le seul qui, de tout le royaume, portât des bourses blanches à ses étendards. Il se composait, selon l'ordonnance, de cinq escadrons dont quatre de cavalerie et un de chevau-légers ; chaque escadron formé d'une compagnie commandée par un capitaine-commandant, un capitaine en second, un premier lieutenant, un lieutenant en second et deux sous-lieutenants ; la compagnie composée d'un maréchal des logis, d'un fourrier-écrivain, de huit brigadiers, d'un cadet gentilhomme, de cent cinquante-deux maîtres, de deux trompettes, d'un timbalier avec ses timbales, d'un frater et d'un maréchal-ferrant.

Ce fut un fier spectacle qui mit la ville aux fenêtres et aux portes pour les voir déboucher par la grand'rue, un beau matin. Ils avançaient en bon ordre. Les sabots des chevaux tiraient des étincelles du pavé. Il y en avait, entre autres, beaucoup de pommelés. Le rang tenait toute la rue de front et montait jusque sur les trottoirs. Les croupes rebondies rasaient les murs des maisons. On sentait une odeur de cuir et de poil chaud. Une fois les soldats en parade sur la place, on les vit mieux. On se montrait le colonel qui se nommait le marquis de Vidrecourt. Il portait bien la double épaulette tressée en argent, ornée de franges à graines, nœuds de cordelières et cordes à puits, sans broderies ni paillette, dont le lieutenant-colonel ne porte qu'une du côté gauche, tandis que celle des premiers lieutenants est losangée de carreaux de soie, couleur de feu.

Les cavaliers avaient l'habit-veste de drap bleu de roi et les parements et les revers aurore, le manteau de drap gris blanc, piqué de bleu, le gilet et la culotte de drap blanc, la housse des chevaux également de drap bleu. Les cheveux des hommes étaient renfermés dans un petit sac de veau noirci, appelé vulgairement crapaud. Ils portaient le chapeau à quatre cornes, celle de devant retroussée, brusquement, ainsi que celle de derrière, la corne du côté gauche horizontale et celle du côté droit inclinée pour l'écoulement de la pluie.

Les soldats avaient été fort bien reçus. On ne se lassait pas d'aller visiter leurs quartiers. Les dames se divertissaient à voir les baraques, les chevaux au piquet, l'étendard, gardé par un cavalier, l'épée à la main. Elles ne craignaient pas de marcher dans le crottin pour suivre de près les habitudes du camp dont les officiers leur faisaient les honneurs. Quant à eux, on se disputait le plaisir de les héberger, et plus d'un trouvait là bon souper, bon gîte et le reste.

Il y avait justement parmi eux un certain M. de Portebize que M. du Fresnay avait connu jadis à Paris, durant l'un des voyages qu'il y faisait quelquefois pour visiter les maîtres luthiers de la capitale et s'y fournir d'instruments de musique. Il logeait au même hôtel que l'officier. Ils se plurent réciproquement. M. du Fresnay prolongea son séjour à Paris et en revint même assez penaud et les poches vidées aux tripots où l'entraîna son nouvel ami qui y était assidu non moins qu'aux filles qui les fréquentent et sont là pour faire rendre gorge aux pontes heureux.

M. de Portebize avait cessé de l'être. En revoyant M. du Fresnay, il ne lui cacha rien de ses infortunes, en accusa avec franchise l'usage immodéré du jeu et des femmes. Ces traverses n'avaient point trop altéré sa bonne humeur. Il était encore, passé la quarantaine, un assez bel et gros homme, avec de la tournure, du bagoût, et ce fut à lui, tout naturellement, que M. du Fresnay s'ouvrit du projet de donner, la semaine d'après Pâques, un bal à Messieurs les officiers du régiment. Le gros Portebize comme on l'appelait, l'y engagea fort et lui offrit de se charger du détail de la fête.

Les préparatifs allèrent leur train et tout fut prêt au jour dit.

On dansa aux lanternes. Une longue galerie de treillages verts fut construite dans le jardin du Fresnay. Elle avait pour ouvertures quatre portiques par où l'on entrait et sortait. Des banquettes de velours garnissaient les murs. Cinq grands lustres de feuillages éclairaient, et des guirlandes de verdures s'entrecroisaient au plafond. A un bout s'élevait une estrade pour les musiciens. Tout le jardin était illuminé. Des lampions traçaient la forme des parterres et. comme la nuit était singulièrement douce et belle, tout se passa à souhait.

Les carrosses avaient amené les dames de la ville et du voisinage. Les officiers et les gentilshommes s'empressaient galamment auprès d'elles, et tout cela formait un bruit joyeux de pas, de rires et de musique.

Le bal venait d'être ouvert par M. de Vidrecourt et par Mme du Fresnay, en vis-à-vis, quand Julie fit son entrée.

Elle se tenait debout, en pleine lumière, sous le portique de treillage, essoufflée, car elle avait couru d'un trait jusque-là, et toute confuse et comme prête à pleurer. Son corsage à pointe lui faisait une taille longue et menue dans le bouffant des paniers. Ses épaules nues et tièdes frissonnaient un peu. Son visage était charmant et allait bien avec la fraîcheur de toute sa personne. Elle restait là, immobile et rougissante, puis la petite moue de ses belles lèvres s'acheva en sourire. Elle portait à la main un petit éventail fermé qu'elle ouvrit et elle entra dans la salle de bal d'un mouvement délicieux et hardi.

Sa vue causa une surprise et une admiration; comment reconnaître la petite Julie en cette belle demoiselle de Mausseuil? Sa beauté imprévue s'était soudain épanouie. M. du Fresnay jubilait. On s'empressa autour d'elle. M. de Vidrecourt lui fit un compliment tout militaire. Quant au gros Portebize qui, la veille encore, ne remarquait pas plus Julie que si elle n'eût pas existé, il se déclarait, à qui voulait l'entendre, ébloui de ce miracle, et ce fut de lui que la jeune fille entendit le premier propos galant. Il ne la quitta pas de la soirée et ce fut encore à son bras que, le bal terminé, il se rendit sur le pré pour voir la fête rustique où dansaient les valets et les paysans.

Là, c'était M. Le Melier, qui menait le branle. Grimpé sur un tonneau enrubanné et enguirlandé de lierre, le grave magistrat jouait de la vielle infatigablement. Il marquait la mesure du pied et de la tête, tandis qu'autour de lui les couples se trémoussaient et, dans la nuit toute claire de flambeaux, on entendait sur le sol le bruit des sabots et des gros souliers se mêler dans l'air au grondement du bourdon et au nasillement de la niargue. Et M. Le Melier ne cessa pas jusqu'au matin de faire se démener tout ce monde au son de sa bonne vielle de Gannat.

X

On dormit tard le lendemain au Fresnay, et le gros Portebize dormit mal et à peine quelques heures, tellement qu'au réveil, sa barbe faite, il sortit pour prendre l'air et dissiper ce qui restait encore en lui de ce mauvais sommeil.

Quittant l'hôtellerie où il logeait et qu'il avait préférée, pour sa part, aux gîtes plus moelleux dont les autres officiers avaient accepté les offres et les aises, il prit une des rues qui menaient vers la promenade.

Elle était déserte à peu près et les rares passants qui la traversaient ne troublaient ni sa méditation, ni sa mauvaise humeur. L'une finie, l'autre durait encore et, à la manœuvre où il dut se rendre, elle se manifesta par une sévérité bougonne, de solides jurons ou la canne levée sur le dos des maladroits qui ne se montraient point assez prompts à chausser l'étrier ou à tirer sur le mors.

La raison de son mécontentement était moins dans les fautes du service ou dans les fatigues de la nuit que dans l'impression fâcheuse qu'il avait ressentie devant son miroir, tandis que le frater lui faisait la barbe. Portebize d'ordinaire oubliait volontiers son âge. Il était de forte santé et de bon appétit et sans aucune incommodité de corps; mais ce poil qui lui poussait au menton, tout rude et déjà gris, l'avertissait au matin qu'il n'avait plus vingt ans. La plupart du temps, il ne prenait pas garde à cet avis; mais aujourd'hui, il ne s'y sentait pas indifférent et il fit une amère grimace à l'insolent petit miroir qui opposait à ses prétentions un visage qui ne les justifiait plus.

Il s'y voyait la face large et rougeâtre, les paupières plissées, la bouche alourdie, le menton empâté. Il ne lui restait véritablement de toute sa figure d'autrefois que le feu vif des yeux, la belle et hardie courbe du nez et la forte carrure du front. Une fois debout, tout cela composait un ensemble encore passable, car il portait bien sa corpulence, mais il regrettait tout de même son visage passé, dont jadis il avait fait tant d'usage et que tant d'usage avait rendu ce qu'il était. D'ordinaire, ces pensées l'occupaient peu, et, s'il songeait aujourd'hui aux inconvénients de l'âge mûr, c'est que toutes les grâces de la jeunesse lui étaient apparues la veille au soir, en la personne de Mlle de Mausseuil.

Non pourtant que le gros homme se sentît amoureux. Il avait déjà depuis longtemps renoncé à l'amour pour le plaisir et, le plus souvent, la débauche lui tenait lieu de l'un et de l'autre; mais il éprouvait pour Julie un vif intérêt et n'aurait point été fâché de l'intéresser à son tour, peut-être simplement parce que tout le monde s'intéressait à elle. M. de Vidrecourt, le colonel, n'en tarissait pas, et pendant plusieurs jours il ne fut bruit à la ville que de la surprenante beauté de M{ᵉ} de Mausseuil, si bien que, si M{ᵐᵉ} de Galandot et Nicolas eussent vécu moins retirés de tout et de chacun, ils auraient pu en apprendre quelque chose.

Les du Fresnay non plus ne se doutaient guère de cette rumeur. Ils avaient repris leur train ordinaire, mais Julie était restée comme transformée. Une gaieté charmante l'habitait maintenant; il semblait que cette soirée de lumières et de danses l'eût illuminée et animée d'une vie nouvelle.

Elle descendait les escaliers en tourbillons, riait à tout propos et chantait à pleine voix. M. du Fresnay, du pavillon de musique où, tout guilleret, il exécutait sur son violon les airs les plus alertes de son répertoire, la voyait aller et venir dans le jardin, avec une marche légère et comme envolée. Elle se baissait, cueillait une fleur, la respirait longuement et, avec coquetterie, lui cherchait une place à son corsage ou dans ses cheveux; elle était délicieuse à voir ainsi; attentive et hésitante, puis satisfaite, elle pirouettait et disparaissait derrière la charmille. L'honnête M. du Fresnay, qui s'était interrompu de jouer, reprenait son archet, puis, sans raison, se mettait à rire tout seul, de telle sorte que les vitres du pavillon en tintaient, car cet homme fin avait le rire facilement gros et comme tout épanoui de bienveillance et de bonté.

M{ᵐᵉ} du Fresnay était ravie, elle aussi, de cet

heureux changement. Belle et charmante dans sa jeunesse, elle aimait la beauté et la jeunesse des autres. Il lui restait des siennes une maturité douillette et douce. Son visage avait conservé ses jolis traits d'autrefois et un fard habile conservait à ses joues les couleurs qui y fleurissaient jadis. Elle était comme son propre pastel, ressemblant, et d'une chair délicate et poudreuse.

La beauté inattendue de Julie ébahissait Mme du Fresnay. Elle ne se lassait pas de la regarder et dix fois par jour, prise du désir de la voir, elle la cherchait au jardin ou dans la maison et montait jusqu'à sa chambre pour savoir si elle ne s'y trouvait pas.

M. du Fresnay avec qui sa femme riait de cette sorte d'agitation joyeuse où vivait maintenant Julie, avait remarqué fort subtilement que le plus haut point en coïncidait assez régulièrement avec les heures où le gros Portebize se montrait au château.

De ses anciennes relations avec M. du Fresnay et de la part qu'il avait prise avec tant d'empressement à l'organisation du bal s'était ensuivie une sorte d'intimité entre les du Fresnay et lui. On tenait prêt son couvert et il restait à souper sans façon, car souvent il arrivait dès l'après-midi et passait là presque toute sa journée. Par une assez adroite franchise, il avait déclaré à M. et Mme du Fresnay son admiration pour Julie, proclamant n'avoir jamais vu plus joli visage, tant de fraîcheur et de grâce, leur rapportant les propos qu'on en tenait à la ville, y ajoutant ses propres louanges, avec grand soin de surenchérir assez sur ce qu'on pouvait dire pour donner à ses éloges un ton d'exagération plaisante, un air de jeu et de badinage qui lui permettait de se prétendre amoureux de Mlle de Mausseuil sans qu'on y pût penser rien de sérieux ni le prendre autrement que comme un divertissement sans portée et sans conséquence.

M. du Fresnay, homme simple et sans malice, se laissa tromper à ce manège de fausse bonhomie et se prêta à ce qu'il considérait comme un enfantillage. Il ne pouvait se mettre en tête que Portebize, déjà sur l'âge, perdu de jeu et de réputation douteuse, mais bon diable au fond, prétendît à quoi que ce fût qui dépassât les bornes d'une galanterie amicale avec Julie dont il aurait pu aisément être le père. Quant à Mme du Fresnay, voyant Julie amusée des assiduités et des compliments de l'officier, elle y prêta les mains volontiers. Le mari et la femme furent donc de moitié dans cette imprudence. Ils étaient bonnes gens, faciles et gais, et ne soupçonnèrent et ne prévirent rien des dangers de cette comédie; aussi fournirent-ils à Portebize toutes les occasions d'approcher Julie à son gré.

Le premier usage que Julie fit d'elle-même fut la coquetterie et ce fut, pour dire vrai, cette disposition de la jeune fille qui régla celles de Portebize et encouragea ses visées. Il avait commencé par venir au Fresnay sans but précis et pour se distraire de l'ennui qu'il éprouvait à la monotonie du métier et au peu de ressources qu'il trouvait à la ville pour ses habitudes et du peu de moyens de les y satisfaire, même tant bien que mal, car en ce moment il était complètement à sec et au plus bas dans ses affaires.

Le séjour du Fresnay venait donc fort à point. La table était bonne, les hôtes accueillants, et la présence d'une jolie fille y ajoutait une sorte d'intérêt dont, en y pensant, il ne s'expliquait pas bien la nature, mais dont il ressentait l'effet. Bientôt pourtant, et peu à peu, il entrevit, à ce qu'il considérait lui aussi peut-être tout d'abord comme un badinage, un tournant et un avenir inattendus, et il mit dès lors tous ses soins à bien jouer une partie où, s'il n'avait rien à gagner, il n'avait au moins rien à perdre.

La vérité, d'autre part, est que Julie étourdie et naïve, ne vit à tout cela que l'agrément d'être louée et elle s'y prêta avec ce goût naturel aux femmes pour se savoir admirées et se l'entendre dire; mais son partenaire qui était hardi et corrompu entendait bien, sous le couvert d'un jeu innocent, mener la chose aussi loin que possible, du moment qu'il y croyait apercevoir quelque chance de tourner en aventure ce qui, au début, n'avait été que l'agacerie ignorante d'une fillette sensible aux soins du seul homme qui fût à même de lui en rendre.

Après les premières approches, Portebize se mit en mesure d'agir, mais il s'aperçut bientôt qu'il employait un langage dont Julie, fort innocente et nullement instruite, ne comprenait guère les allusions. Portebize était habitué à parler à des femmes ou à des filles familières avec l'amour ; mais Julie, elle, ne savait rien et, avant de la séduire, il la fallait mettre en état d'être séduite.

Restait la surprise ou l'occasion. Il n'était point homme à n'en pas user, mais, avec une personne aussi neuve que Julie, il en sentait le risque. Il y avait bien en elle une certaine disposition à la volupté qui se manifestait en ses gestes et en ses façons par une sorte d'indécence charmante et toute naturelle. Julie donnait l'idée du plaisir ; mais il était incertain qu'elle en ressentît l'attrait ou le désir et qu'elle en accepterait les audaces nécessaires.

Portebize prit donc le seul parti qui lui demeurât. Ne pouvant compter, pour s'attirer Julie, ni sur son âge ni sur sa mine, car il était peu probable qu'elle éprouvât jamais pour lui un de ces sentiments involontaires et passionnés qui font des inconnus de la veille les amants du lendemain, il n'avait guère à compter que sur les imprudences de la coquetterie et les curiosités de l'innocence, et il se mit en devoir de les éveiller et les provoquer.

C'est à cela qu'assistèrent sans s'en douter M. et Mme du Fresnay. M. du Fresnay voyait, du pavillon de musique, Julie et son galant se promener au jardin ou disparaître derrière la charmille ; Mme du Fresnay leur servait à goûter ses tartes les plus parfaites et ses sucreries les plus appétissantes et les laissait en tête-à-tête, les coudes sur la table, devant les corbeilles et les jattes, causer en toute liberté.

Le soir, au salon, ils s'installaient derrière un paravent. M. du Fresnay sommeillait à demi en feuilletant quelque cahier de musique. Mme du Fresnay s'endormait à moitié sur quelque ouvrage. Le rire clair de Julie ou la forte gaieté de Portebize les réveillait de temps à autre, et ils se félicitaient du regard, avec de petits signes de contentement, de voir ainsi Julie joyeuse, gaie et occupée. Une fois Portebize parti, aux bougies, en montant se coucher, on ne tarissait pas en louanges sur celui qu'on appelait dans la maison du sobriquet familier de « Gros Ami ».

Gros Ami n'avait point en lui l'étoffe d'un amant transi et langoureux, de ceux qui soupirent, implorent, supplient, se lamentent ; il avait la corruption large et active. Il discourait peu de sentiments et ne se perdait guère en subtilités ; bien au contraire, net et salé, presque cru même, si bien que par lui Julie se familiarisait moins avec les vapeurs de l'amour qu'avec ses réalités.

L'élève faisait de grands et rapides progrès. Gros Ami y allait franchement et cyniquement et, en peu de temps, en fut assez loin pour qu'il pût aider son enseignement oral de contes grivois et libertins qu'il glissait en cachette à Julie et dont il possédait, en son porte-manteau, tout un assortiment. Le singulier, c'est qu'il ne cherchait pas à mettre en pratique avec elle ce qu'il lui apprenait par ces voies diverses. Il avait son idée particulière de l'amour et en exigeait beaucoup ; il voulait de lui tout en une fois. La petite oie le tentait peu, et il ne se trouvait ni d'un âge à se contenter de privautés d'écolier, ni d'un tempérament à s'amuser de manigances de barbon.

Entre temps, Julie feuilletait d'un doigt agile les brochures dont la fournissait Gros Ami. Le soir, dans son lit, elle en tournait les pages furtives. La bougie brûlait tard dans la nuit et elle s'endormait l'esprit caressé d'images voluptueuses. Elle apprenait ainsi les bons tours dont on pipe les tuteurs et les maris, le verrou mis ou enlevé, les déguisements et les mascarades, les mille friponneries de l'amour, les intrigues où il se plaît, les rendez-vous et les ruses, le hardi et le clandestin du plaisir, le détail des petites maisons et le récit des petits soupers, tout ce que l'invention galante imagine pour aiguiser et faciliter le désir. Livres folâtres, libres ou polissons dont Portebize lui commentait ensuite l'indécence en l'agrémentant d'anecdotes personnelles, en l'assaisonnant de sa verve hardie et facétieuse, singulières leçons où se mêlaient du libertinage et de la gaieté qui rendaient Julie rêveuse ou la faisaient rire aux éclats et dont l'excellent M. du Fresnay prenait les apartés pour l'innocente idylle d'une fillette et d'un vieux garçon désœuvré, bonhomme au fond malgré son passé de brelandier et de coureur de filles.

Cependant les jours passaient et Gros Ami commençait à s'impatienter. Il résolut donc d'aider Julie à se mieux représenter tout ce dont il lui avait farci l'esprit et de mettre sous ses yeux la figure même de ses pensées. Aux livres qu'il lui prêtait en cachette succédèrent des gravures qu'il lui apportait en secret.

Il avait un portefeuille assez bien garni de pièces de toutes sortes qui allaient du galant à l'érotique, des manèges de la coquetterie aux pratiques du plaisir. Il les fit voir une à une à Julie. Il s'était procuré de plus grandes facilités en venant s'installer au Fresnay même et comptait profiter de la familiarité du même toit. Enfin il s'était déclaré ouvertement à Julie qui maintenant comprenait fort bien ce qu'il voulait. Il lui avait proposé le plaisir en lui promettant le secret.

La scène eut lieu dans la charmille. Le gros Portebize fit bien les choses, mit le genou en terre, déclara sa flamme, fut pressant et passionné. Julie le laissa dire. On entendait dans le pavillon de musique le violon de M. du Fresnay. L'air était doux et chaud. Mlle de Mausseuil portait au corsage une belle rose qu'un geste trop vif de Portebize effeuilla à demi. Julie, avec une révérence moqueuse, s'esquiva de l'embuscade en riant à grands éclats, et Gros Ami se releva furieux et dépité, d'autant plus que le temps approchait où Julie devait retourner chez Mme de Galandot.

Ce fut pourtant Portebize qui partit le premier. Quelques jours après la scène du bosquet, le régiment du Royal-Lorraine reçut l'ordre de lever le camp et de quitter ses quartiers. Portebize fut enragé de ce contretemps qui, d'un coup, mettait fin à ses projets. Il maugréait et jurait en bouclant son bagage, regrettant, non pour la dangereuse semence dont il avait infecté ce jeune esprit, mais bien plutôt le soin malencontreux qu'il avait pris de si bien avoir préparé Julie à l'amour et que d'autres dussent sans doute en recueillir le fruit.

Le carrosse qui emmenait Mlle de Mausseuil chez Mme de Galandot se mit juste en route le matin même où le Royal-Lorraine se mettait en marche, de telle sorte qu'à une croisée de routes on rencontra le régiment. Il fallut donc attendre qu'il fût passé pour continuer le voyage. Les escadrons faisaient grand bruit dans la campagne matinale. Les timbaliers alternaient avec les fifres et les trompettes. Le pas sec des chevaux sonnait sur les cailloux. Parfois une des juments hennissait à l'un des gros percherons du carrosse. Le colonel, qui avait reconnu M. du Fresnay, le vint saluer à la portière. M. de Vidrecourt refit à Julie le même compliment que le soir du bal. Le brave marquis était peu varié et le répétait à toutes les femmes, s'en étant bien trouvé une fois et jugeant depuis lors inutile de se mettre à de nouveaux frais.

Julie regardait défiler les compagnies. Les maîtres avaient bonne figure sur leurs chevaux unis ou pommelés. Les boutons d'argent brillaient au soleil, sur le drap bleu à revers aurore. Les petits sacs de veau verni, vulgairement appelés crapauds et qui contenaient les cheveux en leurs bourses de cuir tressautaient sur les nuques hâlées. Les chapeaux à quatre cornes coiffaient des figures martiales. Elle souriait aux officiers avec lesquels elle avait dansé, à mesure qu'ils passaient.

Portebize vint en queue, car Gros Ami commandait la dernière compagnie, et il s'approcha à son tour du carrosse en faisant caracoler son beau cheval rouan. Julie vit une fois encore sa large figure rougeaude, aux paupières plissées, à la bouche alourdie, avec le grand nez hardi et les yeux vifs.

Elle se tenait accoudée à la portière, une rose au corsage comme celle qu'elle portait dans le bosquet de charmilles et, comme Portebize prenait congé d'elle, elle lui tendit, avec un frais éclat de rire, la fleur qui s'effeuilla à demi. Portebize la prit et la mit négligemment à la ganse de son chapeau. Mlle de Mausseuil sentait sur son visage le souffle chaud du cheval impatient que son cavalier avait peine à maîtriser, puis dans un : « Au revoir, Mademoiselle Julie ! » coupé du sifflement d'une cravache, elle vit la monture pivoter et, cabrée, les sabots hauts et la croupe basse, M. de Portebize l'enlevant d'un galop, rejoindre son rang sans retourner la tête.

Quand M. du Fresnay revint fort triste de Pont-aux-Belles, où il laissait pour trois mois Julie aux mains de Mme de Galandot, il trouva sa femme qui l'attendait et le mena sans rien dire dans la chambre de Mlle de Mausseuil. Elle était vide et déjà remise en ordre, les armoires refermées et le lit refait, et, une fois là, Mme du Fresnay souleva l'oreiller. Un petit livre était posé sur le drap blanc. M. du Fresnay prit la brochure et l'ouvrit distraitement. Elle était couverte de taches et imprimée sur un mauvais papier, comme ces recueils des contes de la Mère-l'Oie que vendent les colporteurs. Il en lut quelques pages : à mesure qu'il lisait, sa figure exprimait un étonnement stupéfait; puis, joignant les mains, il laissa tomber la brochure, qui resta ouverte sur le plancher à son titre qui portait en grosses lettres : *le Conseiller des Amants*, et au-dessous d'un fleuron en corbeille : *Eleuthéropolis, l'an deux mille;* mais la surprise de M. du Fresnay redoubla quand sa femme lui tendit une gravure où il vit, dans un paysage agréable, un berger et une bergère, renversés sur un tertre, parmi des houlettes et des pannetières et en posture de faire l'amour si au naturel qu'on n'y perdait la vue de rien, et au bas, d'une grosse écriture qu'ils connaissaient bien et qu'ils reconnurent, ces mots tracés plusieurs fois : « Chère Julie que nen feron nous au temps ! »

XI

Nicolas de Galandot attendait dans l'avant-cour l'arrivée de Julie. De temps à autre, il tirait sa montre et la portait à son oreille pour voir si elle marchait bien, car l'attente lui paraissait longue. Aucun bruit ne troublait la cour silencieuse. L'herbe y poussait doucement au soleil entre les petits pavés de grès. Ces pavés attiraient pour la première fois l'attention de Nicolas. Ils étaient de couleurs diverses, beaucoup gris, quelques-uns bleuâtres et, çà et là, de presque roses. Dans un coin, deux pigeons picoraient. Nicolas, dans sa promenade, s'en approchait; alors ils se levaient lourdement et passaient ras au-dessus de sa tête avec un gros bruit d'ailes et allaient se poser dans le coin opposé où le retour de ses pas les troublait de nouveau, et ainsi jusqu'à ce que, dérangés, ils s'envolassent pour de bon. Nicolas, resté seul dans la cour, se tint debout immobile et comme engourdi de chaleur.

Enfin un claquement de fouet et un grondement de roues annoncèrent la venue du carrosse. M. du Fresnay embrassa tendrement Julie, et Nicolas se trouva seul en face d'elle.

Les deux pigeons qui étaient revenus se poser sur le toit des communs roucoulaient doucement.

Nicolas ne reconnaissait pas sa cousine dans cette belle personne toute rieuse, hardie et familière qui se tenait devant lui avec son teint frais, sa bouche charnue, son corsage entr'ouvert sur la naissance d'une gorge attrayante. Il ne retrouvait plus là la petite pleurnicheuse de l'an dernier. Sa timidité ordinaire devint un trouble évident, et il demeurait interloqué et bredouillant. Il lui expliquait que Mme de Galandot se trouvait un peu incommodée et il s'affligeait d'avoir laissé repartir M. du Fresnay sans lui communiquer les excuses de ne pas le recevoir dont sa mère l'avait chargé envers lui.

Mme de Galandot était, en effet, très vieillie et assez mal portante. Un marchand d'orviétan, introduit il y a quelques mois au château par une des vieilles servantes qu'il avait guérie d'un cor au pied, avait vendu à Mme de Galandot des poudres soi-disant merveilleuses et universelles à tous les maux, dont l'effet fâcheux n'était point étranger aux fatigues que ressentait depuis la bonne dame. Aussi se trouvait-elle trop occupée d'elle-même pour pouvoir prendre garde à Julie.

Elle ne vit donc guère dans la nouvelle beauté de sa nièce que de la bonne santé; elle remarqua l'excellente couleur de son visage et n'en distingua point les traits charmants. L'heureuse proportion de sa taille lui sembla un effet de la croissance; elle n'en reconnut pas la grâce voluptueuse. Par cette bonne conformation corporelle elle la jugea propre à la vie sans la deviner prête à l'amour, et, une fois la revue faite et quelques observations assez aigres sur la forme de ses vêtements et le goût de sa parure, elle remit ses lunettes dans l'étui, recroisa ses mains sur son fichu et continua à se tâter le pouls et à tirer la langue dans un petit miroir qu'on disposait à sa portée pour cet usage.

On faisait silence autour d'elle. Julie, assise sur une chaise, regardait alternativement chacune de ses mains qu'elle avait fines et potelées. Nicolas, sur une autre chaise en vis-à-vis, faisait une assez piteuse figure, ne sachant trop comment se tenir, puis finit par gagner la porte sur la pointe des pieds pendant que sa mère faisait sa sieste accoutumée. Julie, qui n'osait quitter la place, eut tout le temps de songer à l'ennui qui l'attendait à Pont-aux-Belles. A quoi allait-elle pouvoir s'occuper? Et elle se prenait à penser qu'après tout son cousin Nicolas n'était pas déjà si mal tourné. Il avait juste trente ans, le corps maigre, les jambes hautes. Il portait un habit couleur de tabac d'Espagne, à basques un peu trop longues et trop larges pour lui. Avec cela un visage osseux et doux, la figure régulière et simple et au demeurant point laid du tout.

Le lendemain, Nicolas se montra vraiment l'homme le plus embarrassé du monde. Il avait mal dormi et se sentait tout déconcerté par la présence de Julie. D'autant plus qu'il était, en quoi que ce fût, lent à se résoudre. Le vide de la vie habitue, faute d'événements, à réfléchir longuement même aux moindres. L'indécision devient un passe-temps; l'incertitude, une sorte de jeu solitaire. Aussi soupesait-il toutes circonstances avant de se décider à les considérer de telle ou telle façon. Cette minutie d'esprit n'avait, il faut le dire, pas même l'avantage que, le choix fait, il s'y tînt fermement. Il restait quand même incertain. De telle sorte que Nicolas, à trente ans, se trouvait l'homme le plus faible, non seulement vis-à-vis des autres, mais encore en face de lui-même. De mettre, par exemple, des bas chinés ou des bas blancs constituait pour lui une alternative qui le tenait de longs moments en balance. On l'avait vu rentrer pour changer la paire qu'il venait d'enfiler et comme, de plus, il était distrait, il lui arrivait de ressortir avec aux jambes un bas chiné et un bas blanc.

Il était en pleine discussion sur la manière dont il se comporterait avec Julie quand il la rencontra aux jardins. La rencontre se fit juste au milieu de son débat, si bien que, pris au dépourvu, il salua cérémonieusement sa cousine et s'esquiva à grandes enjambées. Ce hasard régla son attitude, et les jours qui suivirent il évita de se trouver seul à seul avec Julie et les passa enfermé à clé dans la bibliothèque.

Les raisons du trouble de Nicolas devant Mlle de Mausseuil tenaient à diverses causes. La principale était le changement de visage qui faisait d'elle pour lui une autre personne. Les sentiments qu'il conservait de la fillette d'hier n'allaient plus à la jeune fille d'aujourd'hui. Il ne savait comment ni de quoi lui parler, ni par quoi remplacer les jeux de jadis ou les leçons de l'an dernier, et il restait en suspens, attiré vers elle par leur ancienne camaraderie et éloigné d'elle par le défaut de ce qui eût pu y suppléer. A cela s'ajoutait une peur confuse. L'abbé Hubertet, en quittant Nicolas, avait cru devoir l'avertir de certains dangers qu'il rencontrerait peut-être sur sa route. Certes, avec mesure et réserve, il avait donné à Nicolas l'idée qu'il y a un péril à la société des femmes et Nicolas, sans avoir commis la faute, n'ignorait pas complètement l'existence du péché. Pourtant peu à peu il se rassura et sortit de sa cachette.

L'adroite Julie prit grand soin de ne faire aucune attention à son cousin. Elle comptait sur sa jolie figure. Le gros Portebize lui en avait maintes fois peint les charmes et vanté l'attrait et elle en attendait avec confiance les effets inévitables ; mais dans l'attente elle s'ennuyait. Nicolas tardait à s'apprivoiser.

Ce fut donc elle qui brusqua les choses.

Un après-midi, elle aperçut son cousin assis sur le banc où autrefois ils se rencontraient d'habitude. Nicolas paraissait réfléchir profondément et traçait des ronds du bout de sa canne. Julie se rappela que, pendant les repas, il la regardait à la dérobée, et, ce matin, plusieurs fois, à table, elle avait surpris ses yeux. Elle était charmante ce jour-là. Mme de Galandot lui avait acheté plusieurs pièces d'étoffe commune, mais claire et de couleurs gaies. Les vieilles servantes y avaient taillé une robe à l'ancienne mode, comme elle en portait les autres années, mais qu'elle avait rajustée à sa façon. Dans cette bonne toile à fleurs, avec ses cheveux simplement noués, elle ressemblait beaucoup à la petite Julie d'autrefois et elle reprit son pas de fillette pour se glisser sans être vue derrière le banc où rêvait Nicolas. Elle entra dans le plant d'arbres. Le lierre les enguirlandait et tapissait le sol de ses vertes feuilles en cœur. L'ouverture du treillage était agrandie ; elle passa.

Elle se tenait debout derrière le dos de Nicolas, retenant son souffle. Tout à coup, en se baissant, elle lui renversa la tête et lui posa ses deux mains sur les yeux. Puis elle enjamba le banc et, s'asseyant sur les genoux de Nicolas abasourdi, elle lui mit les bras au cou et l'embrassa longuement sur les deux joues en lui disant à l'oreille : « Comme tu es bête, mon pauvre Nicolas !... »

Ce furent pendant quelques jours des bavardages infinis. De même qu'elle avait joué à la demoiselle avec le gros Portebize, elle joua à la petite fille avec le maigre Nicolas. Ils reprirent leur cousinage interrompu et leur camaraderie de jadis, avec cette différence qu'elle apportait à ces jeux et à ces étourderies toutes les ressources de la plus dangereuse coquetterie sous les apparences de la plus franche naïveté.

Quoi qu'il en fût, Nicolas se retrouva comme par le passé au service des caprices de Julie. Au bout de quelques semaines, elle eut fait de lui son véritable esclave. Il se laissait aller béatement où la jeune fille le voulait conduire et éprouvait pour elle une admiration silencieuse ; dès qu'elle parlait, il la regardait bouche ouverte et mains pendantes. Elle savait maintenant son pouvoir et en abusait, amusée de voir son grand cousin stupéfait et honteux de ce qu'elle obtenait de lui.

Comme elle était devenue gourmande, il volait pour elle les meilleurs fruits des espaliers. Les pêches commençaient à donner. Mme de Galandot les envoyait soigneusement vendre à la ville, ne réservant que le nécessaire à la table de Pont-aux-Belles. Nicolas guettait les paniers à l'office avant qu'ils partissent pour le marché. Le vieux jardinier Hilaire qui aimait beaucoup son jeune maître et qui, tout en râtissant les allées, avait bien remarqué quelque chose du manège de M. Nicolas et de Mlle Julie, mettait les plus beaux fruits sur le dessus et riait de ses vieilles dents ébréchées de ne plus les retrouver là.

Julie y mordait de sa belle bouche rouge et elle aimait à s'y rafraîchir. Elle était coureuse et turbulente et ne laissait pas un instant respirer Nicolas. Ils se poursuivaient à perdre haleine par les allées et Julie trouvait à ces courses et à ces poursuites le prétexte de se laisser tomber dans les bras de son cousin. Elle y tombait toute chaude, essoufflée et haletante ; ses petits seins palpitaient sous son corsage à fleurettes. Nicolas la recevait d'abord avec embarras, puis avec empressement. Il sentait monter d'elle une moite odeur de peau, de linge et de jeunesse.

Quelquefois, au contraire, elle se plaignait de fatigue et de langueur, feignait de ne pouvoir faire un pas. Il fallait alors qu'il la soutînt Pour l'aider, il touchait sa taille souple. On avançait péniblement. Alors Nicolas proposait de la porter jusqu'au banc. Elle acceptait en minaudant, se faisait lourde, pesait de toute sa chair sentie à travers l'étoffe, de tout son corps inerte et comme engourdi de sommeil.

Le temps de la canicule qui survint et fut fort chaud mit un arrêt à leurs ébats. Il fallut trouver des jeux plus tranquilles, et Julie en inventa de plus voluptueux. Elle se fit lasse, tendre et nonchalante. Souvent ils passaient l'après-midi sous les arbres, étendus sur le tapis de lierre. Il rôdait là une odeur amère et forte. Julie finissait par s'endormir et Nicolas regardait de tout près son joli visage au repos où il n'y avait plus ni malice ni hardiesse, mais seulement la fraîcheur toute simple de la plus belle et de la plus délicate jeunesse.

Enfin la chaleur, tout en restant forte, se relâcha un peu dans les jours qui suivirent. Nicolas avait passé une partie de l'après-midi avec sa mère. Mme de Galandot se trouvait assez mal ce jour-là et elle avait dû garder son fils auprès d'elle pour lui dicter une lettre à M^e Le Vasseur, le notaire, au sujet de baux à renouveler. Ces dictées qui avaient lieu quelquefois excédaient Nicolas qui ne comprenait rien au jargon des affaires dont sa mère l'avait avec soin tenu à l'écart. Vers quatre heures pourtant, la besogne achevée, il put sortir pour rejoindre Julie qui devait l'attendre près du Miroir d'eau ou du Petit Bassin.

Elle y était et Nicolas, en pensant au vieil Hilaire, frémit de la voir, car, en venant, elle avait dû dévaster la roseraie à en juger par le nombre de roses qui jonchaient la terre à ses pieds. Il y en avait de pourpres et de rouges, des blanches, doubles ou simples, et d'énormes, couleur de soufre. Elles formaient devant elle un amas embaumé d'où elle les prenait pour les joindre en une couronne. Quelques-unes, trop épanouies, s'effeuillaient et elle en réunissait les pétales dans une corbeille de jonc où elle les respirait en souriant. Parfois elle en lançait une poignée au visage de Nicolas, assis auprès d'elle et qui, d'une pichenette, en débarrassait la dentelle de sa manchette.

Quand elle eut fini, elle se mit doucement à ôter ses souliers. Nicolas la regardait faire avec étonnement. Ses pieds apparurent hors de ses bas enlevés. Ils étaient petits et blancs et quand, debout, elle reposa sur leur appui, une mince veine se gonfla bleue sur la chair rosée. Nicolas les admirait silencieusement. Ils étaient frémissants et finement nerveux, un peu recroquevillés au contact du sable; l'ongle de l'orteil ressemblait à une petite coquille polie.

Une fois debout, elle troussa en rond sa jupe et Nicolas vit ses jambes nues. Le mollet, rebondi, supportait un genou lisse. Au-dessus du genou, la chair de la cuisse se montrait, plus blanche encore, déjà secrète.

Elle agissait avec une impudeur tranquille et souriante. Grâce aux pluies abondantes de l'hiver et du printemps, il restait un peu d'eau dans le bassin. Le fond en était tapissé d'une mousse verte et chatouilleuse. Julie enjamba la margelle. Elle marchait dans l'eau avec précaution pour ne pas la troubler. D'une main elle tenait la couronne de roses et de l'autre la corbeille de pétales. Arrivée auprès du Triton, elle grimpa lestement sur le socle de rocaille. Le dieu marin se dressait verdâtre et musculeux. Son bras portait à sa bouche la conque torse. Il semblait rire, le buste hardi, les joues gonflées.

Julie posa sur la tête de la statue la couronne fleurie. La beauté des roses rajeunit le bronze sombre. A poignées, Mlle de Mausseuil jetait les pétales de la corbeille ; ils s'éparpillèrent et jonchèrent le fluide miroir, puis les feuilles dociles, prises aux mouvements secrets qui animent les ondes les plus stagnantes, se réunirent et, par leurs entrelacs, formèrent une arabesque mouvante. Comme le soir venait, il montait du bassin une odeur d'eau crépusculaire et de roses savoureuses, mais Nicolas de Galandot ne voyait que Julie qui, tenant le Triton par sa main de métal, se penchait sur le reflet de la double image où elle s'apercevait debout sur la croupe écailleuse du monstre qui semblait l'enlever, rieuse et demi-nue, au bruit muet de sa conque triomphale.

XII

Certes, en arrivant à Pont-aux-Belles, Julie avait été conduite, par l'ennui qu'elle y pressentait, à s'occuper de son cousin Nicolas. D'autant mieux qu'il se trouvait là être le seul homme sur qui elle pût exercer sa nouvelle coquetterie et essayer la force neuve de ses charmes. Il s'y ajoutait l'instinct et le désir d'être regardée et admirée, un besoin de se montrer, d'être touchée et caressée comme un jeune animal familier qui se frôle et cherche la main. Elle avait l'échine souple et voluptueuse des jolies bêtes.

Ce qu'il y eut d'admirable et d'assez particulier, c'est qu'entre elle et son cousin jamais un mot d'amour ne fut prononcé. Tout se passa en jeux et en badinages sans qu'il s'y mêlât rien de sentiment ni aucun terme qui pût avertir Nicolas de la bague qu'il courait en aveugle et les yeux fermés; aussi s'abandonnait-il naïvement aux sensations agréables qu'il éprouvait en la compagnie familière de cette belle fille, rieuse, violente et vive. Le bon abbé Hubertet, en l'avertissant des périls de l'amour, avait négligé de lui enseigner que la volupté prend toutes les formes, même les plus innocentes qui ne sont point les moins redoutables.

Au seul nom de l'amour, Nicolas se fût méfié de ses atteintes. Il avait pour s'en défendre toute la sévérité de son éducation, les secours d'une solide piété, tous les principes de réserve et de raison dont on avait pris tant de soin à lui inculquer les garanties, mais les manèges de Julie n'éveillaient en lui aucune alerte. Son ignorance des surprises des sens le mettait à leur merci. Il vivait dans un émoi continuel dont il se rendait mal compte, et Julie ne lui laissait aucun répit tout le jour et même la nuit.

La plus extrême liberté les favorisait. Mme de Galandot avait eu besoin de la petite chambre que Julie occupait auparavant près de la sienne, pour en agrandir la resserre où elle renfermait ses fioles et ses bocaux. C'était une vraie boutique d'apothicaire qu'elle avait là sous la main. Tout y était étiqueté avec soin et rangé en fort bon ordre. Au plafond pendaient de gros paquets d'herbes sèches. Il y avait même dans un coin de la pièce tout un assortiment de seringues de tailles diverses. On respirait là une odeur aromatique et fade que Mme de Galandot emportait partout imprégnée dans ses vêtements.

Pour loger ses drogues, elle avait relégué Julie au bout d'un long corridor sur lequel s'ouvrait aussi l'appartement de Nicolas. Le couvre-feu sonné et le château endormi, commençait, pieds nus sur le carreau, la course des bougies. Julie inventait mille prétextes pour relancer Nicolas et c'était, dans la demi-obscurité, avant que chacun rentrât dans sa chambre, des rires étouffés, des bousculades silencieuses.

Une fois seule, Julie se mettait à l'aise, en chemise et en cornette de nuit, puis elle ouvrait la fenêtre et attendait.

Les cheminées et les combles du château étaient hantés par de nombreuses chauves-souris. Dès le crépuscule, elles commençaient à errer de leur vol rapide et doux. Elles se croisaient en arabesques entrelacées et s'évitaient par de brusques angles. Elles jouaient, agiles, promptes et mystérieuses, au-dessus du parterre d'eau et semblaient, par le langage de leur grimoire aérien, conjurer à les suivre et vouloir délivrer de son enchantement immobile l'aile de bronze du cadran.

La lumière les attirait dans la chambre. Il n'était pas rare qu'une y entrât furtivement. C'était justement ce qu'attendait Julie. Elle ouvrait doucement sa porte et venait gratter à celle de son voisin qui, en robe de chambre à ramages, s'apprêtait à se coucher, à moins que, réveillé en sursaut, il accourût tout ébouriffé au secours de sa cousine.

Nicolas détestait les chauves-souris et même il en avait grand'peur ; aussi était-ce en courbant le dos et en renfonçant la tête entre les épaules qu'il pénétrait chez Julie, portant une sorte de long manche à balai terminé par une boule d'étoupe dont on se servait contre les toiles d'araignée.

Alors commençait la poursuite aérienne. Julie,

réfugiée sous les rideaux de son lit, regardait faire Nicolas, la tête passée par la fente de l'étoffe. Il allait et venait aux quatre coins, levant les bras contre les intruses, car souvent ce n'était plus une chauve-souris, mais deux ou trois, qui voletaient au plafond et qu'il s'agissait de déloger. Elles tourbillonnaient en voltes rapides. Leur vitesse semblait les multiplier aux yeux du pauvre Nicolas. Elles lui paraissaient nombreuses, insaisissables, vertigineuses, puis, tout à coup, elles s'éclipsaient toutes ensemble ou il n'en restait plus qu'une qu'il pourchassait jusqu'à ce que le bâton finît par l'atteindre. Quelquefois elle tombait sur le carreau, blessée et encore vivante avec de petits cris plaintifs. Un coup porté l'achevait et elle mourait avec un frémissement diminué de ses ailes membraneuses. Le plus souvent la petite bête tombait de suite, assommée et toute molle, et restait à terre comme une feuille morte. Alors Julie sortait de sa cachette et, le bougeoir à la main, venait examiner la victime. Elle regardait son corps velu et, écartées en leur délicate structure presque végétale, les larges ailes onglées, brunes, transparentes et sèches, par le bout desquelles Nicolas la prenait avec dégoût et, d'un geste, la lançait, par la fenêtre, dans la nuit.

Il était tard. Julie se recouchait et Nicolas ne s'en allait pas sans avoir, dans l'adieu prolongé en badinage, senti sous les toiles le corps souple, agile et tiède de sa peureuse amie.

Ces contacts laissaient à Nicolas les mains énervées et inquiètes. Il lui était venu un besoin de toucher et de palper. Il tressaillait à table, sous les yeux de sa mère, quand il sentait se poser sur le sien le pied de Julie qui prenait à son trouble un malicieux plaisir.

Quant à elle, sa hardiesse augmentait de jour en jour, et elle finit par la porter aux dernières limites de l'audace. Parfois, Nicolas cherchait une trêve et un refuge dans l'appartement de Mme de Galandot. Il s'asseyait dans un fauteuil sans parler, regardait attentivement le mobilier sévère, les hautes tentures d'un vert sombre, puis il reportait les yeux sur sa mère. Elle lisait ou travaillait, ramassée sur elle-même, avec ses habits couleur de tan, sa coiffure à l'ancienne mode. Auprès d'elle, une petite table à pieds tors supportait des vases et des flacons. Souvent il surprenait la vieille dame tenant entre ses mains une large ampoule de verre qu'elle élevait à bonne hauteur et à travers sa transparence, tournée vers la fenêtre, elle examinait la qualité de ses urines. Puis elle reposait sur la table la cornue tremblotante et ôtait les larges besicles dont elle aidait sa vue, devenue avec l'âge faible et incertaine.

Julie abusait de cette infirmité de sa tante dont elle avait évalué la juste proportion, pour mettre Nicolas au supplice. A peine réfugié dans l'appartement de Mme de Galandot, elle venait l'y relancer. Il n'avait plus aucun repos. Elle lui infligeait la transe continuelle d'être surpris à quelques-uns des jeux sournois qu'elle imaginait en présence même de sa tante ; Nicolas ne savait vraiment pas où se mettre. Par contenance, il cherchait un livre. Mme de Galandot se servait assez souvent de grands in-folios qui contenaient le terrier de Pont-aux-Belles et des seigneuries qui en dépendaient. Les plans en étaient figurés en couleurs avec une habile précision. On y voyait la disposition exacte des lieux-dits, avec leur nom et leur bornage. Tout y était minutieusement représenté, cultures, friches, ruisseaux, prés et taillis, et même les arbres par de grosses boules vertes. Ces belles cartes étaient ornées de cartouches contournés et d'un pompeux encadrement. Mme de Galandot aimait à les consulter et elle tirait quelque orgueil de cet examen. Certes, elle avait amélioré et agrandi ce beau domaine depuis le temps où l'ordre du feu comte avait fait dresser les plans dont les vastes registres servaient d'abri à Nicolas et de paravent aux agaceries de Julie. Derrière les grandes pages ouvertes, Nicolas rougissait et pâlissait tour à tour et Julie, tout en lui tirant les oreilles et en lui mettant les doigts dans le cou, regardait par-dessus l'épaule de son cousin passer sous ses yeux les bois, les prés, les étangs et les labours qui composaient ce beau comté de Pont-aux-Belles dont le possesseur obéissait au moindre signe de son petit doigt.

Les années précédentes, Julie voyait arriver d'avance avec plaisir le moment de retourner au Fresnay ; mais, cette fois, Nicolas et elle étaient si occupés l'un de l'autre que le temps fuyait sans qu'ils y prissent garde. L'extrême beauté et la forte chaleur du mois de septembre les empêchèrent de s'apercevoir qu'il touchait presque déjà à sa fin. Mme de Galandot les en avertit un jour d'un air sournois en feuilletant un almanach. Sa mauvaise humeur contre Julie avait redoublé. Il ne se passait guère de repas qu'elle ne lui infligeât quelque avanie et elle en suivait l'effet sur son fils d'un air curieux.

La vérité est que le vieux jardinier, furieux du ravage de ses roses, s'était plaint à Mme de Galandot de cette déprédation, tout en rejetant la faute sur Mlle Julie, qui faisait faire à M. Nicolas tout ce qu'elle voulait, le pauvre jeune maître étant faible et plus doux qu'un agneau. Ce propos éveilla la jalousie de Mme de Galandot, non qu'elle soupçonnât rien de ce qui se passait réellement; mais l'idée que Nicolas eût quelque bonté pour sa cousine l'irritait singulièrement. Aussi se promit-elle d'en avoir le cœur net. D'ailleurs, elle était particulièrement irritable à ce moment. Ses urines lui paraissaient, en leurs panses de verre, mauvaises et sablonneuses.

A cela se joignait encore la contrariété qu'elle avait éprouvée en apprenant que sa sœur, Mlle Armande de Mausseuil, qu'on tenait enfermée à Bas-le-Pré, avait trompé la surveillance et s'était échappée à travers champs. La folle, en effet, avait disparu sans qu'on pût savoir où et Mme de Galandot ressentit grande honte à apprendre que le curé de Noircourt-les-Trois-Fontaines l'avait trouvée, en venant dire sa messe, le matin, accroupie, la jupe troussée, dans la cuve du bénitier où elle mêlait des eaux qui n'avaient rien de bénites, et d'où on eut toutes les peines du monde à la faire sortir pour la ramener à Bas-le-Pré. Outre ces causes, la grande chaleur excédait Mme de Galandot qui la supportait mal, tandis que Nicolas et Julie s'en jouaient.

Le jour des saints Côme et Damien, qui est le vingt-sept septembre, fut singulièrement lourd et orageux ; de gros nuages couraient sur Pont-aux-Belles, interrompus de brusques coups de soleil. Le jardin était désert ; même le râteau du vieux jardinier avait fait silence. Julie et Nicolas trouvèrent le bonhomme étendu et dormant auprès de la roseraie. Depuis le larcin des roses, il surveillait ses rosiers. Julie cueillit une des fleurs qui restaient encore et l'effeuilla par malice sur la figure suante et tannée du dormeur.

Ils marchaient doucement sur le sable chaud. Julie avait entr'ouvert son fichu. Ils cherchaient un endroit frais du jardin. Partout il faisait étouffant. Auprès du petit bassin, ils s'assirent. La pierre brûlante de la margelle entourait un cercle de vase sèche et craquelée. La rocaille y semblait cuire. Le Triton paraissait comme abasourdi et stupéfait. Il était tout tacheté de gouttes de soleil mouvantes sur sa peau de métal. Nicolas toucha du doigt le cou de Julie. Une tiède moiteur le nacrait. Elle regardait sournoisement son cousin à travers ses cils mi-clos. Il était pâle et ses mains tremblaient. Parfois la vase durcie se fendillait avec un bruit sec. On respirait une odeur douce et fade de feuilles chaudes et de terre brûlée. Ils suffoquaient, et Julie proposa d'aller se reposer à la bibliothèque. Ils revinrent par le potager. Julie, en passant, cueillit à la treille quelques grappes de raisin.

Ils longèrent le parterre d'eau et passèrent sous les fenêtres de Mme de Galandot sans s'apercevoir que la vieille dame les regardait derrière la vitre. La porte de l'appartement était ouverte, Julie y jeta un coup d'œil à la dérobée. Sa tante dormait sur son fauteuil. Elle ronflait même, ce qui la fit rire.

La bibliothèque où ils entrèrent était, en effet, fraîche et sombre à cause des volets clos. Il y avait juste au milieu une grande table de marbre florentin où l'on voyait représentés en mosaïque des fleurs et des fruits. Julie posa ses grappes sur un des coins. Nicolas, tombé assis dans un fauteuil, ne disait rien et suivait des yeux Julie qui rôdait çà et là. Quand elle s'éloignait, il l'apercevait dans un demi-jour bleuâtre et velouté. Le bruit léger de ses pas le faisait tressaillir et il fermait les yeux doucement et longuement.

Julie s'était assise à l'un des angles de la table de mosaïque. Elle y promenait ses mains et parfois se penchait pour y appuyer ses lèvres chaudes. Puis elle s'y étendit de toute sa longueur et resta immobile dans un allongement voluptueux.

Brusquement elle se rassit. Ses doigts rapides palpèrent son corsage entr'ouvert qu'elle dégrafa complètement et, d'un mouvement coquet des épaules, elle se défit des manches courtes. Elle était en corset, le cou et la gorge nus, ses petits seins fermes, blancs et frais, à l'air.

Alors elle se coucha de nouveau. Soutenue sur

ses coudes, elle s'amusait à faire toucher au marbre les pointes de sa gorge. A chaque contact, une agréable fraîcheur se répandait dans son corps; elle la ressentait surtout entre ses deux épaules.

Lasse de ce jeu, elle se tourna sur le dos, prit une des grappes et commença, un à un, à en manger les grains.

Elle mangeait lentement, avec délicatesse et gourmandise. Elle tenait le raisin haut devant elle. Chaque mouvement de son bras élevé et ramené à sa bouche laissait voir l'ombre blonde de son aisselle.

La grappe diminuait peu à peu, et bientôt Julie ne garda plus à la main que le vert squelette végétal en sa structure délicate où chaque grain arraché laissait comme une goutte d'eau ambrée et liquoreuse.

Un dernier grain restait; elle le prit entre ses doigts et, avec un rire hardi, le lança à Nicolas qu'il atteignit au visage.

Il s'était levé du fauteuil, très pâle. Julie ferma les yeux. Elle sentait sur sa peau un souffle haletant, des lèvres sur sa bouche, une main à ses seins; une autre plus hardie et plus intime, qui s'embarrassait dans les plis du jupon, atteignait la chair de la cuisse et montait tremblante et froide avec un léger chatouillement d'ongles... Puis tout à coup elle ne sentit plus rien et regarda.

Dans le cadre de la porte grande ouverte, Mme de Galandot se tenait debout. Elle lui sembla d'une taille inusitée, comme si sa haute coiffure à l'ancienne mode touchait presque le plafond, puis elle se rapetissa et Julie la vit à trois pas d'elle, immobile. Elle entendait Nicolas claquer des dents.

D'un souple coup de reins, elle s'assit sur la table, les jambes pendantes. Elle touchait par contenance le bout rose de son sein d'un air attentif et indifférent. Sa jupe retroussée découvrait sa cuisse nue. Quand elle eut sauté sur le carreau, elle hésita un instant, fit la moue, regarda alternativement sa tante et son cousin, puis, éclatant de rire, passa devant Mme de Galandot, la salua d'une révérence et s'esquiva, non sans entendre, en fermant la porte derrière elle, le bruit, sur la joue du fils coupable, du sonore, vigoureux et solide soufflet maternel.

XIII

Alors Nicolas de Galandot, ahuri et effondré, assista au terrible spectacle de sa mère forcenée et furieuse. Ce furent d'abord des hoquets de colère, des grondements sans suite, avec des gestes d'énergumène, puis, du volcan de cette fureur, jaillirent des jurements et des apostrophes plus distincts et des mots qu'il ne comprenait pas et qui le terrifiaient d'autant plus.

Quarante ans de décence, d'orgueil et de bon ordre s'écroulaient en ce bouleversement inattendu qui mettait à la bouche de la vieille femme un langage qu'on eût imaginé à peine aux pires harengères et aux dernières des gueuses. Cela lui montait du fond de la mémoire comme une marée d'ordures qui écumait à ses lèvres sa boue saumâtre et corrompue.

C'était la langue qu'elle avait entendu parler à Bas-le-Pré par son père et par son frère, dans les plus laides disputes qui les mettaient aux prises brutalement et dont ils éclaboussaient tout autour d'eux. Le vieux Mausseuil ne se retenait guère pour gourmander devant ses filles leur ivrogne de frère et le réprimander de ses débauches. Il le faisait avec la bassesse de propos la plus crue, sans s'inquiéter des oreilles qui l'écoutaient. Mme de Galandot avait trop entendu dans sa jeunesse ces ignobles querelles domestiques où l'on appelait tout plus que par son nom. Son frère l'avait, à son tour, et pour son compte, poursuivie de toutes les ordures. Le misérable, qui ne respectait rien, ne la respectait pas davantage et la harcelait de ses discours et de ses desseins criminels. Que de fois elle avait dû se boucher les oreilles et repousser des mains brutales et avinées! Irrité de son refus et de son mépris, le cynique drôle prenait plaisir à étaler sous les yeux de sa sœur, sinon en fait, du moins en paroles, l'ignominie de ses goûts, et c'était toute cette vase et tout ce faguenas qui lui remontait aujourd'hui à la gorge par un retour inopiné.

Elle avait revu en son fils ces mêmes mains hardies et scabreuses de l'homme qui cherche son désir, cette face sournoise et convulsive que fait l'approche du plaisir. Elle s'était juré que Nicolas échapperait à la loi vulgaire et commune, et de tout faire pour qu'il en fût ainsi. Et la surprise d'une petite fille déjouait ses plans. Il avait suffi d'un peu de chair vivante et fraîche pour rendre Nicolas un homme comme un autre. Il avait palpé une gorge avec ses mains, flairé l'odeur d'une femme, cherché sur elle à tâtons la place animale du plaisir.

Donc Nicolas était un homme! il était corrompu, lui aussi, de cette sorte de basse ardeur à la satisfaction de laquelle ils subordonnent tout le reste. Des sens étaient nés en lui, et rien n'en arrêterait désormais le cours, ni les règles de l'honneur, ni les principes de la religion, ni aucune considération d'aucune espèce. A quoi avait donc servi l'éducation solitaire qu'elle lui avait donnée? Qu'avaient fait de lui ses soins et ses précautions? « Un larron qui pille mes fleurs, vole mes fruits pour une gueuse, un paillard qui assaille une fille sous mes yeux! Ah! le pendard, le maraud, pouah! » Car dans sa colère elle mêlait tout, et les rapports du jardinier Hilaire et ce qu'elle venait de voir, allant et venant devant Nicolas hébété, oubliant ses années, ses maladies, sa coiffure dérangée dont les mèches grises lui battaient la tempe.

Puis elle pleurait, elle lui parlait presque doucement jusqu'à ce que quelque image vînt lui rendre toute sa fureur. Julie avait sa part d'injures. A chacune Nicolas redoublait de larmes, ce qui exaspérait encore davantage Mme de Galandot. Elle s'emportait contre Julie, puis mêlait à sa rage des propos de théologie. Des mots de Bible, des bribes de psaumes lui sortaient de la bouche avec des paroles de corps de garde et de mauvais lieu. Et les invectives allèrent leur train deux heures durant. Elle marchait sur Nicolas et le secouait durement par l'épaule.

Le soir était venu. Un peu de vent, qui s'était élevé, avait poussé le volet. Mme de Galandot ouvrit l'une des fenêtres; ses mèches grises frissonnèrent. Des parfums d'arbres entraient, Mme de Galandot y reniflait une odeur de péché. Julie l'avait apporté dans ses cheveux, dans sa chair sournoise de petite fille, dans ses habits. Cette odeur avait mûri à l'ombre des arbres du jardin. Maintenant elle occupait l'espace, et Mme de Galandot se bouchait le nez, crachait par terre. Nicolas la regardait avec épouvante et ne reconnaissait plus sa mère dans cette furie au geste brusque, à la voix rauque et enrouée. Il ne la voyait presque plus, car l'obscurité augmentait, et Mme de Galandot continuait à se promener dans l'ombre, d'un pas lourd et trébuchant, silencieuse maintenant et comme abattue par l'excès de sa fureur, tandis que Nicolas tâtait sa joue meurtrie, se mouchait, pensait à Julie et se remettait à pleurer.

Il pleura toute la nuit. Mme de Galandot, en sortant, avait fermé la porte à clé. En vain Nicolas secoua la serrure; il lui fallut bon gré, mal gré, rester là seul et sans lumière. Le château semblait mort. Aucun bruit. Enfin l'aube parut, blanchâtre et farineuse, et Nicolas entendit des pas dans le jardin. Le vieux jardinier Hilaire passa et repassa plusieurs fois sous les fenêtres sans lever la tête. Nicolas, n'osant l'appeler, lui faisait des signes désespérés.

Le jour grandissait rapidement au ciel tout rose d'aurore. Nicolas, en se penchant, pouvait voir par-dessus les toits des communs un coin de l'avant-cour du château. Les pavés gris, roses et bleus luisaient de rosée. Comme au jour de l'arrivée de Julie, deux gros pigeons s'y promenaient. Il reconnaissait leur col nuancé, leur rengorgement et leur démarche pattue. Il les suivait des yeux. Un troisième vint se poser auprès des deux premiers.

Tout à coup, ils s'envolèrent de concert comme si on les avait troublés. Nicolas entendit un bruit de roues, le grelot d'un attelage paysan qu'il ne voyait pas. La voiture devait être arrêtée dans un autre coin de la cour. Un bruit de sabots râclait parfois le pavé, une sonnette tintait. Les pigeons reparurent, ils étaient en nombre et picoraient activement; puis ils se groupèrent et s'envolèrent ensemble d'une seule bouffée. L'angle de pavés resta vide sous le soleil.

Nicolas de Galandot s'agitait. Ses larmes recommençaient à couler sur sa longue figure. Julie traversa d'un pas alerte le petit espace découvert. Il distinguait parfaitement ses traits. Il revit sa figure insouciante et fraîche. Elle était habillée comme la veille. Hilaire la suivait. Elle disparut, un grelot sonna, des roues grincèrent, un coup de fouet retentit dont Nicolas crut ressentir au visage la cinglante lanière.

Il passa la journée à la fenêtre sans quitter des yeux ce petit angle de la cour pavée où il venait de voir Julie pour la dernière fois. Il ne toucha à aucun des repas qu'on lui servit sur la table de mosaïque et resta trois jours enfermé dans la bibliothèque.

Le soir du troisième jour, Hilaire vint le chercher et le conduisit, sans mot dire, dans l'appartement de Mme de Galandot où la vieille servante lui recommanda d'entrer doucement. Sa mère était au lit. Elle le regarda sans le reconnaître, les yeux tournés, le visage décomposé et la bouche tordue, sans voix et sans mouvement. Il apprit des servantes qu'on venait de la relever ainsi tout à l'heure, tombée le nez sur le carreau.

Nicolas remplit la chambre de cris et de lamentations, s'arrachant les cheveux et se frappant la poitrine jusqu'à l'arrivée du médecin qu'on envoya chercher ; en attendant, le curé de Pont-aux-Belles était venu pour les sacrements et avait procédé aux onctions. On n'avait pas pris le temps d'aller jusqu'à la ville. Hilaire avait rencontré en route M. Pordubon, de Saint-Jean-la-Vigne, qui faisait sa tournée, monté sur sa mule, et l'avait amené faute de mieux. Il était âgé et bavard, mais pas trop ignorant. Il saigna.

Mme de Galandot ne mourut pas. La secousse qu'elle avait ressentie la tint entre deux pendant plusieurs semaines et elle ne sortit de là que percluse, sans l'usage de ses membres, mais la tête intacte, et, par malheur pour Nicolas, ayant retrouvé avec ses sens toute la rancune de son grief. Les représailles en furent terribles. Mme de Galandot ne cessait de reprocher à Nicolas ce qu'elle appelait sa faute, de lui en ressasser l'ignominie et la bassesse. Le pauvre garçon y prit le sentiment d'être un grand pécheur et vécut dans l'accablement de son opprobre. Par un raffinement extraordinaire de casuistique, elle lui interdit de s'en confesser, prétendant que le pardon pouvait lui en prétexter l'oubli et qu'il n'en trouverait la véritable pénitence que dans le suspens continuel où elle le tenait au-dessus de l'enfer.

Que de fois, assis au chevet du grand lit à colonnes où reposait sa mère, dut-il subir l'interrogatoire des circonstances et du détail de son péché ! La terrible femme s'acharnait à ce souvenir cuisant, et c'était lamentable ce visage attentif, en ce corps immobile, écoutant pour la centième fois le récit de l'aventure. Elle le pressait de questions, jamais désarmée par la naïveté ou par la soumission du malheureux. Sans compter que ces entretiens renouvelaient sa colère. Son corps inerte ne pouvait l'aider à l'exprimer ; elle passait toute sur son visage en contorsion et, par sa bouche, en reproches, en injures, en soupçons, si bien que cette chambre de malade s'emplissait de propos acariâtres et violents et du honteux litige de ce débat sans fin où se discutait la façon dont Nicolas avait agi à l'endroit d'une fillette sensuelle et sournoise.

Pendant ce temps, Julie était loin. Le vieil Hilaire l'avait ramenée au Fresnay avec une lettre où Mme de Galandot exigeait le mariage, sans délai, de la jeune fille et, pour y aider, la dotait de dix mille écus à condition que l'affaire fût prompte. Elle ajoutait : « Je n'ai point voulu la mettre au couvent ni souiller de sa présence une maison de Dieu. »

M. et Mme du Fresnay qui, depuis la découverte du livre et de la gravure, vivaient dans les transes, ne furent qu'à moitié surpris de l'esclandre. Ils jugèrent que le mieux était de marier Julie et, pour cela, de profiter du don de Mme de Galandot. Eux n'y pouvaient rien ajouter, leur bien consistant en usufruit. Après s'être consultés, ils proposèrent à Julie deux partis. Mais ils faillirent tomber des nues quand elle déclara vouloir épouser le gros Portebize. Après s'être récriés, ils pensèrent d'un commun accord qu'il lui revenait après tout de réparer le mal qu'il avait fait. On écrivit donc à Gros Ami. En attendant sa réponse, Julie ne montrait aucun embarras. Portebize accepta la fille et les écus. Le mariage se fit en novembre au Fresnay. Les époux partirent le jour même pour Paris et on n'entendit plus parler d'eux.

M. du Fresnay retourna à ses instruments et Mme du Fresnay à ses sucreries; mais, souvent, le soir, quand M. Le Melier venait les visiter, il les trouvait le cœur gros et les larmes aux yeux. Le temps passa; ils vieillirent. M. Le Melier mourut d'une morsure envenimée qu'un chien de la ferme lui fit, une fois qu'il retournait à pied chez lui, la nuit. Le son nocturne de la vielle avait irrité la bête.

Mme du Fresnay, quelques mois après, tomba malade et ne se releva pas. M. du Fresnay languit et on finit par le trouver étendu mort dans le pavillon de musique. Les contrebasses et les violoncelles le regardaient curieusement; comme on était en été, la porte du pavillon était ouverte et un vent léger feuilletait d'un doigt invisible les pages de la sonate étalée encore sur le pupitre.

Cette mort advint presque en même temps que le décès de Mme de Galandot, le tout en 1749. Trois ans après l'affaire de Julie, Nicolas se trouva seul à Pont-aux-Belles. M^e Le Vasseur, qui régla la succession, lui apprit que, grâce aux économies de sa mère, il était un des plus riches seigneurs du pays.

Quoi qu'il en fût, Nicolas continua à vivre à Pont-aux-Belles comme par le passé. Il ne chercha ni à en sortir, ni à retrouver Julie. Il resta ainsi plusieurs années. Son existence était la plus régulière du monde. Il ne voyait personne.

Les deux vieilles servantes de Mme de Galandot trépassèrent l'une après l'autre. Le vieil Hilaire demeura seul. Il avait abandonné ses jardins pour la cuisine et cuisait les œufs que M. de Galandot allait chercher lui-même à la basse-cour. Il tirait du village le pain et le peu de viande qu'il ajoutait à ce repas. Le tout ne coûtait pas à Nicolas plus de douze ou quinze cents livres par an. Cela alla ainsi jusqu'à la mort du vieil Hilaire, c'est-à-dire sept ans, jusqu'en 1756.

Une fois le bonhomme enterré, Nicolas, qui avait suivi jusqu'au cimetière son dernier serviteur, revint vers Pont-aux-Belles. Il marchait doucement, la tête basse. Il rentra dans les jardins par la petite porte qui donne sur la route et ouvre non loin du miroir d'eau. On était en mars ; les arbres se reflétaient nettement ; l'un d'eux portait un nid de pies à une fourche de ses branches nues. Le petit bassin était rempli. Le Triton humide luisait. Il avait plu. De grandes flaques miroitaient dans les allées ; les pas marquaient profondément au sol détrempé comme si la terre, au passage, eût voulu conserver quelque chose du passant. Nicolas s'arrêta devant un banc adossé à un treillage rompu.

Il regarda longuement la futaie. Les troncs se dressaient droits et lisses. Le lierre tapissait le sol de sa verdure métallique.

M. de Galandot était devant le château. Entre les deux parterres d'eau, la borne de pierre du cadran solaire. Toutes les fenêtres de la façade étaient closes de leurs volets fermés, hors celles de la bibliothèque qui restaient ouvertes. Quand il rentra, ses pas résonnèrent dans le vestibule. Il descendit d'abord aux cuisines. Les murs frustes soutenaient la voûte nue. La grande cheminée s'ouvrait comme un porche. Des toiles d'araignées pendaient aux tournebroches. Les casseroles s'alignaient auprès des coquemars et des chaudrons. Çà et là de larges bassinoires de cuivre rouge ou jaune. Il y avait sur une table un vieux couteau et un panier avec quelques œufs.

M. de Galandot s'approcha de la cheminée. C'est là qu'on avait cuit pendant quarante ans ce qu'il avait mangé chaque jour. Les grosses bûches avaient brûlé là pour la table plantureuse du feu comte; la braise y avait chauffé le frugal ordinaire de sa mère. Dans un coin, un petit tas de cendres restait encore du feu modique où le vieil Hilaire faisait durcir les œufs.

Nicolas allait de pièce en pièce. Le plus souvent, il ouvrait la porte, regardait sans entrer et enlevait la clé de la serrure. Il en eut bientôt à la main un gros paquet. Il y avait là celle de la chambre où il avait dormi, celle de l'appartement où sa mère était morte. Il y avait pénétré sur la pointe des pieds. Le grand lit à colonnes était à la même place. Il traversa la droguerie. Les bottes d'herbes sèches s'émiettaient au plafond et tombaient en poudre. Les flacons, les fioles, les bouteilles grisonnaient sous la poussière. L'encre des étiquettes s'effaçait jaunie. Une odeur officinale prenait à la gorge.

Dans la bibliothèque où il passait ordinairement les journées, il s'assit sur le fauteuil et resta près d'une heure immobile ; puis il se leva, ferma un livre ouvert qu'il remit à son rang. La basque de son habit frôla en passant l'angle de la table de mosaïque. Il sortit, ferma la porte et descendit l'escalier.

Il descendait lentement, marche par marche, une main à la rampe de fer forgé, l'autre portant l'ample trousseau. Dans le vestibule, il prit sa canne, se coiffa. Une fois dehors, il tira à lui le lourd battant. La grosse clef grinça.

Il les tenait toutes maintenant à sa main. Chacune enfermait un peu de son passé ; elles étaient toutes là, petites ou grandes, polies ou rouillées ; une seule y manquait qu'il n'avait sans doute pas osé aller prendre à sa serrure, au bout du corridor, celle de la chambre où avait dormi Julie de Mausseuil...

M. de Galandot fit à pied les cinq lieues qui séparent Pont-aux-Belles de la ville. Il y arriva vers le soir et heurta droit à la porte de M° Le Vasseur, avec qui il s'entretint en secret et assez longuement. La poste pour Paris passait vers neuf heures. Il monta dans la rotonde, s'assit, mit sa canne entre ses jambes, croisa ses mains sur la béquille et y appuya son menton. Les chevaux tirèrent ; le fouet du postillon claqua et M. de Galandot se trouva en pleine nuit, roulant au galop sur le pavé du roi.

DEUXIÈME PARTIE

UN SOUPER AVEC L'ABBÉ HUBERTET

I

M. Laverdon était un homme important. On s'accordait à lui reconnaître de la mine, de la tournure et même du raisonnement, car il accommodait quelques-unes des meilleures têtes de Paris. Il ressentait vivement l'honneur qu'elles lui faisaient en passant par ses mains, qu'il avait belles et dont il prenait grand soin, disant qu'elles étaient l'outil même de son métier. Son mérite lui valait une clientèle illustre et considérable. Il se targuait de connaître les hommes et se prétendait philosophe. On lui en cédait la prétention, car personne ne savait mieux que lui disposer avantageusement une perruque, la boucler, la friser ou la rouler. S'il prenait quelque vanité de son adresse, il en tirait encore davantage de l'emploi qu'il lui avait été donné d'en faire ; et il énumérait avec complaisance les plus notables coiffures de sa longue carrière.

Entre elles, il en distinguait quelques-unes de particulièrement considérables et qui, selon son expression, importaient au salut de l'Etat. C'est ainsi qu'il rappelait volontiers qu'il avait eu l'honneur de coiffer de tout temps M. le maréchal de Bonfort dont les défaites célèbres assurèrent le rang et établirent la renommée, et que M. le chancelier de Valbin n'aurait point voulu laisser à personne autre le soin de l'accommoder aux jours de cérémonie. Comme tous les bavards, M. Laverdon avait son anecdote de prédilection. Elle touchait à M. le duc de Tardenois qui l'avait fait appeler un matin et qui fut ministre le soir, dura sept ans, jusqu'à la lettre de cachet qui l'exila en ses terres pour où partant il fit attendre son carrosse, malgré l'ordre pressant du roi, tant que Laverdon n'eut point fini de le poudrer et de le mettre à point.

Si M. Laverdon prenait vanité de ces hautes circonstances, il en était de moins publiques dont il se souvenait volontiers, et son peigne, pour avoir été au service de l'histoire, n'en restait pas moins au service de l'amour.

Il prisait sa clientèle d'hommes à la mode. Leurs bonnes fortunes le rendaient fier. Il les suivait d'un regard ému et s'en tenait fort au courant.

C'est en cette galante compagnie qu'il rangeait le jeune M. de Portebize. « Je ne crois pas qu'il aille bien haut dans la gloire », disait-il, « mais il ira loin dans l'amour »; aussi mettait-il grand soin à le contenter, encore qu'il fût récent à la ville, sans aucune aventure marquée qui l'eût pu mettre en valeur, mais il augurait bien de lui, le jugeant jeune, bien tourné et passablement riche.

Si M. Laverdon aimait l'argent chez les autres, il ne le dédaignait pas pour lui. A l'aise, et tout en demeurant à son rang, il entendait le bien tenir. Il s'habillait avec recherche et décence et portait au petit doigt un solitaire de fort bonne taille.

C'était dans ce costume que M. Laverdon se tenait debout, ce jour-là, au dossier du fauteuil où François de Portebize était assis, en peignoir, à sa toilette. M. Laverdon tournait autour de lui, ajustait une boucle, clignait de l'œil; puis il recula de trois pas. Il ne restait plus qu'à poudrer.

Laverdon y excellait. Certes ses perruques étaient bonnes et du meilleur goût, mais sa poudre surtout était incomparable. On reconnaissait un homme poudré par Laverdon à je ne sais quoi de discret et d'audacieux, de subtil et de hardi, d'improvisé et de définitif.

M. de Portebize se tenait le visage caché dans un long cornet de carton. Il attendait. M. Laverdon rôdait à pas furtifs, sa boîte à la main, la houppe levée.

Ce fut d'abord un voltigement impalpable. La perruque blonde blanchit légèrement. Laverdon allait et venait, tantôt avec de grands gestes, tantôt avec de petits mouvements. Ses escarpins craquaient. Un nuage blanc s'épaississait peu à peu, odorant et mobile; la grosse houppe y produisait des tourbillons.

Lentement, délicatement, la nuée en suspens ratombait et finit par se dissiper dans un silence sans lequel M. Laverdon eût craint sans doute de troubler cette magique opération. Puis, sur la pointe des pieds, il alla vers la toilette, y prit un petit miroir dont il essuya du coude la glace saupoudrée et, mystérieusement et à voix basse, dit un mot à l'oreille de M. de Portebize qui, le nez hors du carton, se leva et laissa tomber son peignoir, tandis que M. Laverdon, après avoir salué, s'esquivait, l'air encore tout pénétré du prodige qu'il venait d'accomplir.

François de Portebize restait toujours debout, le miroir à la main, et s'y regardait avec complaisance. Son visage soigneusement rasé lui parut agréable par sa peau fraîche et son teint vif. Il le jugea digne de plaire aussi bien aux autres qu'à lui-même, d'autant plus que son habit était du bon faiseur et sa coiffure réussie. Depuis son arrivée à Paris, il se sentait parfaitement heureux.

Sa mère avait refusé de l'y suivre et de quitter la solitude de Bas-le-Pré. Elle alléguait ses habitudes d'une vie rustique et tranquille; de même, elle repoussa l'offre d'habiter Pont-aux-Belles où elle eût trouvé, en même temps qu'un séjour propre à ses goûts, des commodités de toutes sortes, tant en appartements qu'en jardins, que son fils proposait de faire remettre en état si elle voulait leur faire l'honneur d'en user à sa convenance. Il était encore tout plein de sa visite d'héritier à Pont-aux-Belles d'où il était venu droit à Bas-le-Pré et ne cessait de vanter à sa mère les avantages et les agréments du lieu, quand elle l'interrompit dans sa louange.

— « Ne me parlez pas de cet endroit, Monsieur, lui dit-elle; je le connais d'avant que vous soyez né et ne me sens aucun désir de le revoir, même vide des sots qui l'habitaient. Votre grand-oncle Nicolas était du nombre et sa sotte mère aussi. Leur souvenir m'en gâterait le séjour et je reverrais toujours le spectre de cette vieille dévote et la mine de son jeannot de fils. Je me demande encore ce que pouvait bien lui avoir appris son précepteur, une sorte de gros abbé qui était là quand j'y vins petite et qui s'appelait, je crois, Hubertet. Il s'est, dit-on, par la suite, acquis quelque réputation dans les sciences.

« Mais tout cela date de bien loin, Monsieur », avait ajouté Mme de Portebize en posant sur son assiette l'aile d'une volaille que servait sur un grand plat Jean, le petit laquais, dont les doigts rouges se cramponnaient au rebord de la faïence.

M. de Portebize avait bien essayé de revenir sur le compte de M. de Galandot, mais sa mère y avait coupé court :

— « Laissons cela, Monsieur, et laissez-moi vous dire que votre oncle ne m'intéresse point et que nous en savons la seule chose qui nous puisse importer, puisqu'elle vous concerne. Il a fait, en mourant, ce qu'il pouvait faire de mieux, puisque sa mort fait de vous un seigneur d'importance. Et il me semble même, puisque nous en sommes là, que vous tardez bien à jouir de votre nouvelle fortune, car vous ne pensez pas employer les loisirs qu'elle vous donne à tenir compagnie à une vieille femme de province qui vit à la paysanne du produit de sa terre et du fruit de son jardin, non plus qu'à vous casser la tête au sujet d'un bonhomme que vous n'avez jamais vu. Vraiment, mon fils, vous vous embarrassez là de soins inutiles. Pour ce qui m'en regarde, je vous tiens quitte. Mais reprenez de cette volaille. Elle est cuite à point et le petit laquais vous la va repasser pendant qu'elle fume encore. Elle vient d'une de vos fermes; c'est là que je l'ai fait prendre, car les miennes n'en nourrissent pas de pareilles et les domaines qui vous échoient de M. de Galandot valent mieux que ceux dont vous hériterez jamais de moi. »

L'oncle Galandot laissait en effet de fort bonnes terres, mais moins d'écus comptants qu'on y eût pu compter. M. Lobin, successeur de M° Le Vasseur, en avait averti M. de Portebize, quand celui-ci le vint voir au sujet de la succession de son oncle. Le notaire lui apprit que M. de Galandot, après de longues années d'économie et une épargne considérable, l'avait presque entièrement dissipée sur la fin de sa vie en sommes à lui payées à Rome entre les mains d'un M. Dalfi, banquier. Malgré ces brèches, la cassette contenait encore de beaux deniers et la source en restait intacte. François se fournit du nécessaire, prit congé de sa mère et fit route vers Paris où il débarqua, le cœur léger et les poches pleines.

Son premier soin fut d'acheter une maison. Il

la choisit rue des Bons-Enfants, proche le Palais-Royal, commode et point trop grande. Il en meubla l'intérieur de bons meubles, l'écurie de bons chevaux et la remise de bons carrosses. Son cocher fut gros et robuste, adroit à bien conduire et à éviter les embarras et les bourbiers. Ses deux laquais savaient leur métier. L'un se nommait Basque, l'autre Bourgogne, quoi qu'ils fussent l'un Picard et l'autre Auvergnat. Ils portaient bien la livrée et en montraient les vices ordinaires qui sont la platitude et la friponnerie, la sournoiserie et l'arrogance.

En cet équipage, M. de Portebize battait Paris à son gré, du cours aux boulevards et partout où il lui plaisait d'aller.

Il dormait tard dans un lit moelleux, étonné de ne plus entendre la cloche qui, au dortoir du collège de Navarre, le réveillait dès l'aube, ni la boute-selle qui, au régiment, le mettait debout à l'aurore, les pieds aux étriers, la bride en main, en compagnie de ses amis MM. de Créange et d'Oriocourt.

Tout lui semblait à souhait. D'ailleurs Paris, ce jour-là, était clair et pimpant. Un froid assez vif achevait de sécher la boue. Le soleil brillait. Les rues étaient animées. Il regardait, par les vitres givrées des portières, les carrosses qui croisaient le sien. Il apercevait des hommes élégants et des femmes parées. La disposition de sa journée lui paraissait particulièrement heureuse. Divers achats la devaient occuper. Il imaginait déjà les sourires engageants des jolies vendeuses. Ensuite il se rendrait chez Mme la comtesse de Gurcy qui prétendait avoir des bontés pour lui.

Mme de Gurcy demeurait rue des Filles-Saint-Thomas-du-Louvre. Il rencontrerait sans doute chez elle son amie Mme de Meilhenc qui lui plaisait davantage et à qui il plaisait également, car on s'occupait beaucoup du cœur de M. de Portebize. Il se voyait l'enjeu de coquettes rivales et, sentant sa valeur de nouveau venu, il se marchandait fort et entendait bien ne débuter qu'avec un éclat que Mme de Gurcy n'était pas plus en état de lui offrir que Mme de Meilhenc ne se trouvait en mesure de le lui donner. Du reste, il ne se hâtait point et se contentait avec des filles.

C'est à elles qu'il dut la rencontre du chevalier de Gurcy et ce fut chez elles que les deux jeunes gens, en se retrouvant, tombèrent aux bras l'un de l'autre. Ils ne s'étaient point revus depuis le collège et, de ce jour, ne se quittèrent plus, si bien que le chevalier n'eut de cesse qu'il eût conduit son ami chez sa mère. M. de Portebize fut de la maison et il ne tenait qu'à lui d'être de la famille. Le chevalier trouvait la chose toute naturelle et en plaisantait son ami, qui, malgré les avances marquées de Mme de Gurcy, ne se décidait point.

Toute la compagnie qui venait chez elle remarquait le cas que faisait Mme de Gurcy de M. de Portebize et l'usage qu'elle en eût aimé faire. Il voyait là très bonne société. Il y plaisait. On s'y rappelait sa mère, la belle Julie, et son père, le gros

Portebize ; mais personne n'en vint jamais à lui parler de M. de Galandot, et il savait, par M. Lobin, que son oncle avait passé à Paris plus de dix ans de sa vie. M. de Kerbis, lui-même, ne lui en fit aucune mention, quoique le vieux gentilhomme fût une gazette vivante et tint tablettes, depuis plus de cinquante ans, de tout ce qui concernait la cour et la ville, surtout en généalogie. Sa malice savait sur le bout du doigt les origines de tout ce qui comptait au monde et ne se gênait point pour servir aux gens, à l'occasion, les alliances mesquines et les parentés gênantes. Il venait justement aujourd'hui d'en dire une bonne à M. de Valbin qui ne voyait dans sa maison que feu M. le chancelier qui l'illustra et se taisait sur le Valbin qui vendait des herbes et des seringues, il y a cent ans, au coin de la rue des Trois-Pots, à l'enseigne du Pilon-d'Or.

Le chevalier, qui goûtait peu ces entretiens, avait pris à part François, et ils liaient partie d'aller souper le jeudi suivant chez Mlle Damberville, de l'Opéra, au lieu d'écouter le petit Valbin rouge de colère, qui ripostait à M. de Kerbis par quelque aigre propos que le bonhomme se dispensait d'entendre en faisant le sourd, selon sa coutume, ce qui lui permettait de feindre d'ignorer les bruits qui couraient presque à haute voix sur les frasques de Mme de Kerbis dont les quarante ans grassouillets rivalisaient avec ceux, plus plantureux, de Mme de Gurcy, en combats de minauderies auxquelles M. de Portebize s'obstinait par trop à ne point répondre. Aussi fut-ce sous leurs œillades irritées qu'il prit congé d'elles, sans attendre l'entrée de Mme de Meilhenc qu'il rencontra justement dans l'escalier.

M. de Portebize descendit d'un pas alerte jusqu'au vestibule où il vit au cadran de l'horloge qu'il était encore de bonne heure et qu'il lui restait le temps d'aller faire visite à cet abbé Hubertet dont lui avait parlé sa mère et dont il s'était procuré l'adresse. Il la dit à Basque qui fermait la portière et remontait le marchepied. Les chevaux partirent. Le carrosse passa le Pont-Neuf et, par la rue Dauphine, s'achemina vers la rue Saint-Jacques où demeurait le savant homme.

II

M. l'abbé Hubertet, de l'Académie des Inscriptions, à Paris, et de celle des Arcades, à Rome, commençait à ressentir les atteintes de l'âge, bien qu'il eût conservé dans le sien encore beaucoup des avantages de celui qu'il n'avait plus. A soixante-dix-neuf ans il en paraissait neuf ou dix de moins. Quoique alerte et ingambe, et resté tel par le mérite d'un corps excellent et d'un appétit soutenu, il éprouvait pourtant une certaine lourdeur des membres et supportait moins aisément le poids de toute sa personne. Il trouvait parfois un peu roide à remonter la pente de sa rue et à grimper l'échelle de ses étages quand il revenait de quelque longue course à pied par la ville.

Si la pratique de la vie lui avait fourni la tête de toutes sortes d'idées sur toutes choses, et qu'il tenait en bon ordre, elle avait manqué à lui remplir les poches. Aussi ne possédait-il ni chaise, ni carrosse et il ne comptait guère, pour le mener où il voulait, que sur ses larges pieds chaussés de souliers à boucles et à semelle garnie de clous. Son pas lourd retentissait aux escaliers et se décrottait aux paillassons, car rien n'arrêtait l'abbé, ni la neige, ni la boue, ni aucune intempérie. Il restait imperturbable à la saison et, d'après elle, réchauffé ou rafraîchi par son égale bonne humeur.

Ses collègues des Inscriptions l'estimaient pour cette heureuse disposition, et les amateurs prenaient plaisir à voir dans leur cabinet sa figure s'éclairer à la vue de quelque pièce rare dont il savait vanter, mieux qu'eux-mêmes, le mérite et le prix. Il se connaissait particulièrement en médailles. Sa main semblait réjouie d'en toucher le beau métal numismatique. Il faisait bon le voir, pour en mieux apprécier le relief, pencher sa grosse tête sur sa paume ouverte et courber le dos avec respect et curiosité. Il en possédait lui-même d'assez bonnes et en grand nombre, mais le fait qu'elles lui appartinssent ne lui faisait leur attribuer aucune valeur particulière, sinon celle due strictement à leur perfection ou à leur singularité.

L'abbé Hubertet avait vieilli depuis l'époque où, de Pont-aux-Belles, il partit pour l'Italie à la suite de son évêque. Pendant que M. de la Grangère intriguait aux antichambres et aux sacristies, prêt à mener à bien les affaires du roi dès qu'il aurait assuré les siennes, l'abbé se donnait du bon temps. Il visitait Rome en tous sens. Il s'y lia avec les principaux amateurs d'antiques.

M. Hubertet put ainsi en réunir un assez bon nombre. Mais tout finit, et il fallut revenir. On partit. Rome disparut à l'horizon. M. Hubertet en emportait un grand souvenir. Elle lui apparaissait, avec ses dômes et ses clochers, au milieu de sa campagne déserte. Des voies pavées la parcourent ; de longs aqueducs la traversent de leurs enjambées de pierres, et on croit entendre le pas éternel de leur marche gigantesque et immobile.

Le retour fut morose. Il fallut subir en route les dépits et les plaintes de M. de la Grangère et de ses ambitions déçues. L'évêque garda de son échec une plaie et une aigreur d'esprit dont se ressentit cruellement son diocèse et dont lui finit par mourir.

L'abbé Hubertet, pour sa part, semblait ne point se lasser de vivre. Avec l'âge son embonpoint naturel s'accrut jusqu'à l'obésité. Ses jambes courtes travaillaient à porter son gros ventre. Son quadruple menton retombait sur son rabat ; mais, malgré sa panse et sa lippe, il n'en restait pas moins de sens clair et prompt. Il avait conservé ses habitudes laborieuses. Sa corpulence tonnelait une malice de vin vieux, une odeur de bon cru. Sa bonhomie fleurait fin.

Il devait sa graisse plutôt à une disposition de nature qu'à une existence particulièrement sédentaire. Ses longs voyages ultramontains l'habituèrent à supporter le froid et le chaud en toutes leurs intempéries.

Partout il vécut sainement et gaillardement et sans que les moustiques même entamassent la peau qui tendait ses larges joues. « Je leur pardonnais, disait-il, car ils me rappelaient assez bien ce que j'étais moi-même. Je m'y comparais volontiers et, tout en chassant de la main leur vol importun, j'en excusais l'insistance. Nous les haïssons à tort pour leurs bourdonnements et leurs piqûres. Nous attribuons une tracasserie exaspérante à ce qui n'est que la suite de leur instinct. Ils cherchent en notre sang la substance de leur vie et l'énergie ailée qui la rend heureuse, mobile et, si l'on peut dire, universelle. Ils font ce que je fais. Mon esprit bourdonne comme eux sur toute chose, y revient, la guette, l'environne, s'y obstine, s'en nourrit et promène en son vol léger sa curiosité continuelle. »

L'abbé Hubertet disait vrai. Né curieux, il le resta avec un goût toujours nouveau et toujours durable pour le spectacle des choses. Leur répétition quotidienne ne le lassait point.

Une fois son travail achevé, il descendait, d'habitude, des hauteurs de son quartier vers quelque point de la ville choisi d'avance ou qu'il laissait le plus souvent au hasard le soin de déterminer pour lui.

L'abbé Hubertet était un promeneur infatigable. Il marchait à son pas et s'arrêtait à son gré, sans aucune honte à rester planté là, pour peu que l'envie lui avait pris. Il regardait les passants et les boutiques. Toutes choses ont des rapports imprévus.

C'est ainsi que le fruitier, derrière son étalage, lui apparaissait plaisamment, comme un marchand de masques en plein vent. La mine allongée des poires n'y voisine-t-elle point avec la face joufflue des pommes ? Les coings ne portent-ils pas sur la joue un duvet de jouvenceaux ? L'aubergine a la trogne vineuse d'un vigneron. La pêche offre son son fard de grande dame. La citrouille représente le Grand Turc lui-même. Les fruits grimacent, ricanent, sourient, et l'abbé se plaisait à considérer que la nature déguise en leurs nombreux visages sa figure invisible qu'ils diversifient de la leur.

Et il marchait en philosophant de la sorte à sa façon. Une grande rumeur montait de tant de bruits divers où se mêlaient le grincement des roues et le claquement des fouets, et tout ce murmure qui est comme la respiration même de la cité, et dont il aimait à se sentir un des souffles passagers.

L'abbé Hubertet aimait Paris et tout ce qui pouvait contribuer à l'embellir et à l'augmenter. Chaque maison qu'il voyait bâtir le réjouissait. Il prisait la bonne entente des échafaudages. La scie du tailleur de pierre, le rabot du menuisier, le maillet du charpentier étaient doux à ses oreilles. La truelle du maçon gâchant son plâtre lui caressait l'ouïe. Certes, il estimait les arts de la peinture et les toiles où les peintres représentent des nymphes et des dieux, mais il ne méprisait point ce que de plus humbles artisans tracent d'un pinceau naïf sur les enseignes de la rue et où ils figurent de leur mieux l'image des industries et des professions dont ils signalent à tout venant la présence et la nature.

L'abbé ne dédaignait rien. La promenade des Remparts valait à ses yeux celle de la Râpée. Il descendait la Courtille du même pas que le Cours-la-Reine et regardait l'eau couler aux fontaines, pensant que nos jours n'ont guère d'autre but qu'elle. Ils emplissent notre mémoire de leur fluide transparence et en font comme un frais bassin où nous buvons avec elle les mirages que notre vie y reflète.

Avec cela, pour rien au monde, l'abbé Hubertet n'eût manqué aucune des cérémonies qui sont les fêtes publiques de la cité. Il était au premier rang les soirs de feux d'artifice où l'on respire cette bonne odeur de poudre qui, même pacifique, flatte l'odorat populaire.

Il se mêlait volontiers à la foule, pour écouter avec soin les propos qui se tenaient autour de lui. Il en savourait la verdeur et le pittoresque et l'attrait d'y retrouver, plus crues et comme toutes neuves, les images qui commencent par courir la rue avant de chercher logis et d'acquérir état dans la langue qui plus tard les épure et les poinçonne. Il estimait ce fond fruste et trivial du langage; aussi disait-il assez bien que l'effigie commune d'une monnaie n'empêche pas la bonté de son métal, qu'il faut prendre à la vie de toutes mains, que le gros sol du faubourg a sa vertu propre non moins que la plus fine médaille d'Agrigente et de Syracuse. De sorte que l'abbé, par principes, mêlait volontiers en ses propos le langage des écoles à celui des halles. Il eût pu dîner, selon l'occurrence, chez Lucullus ou chez Ramponneau, aux Porcherons ou à Tivoli. Quand il avait discuté doctement avec ses collègues de l'Académie quelque point de science ou d'histoire, il se plaisait, au retour, à voir charger un chariot ou démarrer un fardier et, tout en soufflant, il remontait la pente de sa rue en se remémorant une ode d'Horace ou le juron d'un ivrogne rencontré.

III

Le carrosse de M. de Portebize rabotait le pavé de la rue Saint-Jacques. Les chevaux tiraient sur les traits. La mèche du fouet touchait en voltigeant leurs croupes lisses et sensibles où l'effort tendait les muscles. Enfin les deux bêtes s'arrêtèrent et M. de Portebize descendit. La maison était de petite apparence et de façade étroite, haute avec ses trois fenêtres par étage. Une sorte de couloir humide conduisait dans une cour carrée de médiocre étendue. Au bas d'un escalier jouait une fillette déguenillée.

— « Est-ce bien ici que demeure M. l'abbé Hubertet ? » dit M. de Portebize.

La fillette ne répondait pas. Elle n'était point laide, mais ses joues fraîches et barbouillées luisaient toutes crues dans son visage. Elle fit le geste de les protéger d'une de ses mains contre un soufflet, tandis que de l'autre elle cachait une lettre derrière son dos.

A peine engagé dans l'escalier, M. de Portebize s'entendit crier :

— « M. Hubertet, c'est tout en haut à la porte peinte. »

La porte de l'appartement de M. l'abbé Hubertet présentait un aspect assez singulier. Elle était colorée en rouge brun et, au milieu du panneau, montrait, dessiné assez grossièrement, un masque antique. Sa grosse face, aux yeux en boule et au nez camard, riait, du vermillon aux joues. La grotesque figure faisait judas. On pouvoir voir du dedans par sa bouche grillée. La porte d'ailleurs était entr'ouverte. M. de Portebize, sans autre façon, donna du poing dans le nez du mascaron et se tint sur le seuil sans entrer.

On apercevait une assez vaste pièce carrée. Le carreau luisait. Des livres sur des rayons de bois garnissaient les murs de haut en bas. Une petite odeur d'oignon avertissait l'odorat que la cuisine n'était pas loin et que la nourriture du corps voisinait avec celle de l'esprit. L'appartement devait être assez resserré puisque les parfums du fourneau pénétraient jusque dans la bibliothèque. M. de Portebize fit quelques pas et se mit à regarder autour de lui.

Au bas des murs s'alignaient des fragments de vieilles pierres. On trouvait là des débris de chapiteaux où se distinguait encore la volute d'une acanthe, des morceaux de statues et d'autres restes de sculpture et, dans un coin, debout, en sa corpulence élégante, une grande urne de bronze verdâtre. M. de Portebize, de la pomme de sa canne, frappa la panse rebondie du vieux vase, il en sortit un son mélangé de cloche et de chaudron auquel M. de Portebize s'attendait à voir apparaître quelque servante bougonne ou quelque bedeau crasseux.

On venait au bruit. C'était une fort jolie personne de quinze ans, brune et vive. Un fichu se nouait à sa taille mince. Son bonnet blanc coiffait une mine spirituelle et naïve. Une courte jupe ronde laissait voir ses pieds chaussés de mules sur un bas à coins. Elle tenait à la main un médailler et un chiffon de laine. Elle fit une belle révérence à M. de Portebize.

— « Est-ce que M. l'abbé Hubertet n'est point chez lui?

— Non, Monsieur, il est sorti, mais je ne crois pas qu'il tarde à rentrer. »

M. de Portebize la regardait, surpris de sa jeunesse et de sa beauté. « Ce diable d'abbé Hubertet, se disait-il, doit bien avoir au moins soixante-quinze ans, mais cette petite gouvernante est tout de même inattendue. L'usage les veut laides et vieilles et celle-ci n'est ni l'un ni l'autre. Point; elle est charmante; les plus jolis pieds du monde et des yeux à vous mettre à ses pieds. Le bon abbé a dû jadis aimer la cotte et je gage qu'il a dû enseigner de curieux principes à feu mon digne oncle Galandot. »

— « Monsieur semble contrarié de ne pas trouver au logis M. l'abbé Hubertet. Il ne le faut point. Si monsieur veut voir le cabinet, je saurai le lui montrer. »

Certes, M. de Portebize ne se sentait en venant aucune envie d'admirer des médailles rouillées, des vases peints, des colliers de bronze et tout ce qui composait le cabinet de M. Hubertet. L'abbé était riche en antiques d'assez bon choix. Ils remplissaient tout son appartement qui consistait, outre la bibliothèque, en deux autres pièces et en un réduit où couchait M. Hubertet dans un grand lit de cotonnade rouge dont le haut édredon semblait une allusion à la protubérante personne du dormeur.

M. de Portebize regardait avec distraction les objets que lui désignait la jeune fille. Elle l'intéressait beaucoup plus qu'eux. Comme il commençait à faire sombre, elle avait allumé un bougeoir dont elle les éclairait. Elle allait ainsi, familière et vive, puis courait à la porte, disant : « Ah! j'entends le pas de M. l'abbé », pour revenir ensuite vers M. de Portebize.

— « Faites excuse, Monsieur, j'ai bien cru que c'était lui. Mais il est si lambin, le cher homme ! Une fois dehors, il va, il va... Sans compter qu'il s'arrête pour parler au premier venu. C'est comme cela, du reste, que je l'ai connu. J'étais toute petite. On m'envoyait chez la laitière. Je rapportais mon petit pot. Mais je ne revenais pas tout droit et je courais avec les polissons du quartier. Je posais mon pot à terre. C'est ainsi qu'un gros chien qui passait s'avisa une fois de boire le lait. Je n'osais plus rentrer et je pleurais sur la borne devant ma cruche vide. Je serais restée là jusqu'au jugement sans l'abbé Hubertet qui me ramena par la main chez mes parents. »

Au bout d'assez peu, M. de Portebize sut beaucoup de choses sur elle-même par Mlle Fanchon : que l'abbé Hubertet avait fini par prendre chez lui, l'orpheline, et qu'elle y demeurait depuis six ou sept ans, son père et sa mère morts. Et M. de Portebize admirait que la petite laitière fût devenue cette agréable personne debout devant lui, qui babillait si gentiment tout en courant de temps à autre à l'escalier voir, par-dessus la rampe, si M. l'abbé ne se montrait point.

M. de Portebize se divertissait fort à tout cela et d'une idée qui le faisait sourire à la dérobée. Où pouvait bien coucher Mlle Fanchon ? L'appartement ne contenait pas d'autre lit que celui de l'abbé et M. de Portebize ne pouvait s'imaginer décemment que la jeune fille pût en partager l'oreiller carré et l'édredon rouge avec le respectable M. Hubertet, d'autant plus qu'elle parlait de son vieux protecteur avec une simplicité toute filiale et qui ne laissait rien à penser.

— « Vous ne saurez jamais, Monsieur, combien l'abbé Hubertet fut bon pour moi. Il m'emmenait avec lui à la promenade. Quelquefois il m'oubliait bien dans la boutique d'un libraire, car il était distrait, mais il revenait bientôt m'y reprendre. Quand il me laissait à la maison, il ne manquait guère de me rapporter des cornets de dragées ou des moulins à vent en papier. Je soufflais dessus pour les faire tourner ; alors il riait de voir mes joues gonflées et il semblait s'amuser fort d'entendre les bonbons craquer sous mes dents, et, comme il se défendait quand je voulais l'embrasser avec ma bouche toute sucrée !

— Mais, Fanchon, quand vous étiez petite fille, qui donc vous passait votre robe, vous lavait le visage et vous peignait les cheveux ?

— C'était lui-même, Monsieur ; je le vois encore.

Il apportait une grande cuvette d'eau avec un savon qui moussait. Je criais pour mon nez et mes yeux et je tâchais de sauver mes oreilles. Puis il prenait mes mains dans les siennes et me les frottait jusqu'à ce qu'elles fussent propres. Il me les regardait jusqu'aux ongles. C'est à lui que je dois le goût de les porter nets, quoique je n'hésite pas à décrasser les vieilles médailles et à toucher aux fourneaux, car M. Hubertet est gourmand et il est bien juste que je lui rende un peu les soins qu'il m'a donnés et que je tâche d'être serviable à ses manies et utile à ses plaisirs. »

M. de Portebize commençait à très bien connaître Mlle Fanchon et tout le détail de sa personne. Il y avait en elle je ne sais quoi de léger, de souple et de fin. Cela formait une sorte de grâce juvénile qui fût aisément devenue voluptueuse, si un air de franchise et de naïveté n'eût répandu sur elle la charmante fraîcheur de l'innocence qui empêchait véritablement de prêter aucun faux sens à ses propos et de se demander ce qu'elle entendait au juste par les plaisirs de l'abbé.

Mlle Fanchon, durant les absences de M. Hubertet, avait souvent répondu aux visiteurs, mais il s'en trouvait peu d'aussi bonne mine que M. de Portebize; aussi admirait-elle fort les fines dentelles de ses manchettes et l'étoffe brillante de son habit, sans ressentir à cette vue aucun malaise et plutôt flattée de l'attention souriante que le beau gentilhomme prêtait à son minois et à ses discours.

— « Tout de même, mademoiselle Fanchon, votre abbé dut être quelque peu embarrassé de vous dans les premiers temps, car vous n'étiez pas encore grande ménagère, si j'en juge par la façon dont vous laissiez boire le lait par le gros chien?

— Oui, Monsieur, d'autant plus que j'étais peureuse, peureuse... Le premier soir, il me coucha dans la bibliothèque. La chandelle éteinte, je restai les yeux ouverts. Les vieux livres se mirent à craquer ; les souris leur répondirent. Je les entendais trotter menu, çà et là et tout près de moi. Il y en avait une qui grignotait avec ses petites dents fines. J'aurais crié. Enfin, n'y tenant plus, je me lève pieds nus, en chemise, et je me glisse dans la chambre de M. l'abbé où je voyais de la lumière par les fentes de la porte. Il dormait dans son grand lit. Son gros souffle faisait s'abaisser et remonter le drap qui lui venait jusqu'au menton. Je me rassurai à l'écouter ronfler. Le matin, à son réveil, il me trouva blottie dans un fauteuil. J'avais les pieds glacés et, le lendemain, un gros rhume.

— Et qu'a dit l'abbé?

— Le lendemain soir, je trouvai mon petit lit dressé dans un coin de sa chambre. Pour lui faire place, il avait déménagé ses potiches et ses vieilleries. Ah! le bon lit, Monsieur! Je m'y étendais en me faisant bien longue et je m'endormais aussitôt et, si je me réveillais dans la nuit, je me rendormais sans peur. Il y avait au plafond une mèche qui brûlait dans l'huile d'une lampe à trois becs. Quelquefois encore, j'avais peur tout de même ; mais il suffisait de me lever sur mon lit pour voir M. l'abbé dans le sien et être sûre qu'il était bien là sous l'édredon. Les pointes du foulard qu'il se nouait autour du front dessinaient sur le mur deux cornes d'ombre. Ah! Monsieur, je les vois encore!

— Vous les voyez encore, mademoiselle Fanchon?

— Ah! Monsieur, quand j'ai eu treize ans, M. l'abbé m'a mise dans mes meubles. Jugez plutôt. »

Elle avait ouvert une porte assez bien dissimulée par la boiserie, et M. de Portebize aperçut là une jolie chambre, avec des miroirs et un lit drapé.

— « Il m'a dit : « Fanchon, te voilà grande. Tu seras là chez toi. » Et il me montra la toilette, m'ouvrit l'armoire qui contenait des robes et du linge. Il avait profité, pour aménager tout cela, d'une petite maladie qui venait de me tenir au lit une semaine et d'où je sortis grandie et formée. A partir de ce jour, je quittai mes galoches de fillette pour des souliers à talons. J'eus ma clé. M. Hubertet me traita en personne sérieuse. Sa familiarité resta paternelle et devint plus délicate. Il frappe avant d'entrer. Pourtant, le matin, quand je dors encore, il arrive quelquefois sur la pointe des pieds. Il croit que je ne le vois point et je le lui laisse croire. Il s'approche en tapinois et me regarde dormir. Il y semble prendre plaisir, Monsieur, et j'en suis aise, car n'est-il point juste que ma couette de nuit et mon visage du matin distraient ses yeux? Je leur dois bien cela. Les deux cornes d'ombre de son foulard n'ont-elles point assez souvent rassuré mes peurs pour que ma cornette réjouisse sa vue? Aussi je m'arrange, quand je l'entends venir, pour montrer, sans en avoir l'air, un rien de mon bras nu et un peu de mon épaule découverte.

— Vous parlez bien, Fanchon, et en fille sage et avisée, dit en riant M. de Portebize, et je vois que M. Hubertet peut compter sur votre esprit comme sur votre cœur. L'un et l'autre sont bons; mais, si heureux que M. l'abbé puisse être de votre compagnie, il ne s'en absente pas moins quelquefois, si j'en juge par aujourd'hui, et vous laisse seule comme je vous ai trouvée. A quoi pouvez-vous bien occuper vos journées?

— Mais je danse, Monsieur.

— Vous dansez, fort bien, mademoiselle Fanchon, mais qui donc vous fait vis-à-vis? Vous avez un amoureux et l'abbé paye les violons. »

Mlle Fanchon se mit à rire si franchement et si fort que M. de Portebize, sûr au moins de ne point l'avoir offensée, ne se voyait pas loin de se sentir mortifié de cette gaieté.

— « Que non, Monsieur! vous n'y êtes guère et ce n'est point ce que vous pensez. Pour tout vous dire, M. l'abbé aime la danse. Il va souvent à l'Opéra et a pris l'ambition de m'y voir un jour faire figure. Pour m'en donner les talents, il m'a fourni les meilleurs maîtres, et leurs leçons m'ont profité. Ils vantent mes progrès et, déjà maintenant, on me confie des entrées et des petits rôles. Mlle Damberville, à la prière de M. Hubertet, a bien voulu m'aider de ses conseils. Je ne cesse de travailler pour mériter l'intérêt qu'elle me témoigne et pour plaire à M. Hubertet. Il aime la danse, et il fait bon d'entendre, Monsieur, les belles choses qu'il en dit. »

M. de Portebize écoutait avec stupéfaction les discours de M⁽ˡˡᵉ⁾ Fanchon. Depuis un instant, une forte odeur de roussi se sentait dans l'air. Fanchon courut et revint vite. Elle semblait fâchée, et une moue de dépit abaissait les coins duvetés de sa bouche.

— « Voilà le dîner de M. l'abbé brûlé plus qu'à moitié. Ah! mon Dieu! Et M. l'abbé qui ne rentre toujours point; il y a tant de carrosses par les rues! Pourvu qu'il ne lui soit pas arrivé malheur! Sans compter qu'il rapporte souvent des livres plus gros que lui!

Elle se lamentait et pleurait presque et tenait des deux mains son tablier dont elle s'essuyait délicatement le coin de l'œil quand on gratta à la porte.

La fillette que M. de Portebize avait vue, en entrant, au bas de l'escalier, montrait sa figure barbouillée et rouge et présentait une lettre au bout de ses doigts sales.

— « Donne, Nanette; qui t'a remis cela?
— Un gros laquais.
— Il y a longtemps?
— Tout de suite.
— Tu mens. Vous permettez que je lise, Monsieur?

« Fanchonnette, ne m'attends point. Je souperai chez M⁽ˡˡᵉ⁾ Damberville. Je te rapporterai des croquignolles et de l'angélique. Tu auras ceci assez tôt pour pouvoir aller chez M. Darledel étudier ton pas. »

— Tu vois bien que tu as menti, Nanette. Pourquoi n'es-tu pas montée de suite? Pourquoi as-tu sali le billet?

Nanette ne répondait rien. Elle tira la langue et la rentra juste pour recevoir sur la joue le soufflet qu'y appliqua la main leste de Mlle Fanchon.

Nanette pleurnichait.

— « Maintenant, donne ton nez, dit Mlle Fanchon, devenue subitement maternelle, qui tira son mouchoir et moucha la morveuse, et déguerpis ! »

Nanette dégringola l'escalier ; on entendit s'éloigner le galop de ses gros souliers.

— « Elle est méchante, Monsieur, et n'en fait jamais d'autres et, avec cela, sournoise. M. l'abbé a voulu l'envoyer à l'école. Ah ! bien oui, elle apportait du crottin dans son panier pour empester la classe. Elle passe ses journées dans la cour ou sur la porte. Elle ne rit que quand elle voit un boiteux ou un bossu ou un cheval qui tombe ou un chien battu. Elle fait la nique aux passants. Alors on la gifle. Elle aime cela. Elle tire des taloches de tout le monde. On finit par les lui donner comme une aumône. M. l'abbé Hubertet lui-même lui en accorde quelques-unes et, comme vous voyez, j'achève le nombre de celles qu'elle reçoit et qui, quoi qu'on fasse, ne dépasse pas celui de celles qu'elle mérite.

— Elle aura du bâton de ma part, dit M. de Portebize en reprenant sa canne qu'il avait posée dans un coin. D'autant plus que je me souviens fort bien maintenant lui avoir vu aux doigts cette lettre qui m'eût évité de vous importuner si longtemps, Mademoiselle, et qui m'eût permis de suite de vous prier de dire à M. l'abbé Hubertet mon regret de l'avoir manqué. »

M. de Portebize était debout sur le seuil, juste à côté de cette grande urne de bronze vert où il avait heurté en entrant et au bruit de laquelle lui était apparue la singulière petite personne qui maintenant le saluait d'une belle révérence et d'un sourire familier.

— « M. l'abbé se pardonnera mieux de ne se point être trouvé là, Monsieur, si vous avez été content de moi ; mais je ne le serais point si je manquais à vous faire remarquer ce vase qui est fort antique et auquel M. Hubertet attache un grand prix. »

M{{lle}} Fanchon avait entouré le flanc de l'urne de son joli bras. Sa main blanche caressait le bronze verdâtre. Elle y appuya sa joue fraîche d'un geste coquet et tendre. Il était sur son socle aussi haut qu'elle et il portait, comme un collier, une pancarte où M. de Portebize put lire cette inscription : « Trouvé par M. de Galandot à Rome, l'an 1768... »

La porte refermée, M. de Portebize chercha la rampe à tâtons. « Voilà qui est singulier, pensait-il. Je viens ici pour voir un savant homme qui a connu feu mon oncle et m'en peut renseigner, et je tombe chez un vieux fou d'abbé qui ramasse des petites filles dans la rue, les fait coucher dans sa ruelle et les dresse pour l'Opéra. Tout cela mérite peut-être quelque étonnement, mais, je dois le dire, m'a au moins fort diverti. »

Il continuait à descendre quand il entendit la voix de M{{lle}} Fanchon. Elle se penchait sur la rampe.

— « Monsieur, Monsieur, si vous allez au ballet d'*Ariane*, ne manquez pas de regarder au chœur des Athéniennes celle qui porte une guirlande et une colombe et applaudissez-y Fanchon votre servante. »

Un éclat de rire clair illumina l'escalier ténébreux et M. de Portebize qui avait levé la tête fit un faux pas où il aurait bien pu se casser le nez et où il risqua de se rompre le cou.

IV

M. de Portebize se sentait fort curieux de voir de près Mlle Damberville, de l'Académie royale de musique et de danse.

Il l'avait entrevue au théâtre, à travers les lumières de la scène, sous le fard, dans les costumes divers de ses rôles, avec ses amples paniers enguirlandés, sa coiffure élevée, parmi l'entrecroisement gracieux des figures de ballet qu'elle animait de sa danse élégante, spirituelle, noble ou passionnée. Elle se confondait dans son esprit avec la clarté des lustres, le mouvement de la musique et les événements fabuleux qu'elle représentait et dont elle débrouillait les intrigues de ses pointes promptes et légères. Elle était, en son souvenir, instable, changeante et fugitive, toute vaporeuse de gazes, tout illuminée du feu des diamants et comme volante de rythme et d'agilité, en une sorte de prestige mobile dont elle était le centre lumineux et qui rayonnait autour d'elle.

La célèbre actrice lui avait paru ainsi délicieuse dans l'activité de sa grâce qui se renouvelait à chacun de ses gestes et de ses pas. Mais M. de Portebize savait le peu de réalité dont parfois les comédiennes façonnent le masque apparent de leur illusion, le tout petit peu de chair, de nerfs et d'os dont elles composent leur fantôme charmant et ce qu'y ajoutent les aides matériels de la parure, l'appoint des fards et le secours des étoffes, dont elles se rehaussent, se griment ou se vêtent.

C'est cette différence et cette surprise qui intéressaient M. de Portebize. Il était fort impatient de pouvoir mesurer l'écart qui existait entre la brillante et la fallacieuse sylphide qui avait charmé ses yeux et la créature certaine qui allait lui offrir la simple vue d'elle-même.

Ce qui le rassurait le mieux en cette épreuve était que Mlle Damberville avait été beaucoup aimée. De ses nombreux admirateurs, il lui restait des amants et, de ses amants, des amis, ce qui laissait à penser que, derrière l'apparition aérienne existait une femme terrestre et, sous le masque, un visage. En attendant de pouvoir vérifier son désir, il se rappelait avec délices l'image de Mlle Damberville, dansant en ce ballet d'Ariane qui faisait vogue en ce moment et où, au dire des amateurs et des gazettes, la belle Nymphe s'était surpassée.

La scène représentait un lieu champêtre, sauvage, avec de grands rochers couverts de lierre. C'était en ce paysage crétois que les cent jeunes gens et les cent jeunes filles, amenés par Thésée en sacrifice au Minotaure, se lamentaient de leurs funestes destins. Les évolutions des groupes mêlaient les figures. Puis chacun des adolescents choisissait une des vierges, et les couples, unis dans une même infortune, adressaient leurs adieux à la vie et mimaient leur désespoir. L'orchestre traduisait leur terreur. Les flûtes rappelaient les plaisirs pastoraux dont un sort cruel allait priver à jamais ces jeunesses offertes et votives. Les violons disaient la plainte des filles ; les violoncelles, plus graves, celle des garçons, et le grondement sourd des contrebasses annonçait les mugissements proches du monstre à tête de taureau.

C'est alors qu'apparaissait Thésée, guidé par Ariane. Il portait une soubreveste d'argent moiré avec un dolman. Sa coiffure se composait de cinq boucles de cheveux, poudrées à blanc et surmontées d'un toupet à la grecque. Ses bottines argentées lui montaient à mi-jambes. Ariane le conduisait par la main.

Mlle Damberville était réputée pour la richesse et le bon goût de ses costumes. Sur un fond de taffetas blanc s'ouvrait une jupe couverte d'argent, retroussée par des nœuds en diamants. Une mante formait draperie aux épaules, parsemée de paillettes, imprimée de fleurs et bordée de franges légères. Ariane s'avançait à petits pas. Tout l'édifice scintillant de sa parure tremblait de feux. Une sorte de poussière de givre semblait s'évaporer autour d'elle. Son visage souriait, rose aux joues et rouge à la bouche.

La délicate statue lumineuse, immobile un instant, s'animait peu à peu. A pas légers, elle allait de groupe en groupe, rassurant les tendres victimes qui l'interrogeaient anxieusement ; puis, au milieu d'elles, dressée sur ses pointes, elle s'arrêtait, tous les regards fixés sur son geste.

De sa main haute, elle laissait lentement se dérouler le long fil d'or, puis elle l'enroulait gracieusement au poignet de Thésée et lui montrait l'entrée du labyrinthe, en lui faisant signe de s'y engager. Les chœurs prosternés imploraient. Les contrebasses mugissaient sourdement, les trompettes éclataient en fanfares guerrières, et le héros disparaissait entre deux rochers par l'ouverture béante du funeste repaire.

Alors commençait une danse qui était, au dire de tous, le triomphe de Mlle Damberville.

Les pas compliqués d'Ariane indiquaient les détours du labyrinthe. Elle avançait avec précaution ou reculait brusquement comme devant quelque obstacle, puis repartait, s'arrêtait de nouveau, pirouettait dans un tourbillon argenté. Elle imitait les tâtonnements de la marche dans les ténèbres, les hésitations de la route ; elle exprimait les terreurs de la nuit, les embûches souterraines, et enfin la rencontre monstrueuse, la lutte, la victoire et le geste du pied foulant la tête bestiale, le retour à la lumière. Elle se précipitait haletante et avide à l'entrée du labyrinthe, les bras tendus vers le vainqueur qu'on ne voyait pas encore, mais dont la musique annonçait par sa joie l'exploit héroïque et sauveur.

Mlle Damberville ne se montrait pas moins admirable au troisième acte quand Neptune amène Bacchus vers Ariane. Le monde marin se mêle alors au peuple rustique. Tritons et Silènes dansaient côte à côte. Les Néréides et les Nymphes versaient à la même urne leurs eaux douces et salées. La mer elle-même déposait sur la rive le char du dieu vigneron. Cela formait un spectacle bigarré et dansant, magnifique par la diversité des attitudes, l'entente des décors et l'excellence des machines. Des divinités disparates représentaient le double élément, terrestre ou maritime. Les Faunes portaient des masques terreux et les Tritons des masques glauques. Ils composaient un divertissement comique où ils houspillaient le Mensonge laissé à Ariane par l'infidèle Thésée et que représentait un personnage grotesque, avec une jambe de bois, un habillement couvert de petits masques et une lanterne sourde ; et la pièce finissait par une bacchanale dansée où, au milieu des figures de toutes sortes, Ariane apparaissait, montée sur le char du dieu, parmi les pampres, les thyrses et les tambourins. Elle était debout, vêtue d'une robe moirée d'or et d'une draperie tigrée et coiffée de grappes. Le souffle orgiaque faisait palpiter sa gorge, et elle recevait des mains d'Hébé la coupe de la jeunesse divine et de l'ivresse éternelle.

Le public, qui avait distingué, dès ses débuts, Mlle Damberville, l'idolâtrait. Sa carrière avait été heureuse et rapide. Figurante, puis danseuse en double et danseuse seule, elle connaissait ce que la gloire du théâtre offre de plus bruyant et de plus délicat en applaudissements et en renommée. Elle avait excité l'enthousiasme de la foule et mérité le suffrage des amateurs. Son existence de

Déesse et de Fée lui donnait sur les hommes un pouvoir irrésistible. Ils s'empressèrent, à l'envi, de satisfaire ses moindres caprices. Elle eut tout de l'amour, même de la richesse.

Chacun voulait pour lui seul de Mlle Damberville, car les hommes prennent un grand plaisir à toucher les éléments naturels qui ont contribué à leur illusion et l'étreindre, si l'on peut dire, en sa nudité. Ils recherchent l'intimité d'un corps dont la vue a été la raison de leur volupté.

Aussi, Mlle Damberville, célèbre au théâtre, fut-elle courue au boudoir. L'histoire de son lit et les anecdotes de son sopha défrayaient la chronique galante, de sorte que M. de Portebize enjoignit à M. Laverdon de se surpasser, car il savait que parfois Mlle Damberville ne se montrait pas insensible à la bonne mine et, tout en suivant le plus souvent son intérêt, ne dédaignait point, de temps à autre, satisfaire son caprice.

C'est ainsi qu'on lui attribuait en ce moment M. de Valbin, le neveu du chancelier, qui se ruinait pour elle, et M. le chevalier de Gurcy qui ne dépensait que ce qui ne coûte guère aux jeunes gens de son âge. Cette bonne fortune, due à des qualités, disait-on, exceptionnelles, rendait M. de Gurcy le plus fat des hommes. Il se croyait tellement sûr de sa valeur qu'il ne voyait aucun danger à introduire auprès de Mlle Damberville son ami Portebize qui, sans avoir peut-être le mérite particulier du chevalier, pouvait au moins prétendre à celui de la fraîcheur et de la nouveauté.

V

Mlle Damberville habitait non loin de la Seine, du côté de Chaillot, presque aux champs. Elle avait là de grands jardins, avec des charmilles et des tonnelles et beaucoup de roses, car elle aimait que leur odeur se mêlât à l'air qu'elle respirait. Son goût pour les essences la fit, des premières, adopter la mode des vernis parfumés qui font sentir aux lambris le jasmin ou la violette. Elle était sensible à tout ce qui augmente le plaisir de vivre jusque dans les détails les plus particuliers. Elle voulait partout, autour d'elle, le luxe le plus ingénieux. Ses recherches faisaient loi. Aussi parla-t-on longtemps de la garde-robe qu'elle avait fait installer dans sa maison de Chaillot et dont la description courut les gazettes. Un siège de bois odoriférant, dans une niche de charmille peinte, offrait l'invention d'une cuvette à soupape, et des armoires vitrées contenaient un assortiment complet de porcelaines intimes.

M. de Portebize avait lu jadis cette description à MM. de Créange et d'Oriocourt, et les trois jeunes gens, au fond de leur province, s'étaient fort récriés sur tant de raffinement et de politesse, sans penser que l'un d'entre eux souperait jamais en ce logis fameux, car en ce temps-là François de Portebize ne songeait guère non plus à l'avantage d'être le petit-neveu d'un certain M. de Galandot, ce dont il constatait maintenant chaque jour le bon effet et les suites heureuses.

M. de Portebize pensait bien que Mlle Damberville n'habitait point un palais de théâtre, mais il s'attendait au moins à trouver devant sa porte grand assemblage de carrosses. Aussi fut-il assez étonné quand le sien, après avoir passé la place Louis XV, remonté le Cours-la-Reine et fait encore quelque chemin, s'arrêta devant une grille qui n'était même point ouverte. Basque sauta à bas et fit tapage jusqu'à ce que le portier sortît de sa loge. Sa petite livrée ne présageait aucun apprêt. Il indiqua à M. de Portebize l'allée de la maison. Un peu de neige poudrait le sol; deux statues blanches se dressaient de chaque côté du perron. On ouvrit.

A son entrée dans le vestibule, M. de Portebize ressentit agréablement l'impression d'une tiédeur égale et douce. Les murs de stuc luisaient du reflet d'une lanterne qui brûlait sourdement en veilleuse. Un haut poêle de faïence blanche caillait dans un coin sa rocaille laiteuse et ronflait doucement. Deux grands laquais, assis sur des sièges à tapisseries, tricotaient en silence. L'un d'eux conduisit M. de Portebize, poussa une porte et annonça.

C'était une pièce en rotonde peu éclairée et très chaude; quelques hommes se levèrent et, dans une sorte de tonnelet capitonné, entre les feuilles d'un paravent, M. de Portebize vit une forme vaporeuse et emmousselinée et un fin visage où il reconnut, en esquisse et comme lointain, le sourire qui l'avait charmé aux lèvres mêmes d'Ariane.

— « Ah ! le voilà ! s'écria la grosse voix enrouée du chevalier de Gurcy, qui, venant à M. de Portebize, l'embrassa à plusieurs reprises. Ah ! le voilà ! permettez-moi, mon cœur, de vous le présenter.

— J'espère, Monsieur, que vous ne vous ennuierez pas trop en notre compagnie, puisque le chevalier prétend que vous supportez la sienne, qui est bien la plus importune que je sache ; mais il est bon garçon et on vous le passe. Vous connaissez sans doute M. de Gurcy depuis longtemps ?

— Pardi ! riposta le chevalier, de tout temps, il y a plus d'un mois que nous ne nous quittons guère. Je l'ai rencontré chez les filles où votre rigueur m'avait conduit et où son goût le menait, car il n'a point d'affaire en règle. Ma mère, qui en est folle, en voudrait bien une avec lui, et, s'il s'y dérobe plus longtemps, c'est avec moi qu'il l'aura.

— Voyons, Gurcy, trêve de folies ! nommez votre ami à ces messieurs et donnez-moi ma boule à mains qui chauffe au foyer. »

M. de Gurcy obéit et apporta, avec des grâces d'ours, une petite bouillotte d'argent qui tiédissait sous la cendre.

Mlle Damberville était frileuse. En hiver, sans

renoncer aux gazes légères dont elle enveloppait sa beauté, elle tenait à se sentir au plus chaud. Sa maison était admirablement aménagée à cet effet. La fermeture des fenêtres et des portes était exacte, et l'air entretenu avec soin d'une tiédeur égale. Son corps souple vivait secrètement dans une chaleur ouatée. Elle s'y trouvait à l'aise et, ainsi douillettement emmitouflée en dessous, elle conservait en dessus ses robes printanières ; et à l'abri des vents coulis, les pieds enfouis aux coussins, elle s'envoyait nonchalamment au visage, de son éventail parfumé, la caresse d'un continuel zéphyr.

M. de Portebize la trouvait ainsi charmante ; il regardait avec étonnement cette personne molle et vaporeuse qui donnait l'idée de je ne sais quoi de fragile et de tendre, en la paresse de ses mousselines ; et il se demandait comment pourrait bien sortir de cette rose épanouie l'abeille agile dont le vol vif avait ébloui ses yeux et vibrait encore à son souvenir.

Le premier convive à qui le chevalier de Gurcy présenta M. de Portebize s'appelait M. de Parmesnil.

M. de Parmesnil était un grand et bel homme, maigre, poli et cérémonieux. Naturaliste et voyageur, il avait fait le tour du monde. On sentait à le voir que les spectacles les plus singuliers, les coutumes les plus bizarres, les circonstances les plus étranges n'avaient pas dû le faire se départir de ses façons et de ses habitudes. On l'imaginait aux Antipodes comme il paraissait ici même. Il vous regardait du même œil qu'il eût examiné un Algonquin, un Caraïbe ou un Papou.

On racontait que, jeté par un naufrage dans une île déserte, il y resta trois ans, n'ayant sauvé de la tempête que sa canne et une trousse à main. En l'ouvrant, il vit qu'il possédait pour tout bien un petit carré de miroir, une savonnette et une paire de rasoirs. Quand, au bout de trois ans, la chaloupe d'un vaisseau anglais vint faire aiguade dans l'île, l'officier qui la commandait rencontra, se promenant sur le rivage, un homme tout nu qui marchait gravement, la canne à la main. On le recueillit, et quand il arriva ainsi à bord, le capitaine du vaisseau remarqua avec admiration que M. de Parmesnil avait la lèvre, le menton et la joue rasés de fort près et qu'il suffit de lui donner un habit pour refaire de lui un gentilhomme aussi correct que si, au lieu de venir de passer trente-six mois à la sauvage, il sortait de son cabinet ou de quelque compagnie à la mode.

M. Garonard, le peintre, était encore plus haut et plus sec que M. de Parmesnil, mais d'une tenue qui contrastait avec la sienne. D'un gilet déboutonné s'échappait un jabot de travers. De ses manchettes, toutes deux de la plus fine dentelle, l'une lui pendait déchirée au poignet. M. Garonard avait les mains impatientes, l'œil rapide, la figure longue et irascible, le nez osseux et les joues balafrées de tabac. Il ne cessait guère, soit en causant, soit en travaillant de plonger les doigts dans sa tabatière. Il possédait un assortiment de boîtes de toutes sortes qu'il sortait de ses poches, oubliait d'y remettre et laissait traîner sur les meubles, où il puisait à tous moments et dont il éparpillait, par pincées, le contenu sur ses habits et jusque sur sa palette. Il s'en mêlait aussi à la poussière colorée de ses pastels et plus d'un de ses portraits portait à la joue la mouche involontaire d'un grain de tabac.

Malgré la brusquerie de son humeur, les exigences de ses caprices et les écarts de son caractère, les hommes et les femmes recherchaient également la faveur de son crayon. Il excellait à rendre les physionomies en leur détail le plus changeant et à en saisir la mobilité même. Si la société se disputait à prix d'or la mode d'être peinte par M. Garonard, quelques amateurs se partageaient silencieusement les toiles, les dessins et les eaux-fortes où il traitait, pour lui-même et pour eux, le seul sujet qui l'intéressât vraiment.

M. Garonard était le peintre du corps des femmes en sa nudité et en sa couleur. Il l'étudiait passionnément. Il demandait à l'amour ses attitudes les plus secrètes et les plus hasardeuses, et il les reproduisait avec tant de liberté et d'exactitude qu'on y sentait vivre la volupté et le plaisir. M. Garonard n'usait point pour cela de modèles proprement dits ; il détestait les beautés d'académie et d'atelier, mais rencontrait-il dans la rue ou ailleurs quelque belle fille, il l'amenait chez lui et la priait de se mettre à l'aise et d'oublier qu'il était là. Parfois, il en réunissait plusieurs et les faisait se taquiner et s'ébattre entre elles, et, suivant du crayon leurs mouvements et leurs gestes, il s'efforçait de fixer les plus naturels et les plus agréables. Son papier se couvrait ainsi d'esquisses et de croquis où il trouvait ensuite un vivant répertoire de formes animées.

Chaque matin, il le feuilletait négligemment jusqu'à ce que l'une des figures qui lui passaient sous les yeux arrêtât son attention. Alors il la reportait sur une feuille d'étude et la travaillait séparément. Il n'y ajoutait ni paysages, ni accessoires. Il ne voulait que la grâce des lignes et la vérité du dessin. La nudité des corps semblait plus nue encore au vide du papier, et M. Garonard prétendait que la rondeur d'un sein, la courbe d'une hanche, le pli d'une nuque ou l'ampleur d'une croupe suffisent par eux-mêmes à faire tableau.

C'est ainsi qu'il avait composé et dessiné d'après Mlle Damberville une admirable suite de cent figures au naturel qui étaient, au dire de la danseuse, l'histoire de sa beauté. Elle les gardait précieusement et ne les montrait guère. Les quelques pièces du même genre dont M. Garonard s'était dessaisi avec peine appartenaient à M. de Bercherolles ou à M. de Parmesnil qui les conservaient jalousement, de telle sorte que le public ignorait assez le singulier talent de son peintre à la mode, et que les belles dames de Paris et de Versailles, qui se disputaient l'avantage de payer fort cher leur portrait, ignoraient que ce long homme maigre, qui leur imposait durement ses inexactitudes et ses lubies, était moins sensible à l'honneur de représenter leur visage qu'au plaisir de dessiner à nu la moindre petite coureuse, pourvu qu'elle eût, comme le disait crûment M. Garonard, le rein souple et la fesse jolie.

MM. de Clairsilly et de Bercherolles à qui Gurcy mena ensuite M. de Portebize le saluèrent fort poliment.

Ils passaient tous deux pour gens d'esprit. M. de Bercherolles en avait de toutes les sortes et même celui d'être riche. M. de Clairsilly se vantait de savoir se passer de l'être. Il ne s'appelait jamais autrement que le « pauvre Clairsilly » et le sobriquet lui en restait. Sa petite taille convenait parfaitement bien à son visage vif et fin. Né pour l'intrigue, il avait le pas léger, l'allure souple, la pirouette prompte. Il n'entrait point, mais se glissait; il ne sortait pas, mais s'esquivait. Il entrebâillait les portes sans les ouvrir entièrement. Mlle Damberville le surnommait « le vent coulis ». « L'hiver prochain, je ferai faire une chatière pour Clairsilly », disait-elle en riant. Il semblait, en effet, avoir pris la précaution de ne pas grandir pour pouvoir rentrer en terre plus facilement. Il avait été très aimé des femmes sans qu'on sût au juste s'il les aimait. Lui se prétendait fidèle et sensible et se plaignait qu'on ne lui eût jamais donné le temps de s'attacher; c'est alors qu'il gémissait sur le sort du « pauvre Clairsilly ». Il ne tarissait point sur ce qu'il nommait ses bonnes infortunes. Avec tout cela, pas mauvais homme, mais bavard, sémillant, coquet et fat, et se vantant d'avoir eu à mesure toutes les maîtresses de son ami M. de Bercherolles.

Celui-là était, à quarante-cinq ans, assez gros et

tout vermeil, avec une figure fraîche, de beaux traits un peu gras, de la prestance et de la grâce. Financier habile et heureux, il avait passé aux Fermes générales juste le temps de se faire les mains et, une fois faites, il n'avait eu cesse de sortir de là. Aussitôt, de gros fermier, il devint, du coup, grand seigneur. « Bercherolles, lui avait dit M. de Clairsilly, il s'agit maintenant de dépenser et de te désenrichir. »

M. de Bercherolles suivit le conseil. Autant aux affaires on l'avait connu âpre, flibustier et mécréant, autant il se montra dès lors doux, poli et généreux. Son train lui valut l'estime et l'amitié du monde, car nulle part on ne mangeait mieux que chez lui. Il restitua par le faste et par la table ce qu'on lui eût reproché autrement de garder pour lui. On lui sut gré de l'usage qu'il faisait de ses écus, car il sut être à propos libéral et oublieux. « Le tout, disait-il souvent, est de savoir se modérer. Ce que l'on reproche aux traitants est moins de s'enrichir, ce qui prouve après tout leur sens et leur habileté, que de s'obstiner à s'enfler outre mesure, ce qui marque alors leur avidité et leur avarice. On leur demande assez justement de la promptitude à se mettre en état. Un homme, en effet, qui passe cinquante ans à faire fortune garde de ce long labeur un fumet de finance qui ne sent point bon et qui ne s'évapore pas. Il lui reste une gourme de gagne-petit dont il ne se défait plus. Il s'agit, tout au contraire, d'aller vite et bien en besogne et de rentrer au plus vite son fumier. En ce cas on n'est plus qu'un galant homme qui a eu la malechance d'avoir à s'enrichir et la chance de devenir riche. »

Le fait est que le marquis de Bercherolles ne conservait rien de son ancien métier. Il se montrait gentilhomme accompli, fastueux et magnifique. Il exprimait avec grâce et mesure des pensées délicates et raisonnables qui lui composaient une sorte d'éloquence aisée. Il montrait un goût éclairé des Lettres et des Arts. Sa générosité tenait bourse ouverte et table servie, et on eût juré qu'il n'avait jamais fait autre chose que rendre service aux gens, car il se comportait en tout avec une grandeur et une décence qui lui valaient tous les suffrages et détruisaient les préjugés qu'on eût pu conserver à son égard. Aussi M. de Portebize se sentit-il, dès l'abord, attiré vers lui, et Gurcy dut le tirer par la manche vers M. de Saint-Bérain qui restait le dernier et dont les petits vers et les madrigaux rendaient le nom familier à quiconque se piquait d'être du monde.

— « Gurcy, vous oubliez l'abbé, dit Mlle Damberville.

— Il me semble plutôt que l'abbé nous oublie, répondit M. de Saint-Bérain, car il dort comme à l'église quand il est dans un des temples de l'amour. »

M. de Portebize vit alors, dans un coin du salon, un vieil et gros abbé qui, assis dans un vaste fauteuil qu'il remplissait de sa corpulence béate, dormait profondément, les mains croisées sur son ventre. Ses mentons débordaient sur son rabat et toute sa personne donnait l'idée de la satisfaction et du repos. On fit cercle autour de lui sans qu'il s'éveillât. La petite chatte blanche de Mlle Damberville sauta lestement sur la cuisse et passa sa langue rose sur les grosses mains jointes du dormeur.

— « Allons, Varaucourt, éveillez-le, dit Mlle Damberville à une grande femme blonde et grasse qui venait d'entrer ; vous arrivez juste pour cela. »

Mlle Varaucourt, de l'Opéra, se pencha sur l'abbé et l'embrassa bruyamment aux deux joues. Le bonhomme ouvrit les yeux ; sa mine endormie s'éclaira, il poussa un joyeux soupir. Les rides de sa large figure rougeaude se froncèrent et un bon rire sonore et frais sortit de sa bouche et secoua sa panse. Il prit Mlle Varaucourt par la taille et se leva à cet appui.

— « A table, dit Mlle Damberville. Monsieur de Portebize, vous y ferez mieux connaissance avec l'abbé Hubertet.

— Ah ! Monsieur, dit l'abbé, j'ai sans doute beaucoup connu votre grand-oncle, M. de Galandot... »

VI

A l'entrée de Mlle Varaucourt, les laquais avaient ouvert à deux battants les portes de la salle à manger et elle apparaissait brillamment éclairée. L'éclat des lumières avivait le marbre rose des colonnes plates qui soutenaient le plafond.

M. Garonard l'avait peint de figures qui y mêlaient leurs grâces dansantes et suspendues et semblaient y jouer entre elles une sorte de ballet aérien qui charmait la vue par sa mobilité harmonieuse. On était frappé d'abord du mouvement voluptueux des groupes, puis on distinguait peu à peu des ressemblances de Mlle Damberville qui s'y montrait en plusieurs endroits sous des formes diverses, tantôt allongée, tantôt debout et, au centre de la composition, en Hébé tenant une coupe et, penchée dans une attitude attentive et souriante, comme si elle écoutait monter d'en bas la louange de sa jeunesse et de sa beauté.

Les panneaux des boiseries peintes en blanc encadraient de guirlandes délicatement sculptées des attributs en relief. Sur des consoles adossées à de hautes glaces scintillaient des girandoles de cristal. Aux deux bouts de la salle, en des niches treillagées, deux statues de marbre représentaient des Chasseresses. A leurs pieds, des lévriers allongeaient le museau vers deux vasques qui se versaient en deux autres plus grandes. Ces fontaines murmuraient doucement. Sur la table, les bougies des candélabres brûlaient en flammes claires. Un service de porcelaine blanche très peu rehaussé d'or entourait un surtout de fleurs parmi des cristaux et des argenteries. La salle, chauffée à outrance, offrait une température forte et savoureuse. Le pas des laquais, chaussés d'une semelle de feutre, ne s'entendait pas autour de la table. On s'assit, il y eut un léger bruit d'étoffes et une toux de l'abbé Hubertet.

M. de Portebize regarda Mlle Damberville qui se trouvait placée non loin de lui. Elle avait dégagé son buste svelte des écharpes de gaze qui le voilaient. Ce fut comme si les lumières eussent tout à coup fait éclore la nudité de ses épaules et mûri subitement la rondeur de sa gorge que la corbeille du corsage montrait petite, délicieuse et ferme. Le cou soutenait la tête dans un port hardi. Le visage s'y proportionnait à merveille. Il apparaissait délicatement sculpté dans juste assez de chair. On y admirait l'éclair des yeux, l'arc de la bouche, la courbe fine du nez qui résumait la figure entière par sa précieuse précision. Le front se parachevait de la poussée drue des cheveux où la poudre posait son vaporeux frimas.

Mlle Damberville était ainsi inattendue et charmante. On eût dit que quelque chose venait de se dissiper autour d'elle. Elle semblait cristallisée en une beauté aiguë et scintillante comme un flocon qui prendrait tout à coup les arêtes nettes du diamant.

M. de Parmesnil l'examinait du haut de sa froideur circonspecte. M. Garonard la regardait du coin de son œil alerte. M. de Saint-Bérain souriait à belles dents. La bouche de M. de Clairsilly faisait des moues, et M. de Bercherolles, épanoui et nonchalant, s'appuyait au dossier de sa chaise. Il s'était répandu sur les convives une sorte d'aise commune, une disposition heureuse et comme une entente réciproque à goûter le plaisir de cette heure passagère, qui mêlerait à l'agrément des pensées et des paroles l'épice des sauces et le bouquet des vins.

L'abbé Hubertet était superbe à voir. Une bonhomie sensuelle et gaie animait sa large face, un mélange de gourmandise et de contentement gonflait sa grosse bouche. On le sentait vraiment joyeux d'être là et nullement étonné de s'y trouver et qu'on l'y trouvât. Il savait que les sages de tous les temps n'ont jamais méprisé le plaisir de déraisonner en commun et il s'apprêtait à prendre part à la conversation d'esprits assez divers pour que leur contact fût fertile en surprises et abondant en écarts curieux.

On n'en était encore qu'aux bisques. Un service discret assurait la liberté des propos. Chacun pour l'instant ressentait le velouté du potage. Le chevalier de Gurcy eut fini le premier son assiette. Le chevalier, fort grand, fort gros, fort robuste de membres, avait un terrible appétit. Il fallait pour le combler une table entière. Il mangeait comme quatre et buvait à l'avenant ; mais, si son estomac était insatiable, sa tête était moins à l'épreuve, et, s'il n'arrivait presque jamais à apaiser complètement sa faim, il lui arrivait d'outrepasser sa soif et de ne s'en point trop bien trouver. Mlle Damberville s'élevait vivement contre l'intempérance du chevalier et l'en châtiait par des disgrâces passagères que M. de Gurcy supportait mal et dont il se consolait à sa façon et où il pouvait. Il allait faire tapage chez les filles. C'est là que M. de Portebize l'avait rencontré. Quand le chevalier avait passé une semaine à boire et à jurer, il revenait à Mlle Damberville, qui ne lui tenait pas rigueur davantage. Ces fugues vers la tonne et la bouteille le lui ramenaient soumis et contrit, et il s'appliquait à mériter son pardon. Mlle Damberville le regardait engloutir à larges bouchées. Il était vraiment beau à voir ainsi et contrastait singulièrement avec son ami Portebize qui mangeait finement à petite fourchette et semblait distrait et pensif, si bien qu'il sursauta quand Mlle Damberville dit à la ronde, de sa voix claire :

— « Je ne doute point, Messieurs, que nous ne donnions grande satisfaction à M. de Portebize en parlant de l'amour. A l'âge de Monsieur, et avec sa figure, ce sujet doit être sa principale préoccupation, et il ne saurait manquer de nous savoir gré de répondre ainsi au secret penchant de son esprit. D'ailleurs, nous sommes tous ici gens d'expérience en la matière, et nos propos ne pourront qu'être utiles et agréables à un jeune homme qui semble fait pour les comprendre. Nous entretiendrons ainsi sa pensée en sa pente naturelle, et il n'aura point à se distraire de lui-même pour s'intéresser à nous.

— Le fait est, répondit M. de Bercherolles, que c'est encore là le plus court chemin pour se rencontrer. C'est, à proprement parler, le carrefour des esprits et les plus disparates s'y retrouvent par leurs voies particulières. La statue de l'Amour est au rond-point de la Volupté et à la patte d'oie du Sentiment. Pour moi, je prendrai plaisir à ces propos, mais je ne sais si M. de Portebize tirera grand'chose de nos discours. Allons! quoique, pour ma part, je sache un peu d'avance comment chacun de nous pense là-dessus. M. de Parmesnil nous dira ce que l'amour emprunte de variété à la diversité des lieux et des peuples. Il en comparera les façons et les usages. M. Garonard nous dépeindra l'aliment qu'il trouve dans la beauté des corps. M. de Saint-Bérain nous rappellera les plus doux chants qu'il a inspirés. M. de Clairsilly nous apprendra quelques-unes des aventures qu'il occasionne. Moi-même, je vous compterai ce qu'il coûte. Quant à Gurcy, il est probable qu'il ne parlera point, et vous, Monsieur, vous ne pourrez moins faire que de nous confier ce qu'en attend quelqu'un qui est en droit d'en tout attendre.

— Pour moi, dit l'abbé Hubertet, je suis heureux que M. de Bercherolles m'ait mis spontanément hors de cause. Mon état et ma figure eussent pourtant, je l'espère, suffi à M. de Portebize pour me dispenser d'intervenir en cette affaire.

— Vous vous étonnez sans doute, Monsieur, reprit Mlle Damberville, de voir ici l'abbé en notre compagnie. C'est là une situation au moins singulière pour un homme de son âge et de son caractère, et, si les vôtres s'y accommodent tout naturellement, les siens, par contre, s'y ajustent assez mal. Vous voulez bien ne marquer aucune surprise à le trouver là, mais vous ne sauriez sans doute ne pas en ressentir quelque étonnement. Allons! l'abbé, laissez qu'on vous explique à Monsieur. Ne faites pas le gros dos et tenez-vous en paix. Regardez-le donc bien, Monsieur; voyez le contentement jovial de toute sa personne. Croiriez-vous, à le voir ainsi, que ce savant homme ait fait jamais autre chose que ce qu'il va faire maintenant? Cette bouteille de bourgogne l'attire et il en prend comme un reflet sur son visage. La gorge de Mlle Varaucourt, qui l'a fort belle, ne lui fait pas détourner les yeux. Et pourtant, Monsieur, il a des mœurs.

— Et Fanchon? » cria de sa voix de fausset M. de Clairsilly.

L'abbé Hubertet reposa son verre et s'agita sur sa chaise. Sa figure exprimait une colère comique et il remuait ses grosses mains molles et jaunes.

— « Oui, Monsieur, continua sans pitié M. de Clairsilly, si vous allez chez notre abbé, au lieu d'une gouvernante respectable qui soigne ses gouttes et lui prépare des tisanes, vous trouverez là une fillette de quinze ans qui viendra vous ouvrir avec une révérence. Qu'en dites-vous, monsieur de Portebize ?

— Cela prouve seulement, répondit M. de Portebize, que M. Hubertet aime le service des jolis visages.

— Ah ! Monsieur, criait l'abbé en se débattant, n'écoutez pas ces messieurs ; j'ai pris Fanchon chez moi qu'elle était haute comme cela...

— Et que pensez-vous qu'il ait fait apprendre à la petite ? glapissait Clairsilly. La couture, les modes, la lingerie, le service ou la cuisine ? Non, Monsieur, vous n'y êtes point, elle étudie la Danse.

— C'est vrai, intervint Mlle Damberville, que Fanchon danse à ravir.

— Eh bien, dit l'abbé, qui semblait résigné à la tracasserie, cela ne vaut-il pas mieux que de la faire peiner aux métiers de l'aiguille ou aux travaux du ménage ? Elle n'aura point les yeux rougis et les doigts piqués. La danse favorise la santé et augmente les grâces du corps. Elle aiguise l'esprit ; il en faut pour bien danser, et Fanchon en a beaucoup. Par la danse on tient un état dans le monde, et les hommes vous savent gré de représenter à leurs yeux les Bergères, les Princesses et les Divinités. Cela les porte à vous traiter comme l'une d'elles. Ne nous considère-t-on point d'après notre apparence, et celle qu'on prend à figurer les plus voluptueuses, les plus touchantes et les plus nobles, nous met en faveur à la vue de tous et nous rehausse en leur imagination. M. de Portebize verra toujours Ariane en Mlle Damberville. N'êtes-vous point de mon avis, Monsieur ?

— Certes oui, et d'autant plus que le hasard m'a donné l'honneur de connaître Mlle Fanchon. Elle est jolie et elle a poussé la bonne grâce jusqu'à me montrer, l'autre jour, en votre absence, une heure durant, les beautés de votre cabinet. Elle m'a conté l'histoire du gros chien et du pot au lait.

— Comment, Monsieur, s'écria l'abbé avec un grand rire, vous êtes le jeune gentilhomme dont Fanchon ne cesse de parler et qui paraissait tant prendre d'intérêt à mes médailles et à mes antiques? Ce beau goût, Monsieur, double mon estime pour vous et je ne pensais guère que cet amateur inconnu fût le propre petit-neveu de ce pauvre M. de Galandot que j'ai fort pratiqué dans le temps. Mais Fanchon avait oublié votre nom. La petite peste a de ces méprises. Excusez-en sa jeunesse.

— Prenez-y garde, abbé! dit M. de Bercherolles. L'Opéra donne de l'esprit aux filles. On vous soufflera ce bijou. Une petite maison est bien vite meublée.

— Eh bien! Monsieur, j'aurai là un endroit à aller souper. Ma vieillesse n'est point jalouse et je n'ai jamais prétendu que Fanchon ne fît pas le bonheur d'un galant homme. »

On rit et l'abbé avec les autres. Il posa un coude sur la table, tandis qu'un laquais chargeait son assiette d'une aile de volaille.

— « Et où serait le mal? continuait l'abbé. Supposez que Fanchon eût grandi chez ses parents qui étaient de pauvres gens; échapperait-elle au sort commun des filles, un mari niais ou brutal ou quelque séducteur grossier ou fripon? Grâce à moi, elle connaîtra du moins l'amour et la volupté en de meilleures circonstances. N'est-il pas préférable en tout point qu'au lieu d'être le lot d'un vulgaire goujat elle échoie à quelque gentilhomme honnête, délicat et riche, comme vous par exemple, monsieur de Bercherolles, qui auriez pour elle les égards d'usage et la traiteriez finement et galamment? J'éprouve, à savoir la beauté aux mains populaires et faubouriennes, un peu du même sentiment que j'ai ressenti naguère à trouver aux doigts des rustres romains les nobles médailles qu'ils retournaient du soc de leur charrue ou déterraient du bec de leur pioche et qui brillaient mal en leurs paumes terreuses.

— N'oubliez pas, Monsieur, répéta en riant Mlle Damberville à M. de Portebize, que l'abbé a des mœurs. Elles sont même excellentes. Le plus beau, c'est qu'il pense ce qu'il dit et le ferait à l'occasion. Sa nature est si généreuse qu'elle s'accorde à toutes les contradictions. C'est un sage. Il est pieux, honnête et chaste, et il écoutera les raisonnements de M. de Parmesnil qui sont abominables sur la religion ou ceux de M. Garonard qui sont tout crus sur le physique. Les propos libertins de M. de Bercherolles ou de M. de Clairsilly ne l'étonneront pas, et il me verrait coucher avec vous, Monsieur, au nez de M. de Gurcy, qu'il n'en achèverait pas moins son aile de volaille. »

Le chevalier, à son nom, avait levé la tête de son assiette et failli s'étrangler d'un petit os. Mais il était habitué aux bourrades et aux plaisanteries de M¹¹ᵉ Damberville, et, le plus souvent, il y faisait la sourde oreille. L'os passa ; Gurcy but un grand verre de vin et se reprit à manger en mettant les bouchées doubles.

— « M¹¹ᵉ Damberville a dit vrai, Monsieur, continua l'abbé en poussant un gros soupir. Je suis assez bon spectateur de tout. La nature me donna le goût de l'amour, mais ma figure m'y rendait peu propre. Je le compris et essayai de m'en distraire ; j'adoptai un état qui m'en dispensait et qui me préservait du ridicule qu'il y a dans le monde à ne point être aimé et à aimer mal à propos. Mon infirmité, par ce stratagème, devenait une vertu Ne devant m'intéresser à personne en particulier, j'ai cherché à m'intéresser à tout. Dure nécessité, Monsieur, que de répandre au dehors un sentiment tout intime et de le disperser sans qu'il vous fasse retour J'ai aimé la terre et la nature, les animaux et les hommes, les saisons et leurs fruits, l'univers, pour tout dire, en son présent et en son passé.

« Ne pouvant prétendre à posséder la beauté dans le corps vivant d'une femme, je l'ai cherchée sous des formes éparses et diverses, sur le visage des passantes, aux sourires des danseuses et des comédiennes, sur le relief des médailles, sur les profils des camées, dans l'attitude des statues. Et je puis dire, Monsieur, que j'ai été récompensé de mes peines. Il s'est formé dans mon esprit une figure imaginaire qui durera autant que moi. Que dis-je, la terre même m'a été propice, car elle m'a montré une fois l'image exacte de mon désir Le vieux sol latin m'a livré son plus beau trésor en cette Vénus assise que j'ai découverte et qui se trouve maintenant au cabinet du roi. Allez la voir, Monsieur, ce fut ma seule maîtresse. »

L'abbé Hubertet s'interrompit. On l'écoutait attentivement. Le petit chat blanc de Mlle Damberville, qui s'était glissé dans la salle, sauta sur la table. Il rôda un instant, puis s'assit sur son derrière, se lécha la patte et se la passa trois fois sur le nez.

— « C'est ainsi, Monsieur, dit encore l'abbé, que j'attendais la vieillesse. Elle est venue ; je la désirais. Pendant de longues années j'ai mis mes sens à une dure servitude. Maintenant, je ne redoute plus leurs écarts. Ils ne me demandent pas assez pour que j'hésite à les satisfaire. C'est pourquoi j'ai peut-être, à vos yeux, l'air de m'y abandonner. Il n'en est rien, Monsieur. J'use d'un droit légitime. Fanchon en est un des bénéfices. Mlle Damberville un autre, car n'est-ce pas un privilège de mon âge de jouir en paix les grâces du leur ? »

L'abbé Hubertet avait beaucoup parlé. Sa grosse figure suait à grosses gouttes. D'ailleurs la chaleur devenait extrême dans la salle close. On entendait parfois aux deux bouts l'eau des fontaines retomber dans les vasques avec un murmure alternatif.

— « Vous devriez bien vous régler sur l'abbé, monsieur Garonard, dit malicieusement M. de Clairsilly au peintre. Sa retenue vous serait un exemple à suivre. »

Et M. de Clairsilly se mit à raconter comment M. Garonard avait voulu, sans façon, brusquer

Mme de Kerbis dont il peignait le portrait. L'histoire courrait la ville demain, car Mme de Kerbis la colportait partout.

— « Oh ! répondit froidement M. Garonard, ce n'est point la première fois que pareille affaire se produit. J'ai dans mon atelier une bonne douzaine de toiles retournées et interrompues pour la même raison.

— Je ne comprends pas cette Kerbis, dit Mlle Damberville. Ce Garonard n'est point mal tourné de sa personne. De plus, il est riche et une Mme de Kerbis n'y regarde pas de si près à l'honneur d'un mari. N'est-ce pas, monsieur de Bercherolles ?

M. de Clairsilly qui, comme toutes les autres maîtresses de M. de Bercherolles, se prétendait aussi Mme de Kerbis, crut devoir prendre un air modeste et entendu.

— « Voyons, Garonard, comment diable vous y êtes-vous pris ? Je la croyais accommodante ?

— L'argent, dit sentencieusement M. de Bercherolles, comme s'il continuait sa pensée, est indispensable en amour. Il en faut. Certes il n'est point tout et, quand il est tout, c'est un assez vilain spectacle surtout si la seule force des écus unit la laideur à la beauté. Cela répugne. Mais l'argent est un outil admirable pourvu qu'il n'ait qu'à aider une physionomie passable. Il la dote d'un attrait subit et vous met en mesure d'avoir toutes les femmes qu'on veut au lieu de n'avoir que celles qui veulent. Il hâte et facilite et ajoute aux passions une heureuse rapidité. Il permet mieux d'apercevoir l'unique visage qui se cache derrière les cent masques de l'amour.

— Certains préfèrent pourtant ne lui connaître qu'une figure, objecta d'une voix douce M. de Saint-Bérain. Le nombre des amours compte moins pour eux que leur durée. Ils borneraient à dona Elvire la liste de don Juan. Une femme vaut peut-être mieux que trois, trois que mille et même que mille et trois.

— Je les ai eues à peu près, dit M. de Parmesnil ; il est vrai qu'elles n'étaient guère assorties, car elles différaient entre elles autant que les contrées où elles habitaient, les unes sous la hutte de neige des Laponnes, les autres sous la cabane d'écorce des Mohicanes ou dans les cases de terre et de feuillage des Négresses, à moins que ce ne fût sous le toit en bambou des Chinoises. Elles sacrifiaient à tous les dieux et moi à un seul, à l'Amour. »

La conversation, une fois là, tourna vite à l'anecdote, et ces Messieurs en fournirent de fort bonnes qui furent justement goûtées. Chacun en vint à prétendre que l'amour a sa diversité en lui-même et qu'il offre des surprises inattendues sans qu'il soit besoin de les chercher si loin.

— « Vous n'ignorez pas, dit M. de Bercherolles, combien je suis réglé en matière de femmes et l'ordre excellent qui me gouverne à ce sujet, mais il n'en fut pas toujours ainsi et ce n'est qu'assez tard que je parvins à une conduite dont je me loue tous les jours.

« Quand je quittai les Fermes générales, j'avais

trente-huit ans passés. Jusque-là, j'avais couru un peu à droite et à gauche. Certes, je n'entends point être ingrat envers les rencontres que le hasard m'a procurées; il s'en trouva de bonnes et auxquelles je n'eus rien à redire, mais je m'aperçus néanmoins que souvent je me contentais plus par moi-même que par celles qui eussent dû augmenter mon contentement par la valeur particulière de leur complaisance. La beauté donne aux sens des aides secrets et il s'agit de bien choisir ces secours voluptueux. En un mot je remarquai que je risquais fort de passer ma vie sans avoir eu les femmes que j'aurais le mieux aimé avoir eues, et c'est à cela que j'ai voulu remédier.

« Voici comment je procédai. Je regardai autour de moi avec plus d'attention que je n'avais fait jusqu'alors. Peu à peu je m'instruisis moi-même des visages qui me plaisaient le plus et je dressai un registre des personnes à qui ils appartenaient. Cela fait, je me mis à la besogne et en devoir de posséder une à une les femmes que j'avais ainsi distinguées. J'y parvins; j'agissais avec une parfaite liberté d'esprit et je réussis à souhait, sans m'écarter une fois de la règle que je m'étais tracée. Cette constance eut pour suite bizarre de me faire paraître infidèle. On me crut volage. J'avais placé ma fidélité vis-à-vis de moi-même et je veux vous conter le seul écart que j'y fis jamais. Encore fallut-il une de ces surprises de l'amour dont nous parlions tout à l'heure.

« Je me trouvais à la campagne, en chasse, le

fusil à la main, ma carnassière au côté. Elle était lourde. J'avais poursuivi jusqu'au crépuscule la remise des perdreaux, si bien que je m'égarai et, la nuit venue, séparé de mes gens, je ne savais par où retourner au château. J'avisai une lumière entre les arbres et j'entrai dans une chaumière assez propre où je demandai un gîte. Le paysan me reçut bien, sans me connaître. Il me servit, me montra, au grenier, une place dans le foin et me souhaita le bonsoir. A peine étendu, j'entendis grimper à l'échelle et marcher dans la paille avec précaution. J'avais laissé mon fusil en bas et me sentais assez penaud; il faisait noir comme dans le cul d'un four. La petite lanterne que l'hôte m'avait donnée s'était éteinte. Je serrai les poings, déterminé à me défendre. On respirait doucement à côté de moi. Ce soupir me rassura et je commençai à deviner l'affaire. Certes, elle n'était point prévue sur mon registre et n'entrait guère dans mes vues; mais je n'y pensais point à ce moment. Ma main, étendue, rencontra une gorge ronde et la toile d'une chemise que je soulevai. Je sentis une peau douce et fraîche. Une bouche savoureuse baisa la mienne et je m'abandonnai à cette volupté nocturne et singulière.

« Vous dirai-je qu'elle fut délicieuse? Je ne voyais rien de celle qui causait mon plaisir et me semblait le partager. Ah! la belle nuit amoureuse et rustique! Le foin et la ci. sentaient bon dans l'air doux et tiède et tout parfumé. L'aube blanchissait à peine les fentes de la lucarne que le chant du coq m'avertit. Je repris furtivement mes habits, je me dirigeai à tâtons vers l'échelle que je descendis quatre à quatre et je m'enfuis à travers champs. Je fus assez heureux pour retrouver la route du château. Ma belle muette n'avait pas prononcé une parole et je n'emportais de cette nuit imprévue que le bruit du foin froissé et le souvenir mystérieux de cette bouche invisible et de ce corps obscur et charmant.

— Puisque nous sommes dans le romanesque et que ces histoires semblent amuser Mlle Damberville, dit M. de Parmesnil, je vous dirai que je crois avoir rencontré à peu près l'inconnue de M. de Bercherolles; seulement, de belle fille de France, elle s'était faite pour l'occasion Chinoise en Chine.

— Nous vous suivrons, Monsieur, où vous voudrez bien nous mener, dit M. de Bercherolles, et j'ai hâte de retrouver ma belle silencieuse.

— Vous allez la reconnaître, répondit M. de Parmesnil, et il commença en ces termes :

— « Nous avions remonté le fleuve Jaune sur une grande jonque dorée qui portait à l'avant un dragon vert. Les rives de roseaux cessèrent et nous longeâmes une côte habitée. Elle était bordée de pagodes et de petits tombeaux. Enfin nous nous amarrâmes au port d'Hanoï-Phong entre deux gros pilotis peints et sculptés de masques grimaçants. Nous vîmes bientôt arriver le premier mandarin qui, avec beaucoup de politesse, nous souhaita la bienvenue et nous invita à lui rendre visite. Sa maison, qui nous parut fort belle, était située au bord de l'eau dans un jardin qui contenait quantité de kiosques et une tour de porcelaine. On nous introduisit, après force cérémonies, dans une salle longue où, sur une petite estrade, se tenait la fille de notre hôte, la céleste Tung-Chang. Une collation se trouvait préparée où l'on nous servit maints plats bizarres auxquels nous goûtâmes par curiosité et par courtoisie.

« Le mandarin était un vieil homme ; il portait une robe de soie rouge et verte à petits boutons et une sorte de calotte ronde d'où pendait par derrière une queue nattée.

« Tout se passa le mieux du monde et nous nous quittâmes, en bons termes, avec la permission de laisser notre jonque amarrée au port et l'autorisation de parcourir le pays environnant. J'y employai mes journées. J'étudiais les usages et les plantes. Vers le soir, j'allais souvent me promener au jardin du mandarin. Les allées étaient saupoudrées de sables de couleurs diverses. Çà et là, une boule de cristal pleine d'eau, posée sur une colonnette, contenait de baroques poissons. Ils étaient d'or rouge, d'or jaune ou d'or vert et comme bossus, avec de gros yeux, des nageoires déchiquetées et des barbes filamenteuses.

« Je rencontrais parfois la céleste Tung-Chang qui venait leur donner à manger. Nous nous saluions de loin avec les simagrées d'usage en cette contrée biscornue. Tung-Chang portait plusieurs robes de longueurs inégales et de couleurs différentes, superposées et serrées à la taille par une large ceinture nouée par devant. Sa chevelure était coiffée en grosses coques hérissées de longues épingles. Elle marchait à petits pas, montée sur de hauts patins en bois sculptés à jour. Quand je passais, elle me regardait du coin de son œil coquettement bridé.

« Un soir que j'étais resté là plus tard que de coutume, je me trouvais assis au pied de la tour de Porcelaine. En attendant le lever de la lune, j'écoutais dans la nuit obscure gémir une touffe de roseaux quand je me sentis prendre la main dans l'ombre. Je me laissai guider. Une forme vague m'entraînait et me fit entrer dans la tour par une petite porte basse que je ne soupçonnais pas.

« Je me trouvai dans une chambre faiblement éclairée. Au mur, une idole cornue grimaçait à la fumée de cierges en papier doré. La divine Tung-Chang reposait mollement sur des coussins et me fit signe de m'asseoir auprès d'elle. Sa robe était entr'ouverte, elle l'écarta d'un geste et mit ses mains sur ses yeux.

« Je compris et me mis en devoir de ce qu'attendait de moi la belle Chinoise. J'y parvins tout juste. Sa souplesse, son agilité me déconcertaient. Son petit corps jaune glissait entre les doigts. Ses seins figuraient assez bien deux citrons tièdes. Elle ressemblait à un jeune animal taquin et furtif, et je la trouvai délicate, amoureuse et fort experte. Ses yeux retroussés souriaient dans sa figure lisse. Elle exhalait une senteur pimentée de gingembre, de thé et de vanille, et de ce parfum poivré qui reste au fond des boîtes de vieux laque. Elle disait des mots rauques que je ne comprenais pas. Entre deux plaisirs, elle tira de ses cheveux une de leurs longues épingles à boule de jade et m'en piqua la joue en riant; et je respirais l'odeur des roses effeuillées qui remplissaient de leurs pétales de grandes coupes de bronze et j'entendais au toit aigu de la tour de Porcelaine, sous la lune, dans le vent argenté, le tintement épars des clochettes aériennes. »

*
* *

La conversation s'était séparée en colloques particuliers après le récit de M. de Parmesnil. Il parlait bas à M{ne} Damberville à qui il complétait à l'oreille son aventure chinoise, de même que M. de Bercherolles, penché vers Mlle Varaucourt, ajoutait quelque détail à sa galanterie rustique. Les deux femmes écoutaient à demi. Mlle Varaucourt souriait dans le vide, droit devant elle, et Mlle Dambreville, de ses doigts agiles, tambourinait des danses sur son assiette, tout en regardant à la dérobée, avec un intérêt croissant, M. de Portebize qui s'entretenait à voix basse avec l'abbé Hubertet. Le gros abbé paraissait fort attentif à ce que lui disait son voisin. Tantôt il hochait la tête; tantôt il rengorgeait ses trois mentons d'un air approbateur. Il levait les yeux au plafond, puis les rabaissait sur son interlocuteur. M. de Portebize se tut. L'abbé but un grand verre de vin, s'essuya les lèvres du revers de sa main.

— « Certes, Monsieur, dit-il à M. de Portebize, le souci que vous montrez de la mémoire de votre grand-oncle M. de Galandot, et les questions que vous voulez bien m'adresser à son sujet vous honorent singulièrement. Avant d'y répondre, permettez-moi de vous louer à vous-même et d'admirer avec vous votre conduite, car, d'ordinaire, les neveux se comportent tout autrement, et en cela ils agissent avec une coupable ingratitude. Ils se hâtent d'oublier l'auteur de leur nouvelle fortune et ne lui savent guère gré que d'être mort. Encore lui reprochent-ils plus d'une fois d'avoir tardé. La coutume de ces héritiers est d'autant plus mauvaise que tout leur en recommanderait une autre, car, le plus souvent, le bienfait leur vient d'une main familière, et il y aurait quelque décence à continuer un peu au défunt les sentiments dont on faisait montre envers le vivant.

« Pour ce qui est de vous, Monsieur, les circonstances sont bien différentes. Vous n'avez point connu votre oncle et, comme vous me faites l'honneur de me le dire, vous en avez à peine entendu parler. Il ne tenait aucun rang dans vos affections et n'avait même aucune figure en votre souvenir, et voici que vous vous souciez de lui en donner une en votre reconnaissance.

— Il ne tient qu'à vous, Monsieur l'abbé, en effet, répondit M. de Portebize, de mettre fin à une incertitude qui, je dois le dire et comme vous le pensez bien, m'embarrasse moins le cœur que l'esprit, et qui est d'une espèce assez particulière. Je ne prétends point forcer la retraite posthume où, par la mort, s'est retiré M. de Galandot ; il me répugnerait même d'extorquer en quelque sorte les secrets de sa mémoire. Non, Monsieur, ce que j'attends de vous est tout autre. Vous me complimentez de ce qu'à l'encontre des héritiers ordinaires je n'eus aucun regret à mêler à un événement qui d'habitude touche plus qu'il n'émeut. Détrompez-vous, Monsieur, et permettez-moi, au contraire, de les envier; qu'ils sont heureux! N'ont-ils point été appelés au chevet du moribond? Ils ont suivi ses obsèques. Ils ont payé le fossoyeur et le sacristain. Ils connaissent la forme exacte de celui qu'ils mènent au tombeau. Ils savent quelque chose de lui; on les complimente de la perte qu'ils ont faite. Ils retrouvent des lettres au fond d'un tiroir; ils ont une défroque à vendre aux fripiers, un portrait à mettre au grenier; mais, moi, mon cas est tout autre, et jugez de sa bizarrerie.

« J'hérite d'un oncle inconnu qui n'a pour moi ni visage, ni membres, ni stature, rien qui puisse m'aider à me le représenter exactement. Et comment diable voulez-vous, si je ne puis me l'imaginer vivant, que je me persuade qu'il est mort? Son héritage reste, si l'on peut dire, en suspens et je ne puis m'approprier ce qui ne me vient de personne, puisque pour moi M. de Galandot n'est pas quelqu'un. Rien ne me prouve après tout qu'il ait existé réellement. Tout cela n'est-il pas ridicule? Et encore j'exagère à peine. Tout concourt à entretenir mon ignorance. Son banquier de Rome, un certain M. Dalfi, vient de mourir, qui eût pu me renseigner. M⁰ Lobin qui administre ses terres ne l'avait jamais vu. J'ai su par lui qu'il habita Paris. Ici, ni M. de Kerbis qui, depuis cinquante ans, sait toute la ville, ni M. Laverdon qui, un demi-siècle, a coiffé toutes les têtes de qualité, n'en ont ouï parler. Quant à ma mère, elle n'en veut rien dire, et c'est un miracle si j'ai pu tirer d'elle votre nom. Aussi, Monsieur, jugez de ma surprise et de ma joie quand vous me dites, tout à l'heure, en passant à table que vous aviez beaucoup connu M. de Galandot, et pensez à ma gratitude si vous voulez bien m'aider à me figurer cet oncle presque imaginaire.

— Rassurez-vous, Monsieur, votre oncle fut, répondit en souriant l'abbé, et j'eus même l'honneur d'instruire sa jeunesse en ce beau château de Pont-aux-Belles qu'il vous a laissé sans doute. J'y fus appelé jadis auprès de M. de Galandot. C'était un jeune homme traitable et doux et je me demande pourquoi Madame votre mère, que j'y vis alors fort petite, a voulu ainsi oublier à dessein son cousin Nicolas; mais cela ne nous importe point. Ma tâche fut aisée; je parvins à former en lui un élève pieux et discret. La pureté de ses mœurs égalait la douceur de son caractère. Il n'était point étranger aux bonnes lettres et je ne doute point qu'en tout temps votre oncle n'ait conformé sa vie aux fortes règles de conduite dont nous avions pris soin de le nourrir. Mais les événements m'empêchèrent d'assister au spectacle de mon œuvre. Notre évêque, M. de la Grangère, m'emmena à Rome. Je voyageai. Puis, un jour, mes lettres restèrent sans réponse. Le temps passa. Les années s'écoulèrent, et ce ne fut que bien longtemps après que je retrouvai M. de Galandot.

« Malgré cette longue absence nous nous reconnûmes aisément et nous tombâmes aux bras l'un de l'autre, au grand étonnement des passants, car c'était juste au milieu du Pont-Neuf. Nous venions en sens inverse et, du plus loin que nous nous aperçûmes, nous fûmes sûrs de nos visages. La laideur ne change guère et ma figure en mérite d'être assez durable; la sienne ne me parut point trop modifiée et cette rencontre me fut douce.

« J'appris de lui que, quelques années après la mort de sa mère, il s'était rendu à Paris. Je me doutai bien qu'il y devait mener une vie retirée, car ses goûts ne le portaient guère à la dissipation et au libertinage. Je ne me trompais point, mais je m'aperçus qu'il vivait dans une singulière oisiveté et dans un grand désœuvrement d'esprit et je ne m'expliquai pas ce qui avait pu lui faire préférer le séjour de la Cité à celui de Pont-aux-Belles. Ce fut pour combattre cette paresse que j'eus l'idée de l'intéresser à mes travaux et d'utiliser, pour combler son loisir continuel, les études auxquelles j'avais pris soin de familiariser sa jeunesse. J'y réussis au-delà de toute espérance. Peu après je l'introduisis dans une compagnie où il se plut et où il plut par sa complaisance et sa politesse. On ne s'occupait guère là des choses du siècle et la conversation n'y roulait point sur des sujets à la mode; mais ces messieurs n'avaient point leurs pareils pour la connaissance des antiques de toutes sortes. M. de Galandot adopta leur vie studieuse, sédentaire et réglée. Il habitait au Marais un appartement qui donnait sur un jardin. Je l'y revois encore, et c'est là, Monsieur, que je vous le veux faire voir en pensée.

« M. de Galandot, votre oncle, n'était ni beau ni laid, ni vieux, ni jeune ; il semblait avoir pris quarante ans une fois pour toutes et bien décidé à s'en tenir là ; grand et maigre d'ailleurs et d'une taille un peu courbée; une vaste perruque enserrait son visage osseux. Il portait un large habit gris, qu'une fois usé il remplaçait par le pareil. Il était rare que quelque livre ne ballottât pas dans ses poches, pêle-mêle avec des médailles dont il les remplissait et qui tintaient entre elles. Il gardait au doigt en anneau une assez belle pierre gravée et il la regardait fréquemment en arquant un de ses sourcils. Un air de simplicité était répandu sur sa personne et il aurait peut-être bien même, pour être franc, paru un peu nigaud si son silence, son maintien et sa vertu n'en eussent imposé au point que nous l'avions entre nous surnommé le Romain, sans nous douter qu'il mériterait jamais ce sobriquet autrement que par la dignité de son caractère, la rigueur de ses mœurs et la constance de sa frugalité. Sa seule sensualité était pour le raisin.

« Il en achetait du plus beau, et encore le plus souvent le gardait-il sur sa table sans y toucher, comme si la vue d'une belle grappe eût suffi à sa sage gourmandise. »

L'abbé Hubertet s'était interrompu de parler. Il

avait attiré à lui une bouteille et s'en versait lu
vin. M. de Portebize restait silencieux. L'oncle
Galandot prenait, si l'on peut dire, corps à ses
yeux et, tout joyeux, comme pour saluer ce nouveau venu, M. de Portebize atteignit la bouteille
de l'abbé et s'en versa à son tour. Il finissait de
boire quand M. Hubertet reprit :

— « Je parlais quelquefois à votre oncle de la
vigne de mon ami le cardinal Lamparelli. Elle
était au bout de son jardin de Rome. Nous étions
assis sous le pampre un jour où les ouvriers, non
loin de nous, fouillaient le sol. En exécutant des
travaux d'agrément, ils avaient mis à découvert
des restes antiques. Le terrain rendait des débris
de poteries et des médailles que nous examinions
à mesure, quand on nous vint dire que la pioche
mettait à nu un bras de statue. Nous courûmes à
l'endroit. Ah! Monsieur, ce bras sortait de terre à
demi, sa main brisée semblait implorer notre aide.
Bientôt les épaules apparurent, puis la tête et le
corps entier de la Vénus. Son marbre brillait par
places sous l'écorce terreuse qui la couvrait. Lamparelli dansait de joie et moi, à genoux dans la
poussière, j'embrassais la belle main mutilée. Il
faisait un grand soleil. Le cardinal n'en resta pas
là ; une fois moi de retour en France, il continuait
de m'avertir par lettres de ses trouvailles et je crois
que ces récits furent pour quelque chose dans la
résolution subite de votre oncle de partir un beau
jour pour Rome.

« Mon étonnement fut extrême et partagé par tous
ceux qui connaissaient M. de Galandot. Rien de

ce que nous pûmes lui dire ne parvint à le détourner de son projet. Nous nous y accoutumâmes et il l'exécuta. Il emportait des lettres pour le cardinal Lamparelli. Une fois parti, notre Romain nous laissa sans nouvelles. Je n'en reçus jamais d'autres que cette urne de bronze que Fanchon vous aura montrée chez moi, à gauche, près de la porte et qu'il m'envoya, un an à peu près après son arrivée là-bas. Ce fut tout. Nos amis moururent un à un, je restai seul de la petite société où il bornait ses relations. Nous y parlions souvent de lui, mais je ne m'étonne pas que son nom ne soit jamais parvenu jusqu'aux oreilles de M. de Kerbis, pas plus qu'il ne me surprend que sa tête ne passât jamais par les mains de M. Laverdon. Il n'était point leur fait. Sans vous j'ignorerais encore que mon pauvre Nicolas a cessé d'être.

« Ne pensez point, Monsieur, me voir insensible à sa mort; ce n'étaient point des regrets que vous demandiez, mais une image exacte qui vous aidât à vous représenter celui qui n'est plus et qui risquait pour vous de ne jamais être. J'ai fait de mon mieux; je vous ai présentés l'un à l'autre. Saluez-vous donc et prenez congé de lui. Croyez-m'en, Monsieur, ne vous attardez point trop au souvenir de quelqu'un qui ne fut ni de votre âge ni de votre temps. Vous avez satisfait à un délicat devoir de politesse mortuaire dont le souci vous honore. Le plaisir vous appelle. Quittons ce sujet et rompons ce propos. Vous voici en règle avec M. votre oncle et en retard avec Mlle Damberville qui vous regarde avec complaisance. Rendez-lui vos yeux; sa gorge mérite votre attention et écoutons M. de Bercherolles. »

.

Au moment où M. de Bercherolles allait parler, les portes s'ouvrirent avec fracas et un laquais annonça brusquement : Monsieur Thomas Tobyson de Tottenwood.

M. Tobyson était d'une stature vraiment remarquable. Son corps énorme remplissait toute l'ampleur d'un vaste habit de velours écarlate. Au bout de ses bras pendaient des poings massifs et tout velus de poils fauves. Une courte et grosse perruque à rouleaux faisait ressortir, par sa blancheur poudrée, la teinte cramoisie du visage carré où l'on distinguait, dans une masse de chair comme bouillie, de petits yeux vifs, un rien de nez, une toute petite bouche en cul de poule avec une moue qui semblait prête à pondre.

M. Tobyson de Tottenwood aurait été certainement un personnage fort comique si sa force, sa structure et sa taille ne l'eussent rendu respectable; mais comment rire d'un homme dont le pas faisait plier les planchers quand il y marchait de ses larges pieds chaussés d'immenses souliers à boucles ? C'est ainsi qu'il s'avança vers Mlle Damberville, lui secoua brutalement la main, adressa à la compagnie un salut circulaire et s'assit sur une chaise silencieusement.

Mlle Damberville semblait parfaitement habituée aux façons de l'Anglais. Il avait tiré de sa poche un écrin qu'il tendit et qui contenait un diamant d'une fort belle eau. Pendant que la pierre passait de mains en mains autour de la table, un domestique avait posé devant M. Tobyson un panier de bouteilles de bordeaux.

À ses passages à Paris, M. Tobyson ne manquait jamais de venir voir Mlle Damberville et de lui apporter quelque présent; aussi lui passait-elle ses bizarreries et ses improvistes, car M. Tobyson était riche et baroque. Il voyageait et on l'appelait Milord, bien qu'il ne le fût pas, son aîné siégeant parmi les pairs du royaume, et lui, cadet, s'étant enrichi par le commerce. Sa fortune faite, il quitta l'Angleterre et n'y remit plus jamais le pied. On le vit à Venise parmi les masques du carnaval, à Vienne et à Varsovie, à Amsterdam. Il parcourait l'Europe d'un bout à l'autre, pour se distraire, se montrant partout amateur de femmes, de pierreries et de vins, partout vêtu de rouge, gigantesque, taciturne, flegmatique et imperturbable.

Il achevait sans mot dire sa troisième bouteille.

— « Certes, disait M. de Bercherolles, nous avons tous aimé, chacun à notre façon, et nous voici tous là, ce soir, et en assez bon état, je puis le dire, bien vivants et en posture de démentir la mauvaise réputation de l'amour. Nous avons tous entendu parler des malheurs qu'il cause et des catastrophes où il mène sans en avoir rien éprouvé de tel. Il faut avouer qu'il nous a singulièrement favorisés et que nous n'avons point à nous plaindre de lui.

— Il est vrai, repartit M. de Clairsilly, que l'amour ne nous a pas nui. Peut-être sans lui,

Bercherolles, seriez-vous quelque peu plus riche, car il vous a coûté gros, mais sans les dépenses que vous y avez faites j'aurais été moins heureux.

— Nous devons d'autant plus nous en louer, reprit M. Garonard, qu'il cause tout de même de terribles ravages. J'ai peint plus d'une fois des visages d'hommes ou de femmes qui portaient des traces certaines de ses larmes et de ses tourments.

— Je crois que notre bonheur en amour vient surtout, dit Mlle Damberville, de la familiarité où nous avons vécu avec l'amour. Nous lui laissions prendre à son gré toutes les formes du hasard, sûrs de le retrouver toujours sous le masque où il se plaisait à se déguiser pour nous apparaître. Il nous a été reconnaissant d'obéir à ses caprices. Il ne devient dangereux que lorsqu'on l'emprisonne sous un aspect unique. Sa nature même, qui est universelle, répugne à cette contrainte; mais si, au lieu de cela, on le laisse libre de nous émouvoir selon les surprises où il aime à se travestir, il reconnaît notre complaisance par des égards particuliers; sinon, il se vengera d'une fidélité malencontreuse par les plus dures, les plus absurdes et les plus piteuses servitudes.

— Je crois bien que Mlle Damberville a raison, dit M. de Parmesnil, mais je ne la savais pas si grande philosophe. Supposez en effet que l'un de nous eût aimé exclusivement Mlle Damberville, qu'au lieu des délices du plaisir il eût exigé d'elle les constances de la passion, serait-elle l'aimable grâce ailée qui voltige en nos souvenirs

nirs? Non! elle serait devenue pour l'un de nous une idée particulière dont il eût été l'esclave. J'ai vu dans mes voyages de ces figures immobiles qui servent à un culte sacré. Elles sont taillées dans le bois précieux ou la pierre rare, mais elles imposent à leurs fidèles un servage rigoureux. Elles les prosternent dans la poussière et dans la boue et exigent parfois pour sacrifice le sang même de leur dévot.

— Sans aller si loin, dit M. de Bercherolles, nous avons vu des femmes obtenir de leurs amants les pires turpitudes et les plus bas services. Ils supportaient les plus fâcheuses avanies, simplement parce que... »

M. Tobyson de Tottenwood interrompit M. de Bercherolles. Il parlait en anglais, d'une voix rauque, et s'aidait de gestes brusques. Le baroque personnage savait fort bien toutes les langues; mais, en compagnie, de peur de prêter à rire par l'accent burlesque qu'il leur donnait, il ne se servait jamais que de la sienne. M. Tobyson ne se démontait pas et continuait son jargon natal. On s'entre-regardait. Mlle Damberville comprenait à demi, car elle avait dansé sur les théâtres de Londres et en avait retenu un peu du langage de là-bas. M. Tobyson continuait, cela dura assez longtemps; quand il eut fini, il mit ses poings énormes sur la table et éclata d'un rire sonore. On l'imita.

— « Voici à peu près ce que vient de nous conter M. Tobyson et qui a trait justement aux singulières pratiques où l'amour réduit certains amants, dit alors M. de Parmesnil qui, en bon polyglotte, eût aussi bien pu traduire en chinois ou en persan la harangue du gros Anglais. Il se trouvait donc, l'autre année, à Rome, où il avait fait connaissance d'une courtisane nommée la signora Olympia. La belle lui plut et il alla assez fréquemment coucher chez elle.

« Or, un matin qu'il dormait encore, il vit, en ouvrant à demi les yeux, un homme assez vieux qui posait sur un fauteuil, soigneusement brossé, l'habit que milord avait quitté la veille au soir. Le personnage portait également à la main les souliers. Il faut vous dire que M. Tobyson, qui a le pied grand, tient beaucoup au bon état de sa chaussure. Il avait eu, sous ce rapport, à se plaindre de la négligence des valets romains. Celui-là, au contraire, lui rapportait des souliers admirablement luisants. M. Tobyson, charmé de cette nouveauté, eut l'idée de demander à la signora de lui céder ce serviteur. A cette demande l'Olympia fut prise du fou rire. Le faux valet n'était autre qu'un gentilhomme français, fort riche. Non seulement la dame en tirait de fortes sommes, mais encore elle lui imposait les travaux les plus rebutants de l'office, de l'antichambre et de l'alcôve. »

L'histoire de M. Tobyson fut fort bien accueillie ; à peine fut-elle finie que le chevalier de Gurcy, se levant de la table, s'écria tout haut de sa grosse voix enrouée :

— « A la bonne heure donc, Messieurs ! ce gentilhomme domestique me plaît et voilà, pour de bon, qui est aimer. »

L'enthousiasme soudain de M. de Gurcy fit brouhaha. D'ailleurs le souper finissait. L'odeur des vins et des mets avait encore alourdi l'extrême chaleur. Tout le monde parlait à la fois, au point que les propos se croisaient sans se répondre. M. Garonard dessinait sur du papier des figures libres qui passaient de mains en mains. M. de Bercherolles faisait tinter l'or de ses poches. M. de Saint-Bérain chantait; Mlle Varaucourt commençait à se débrailler et faisait carillon avec les assiettes. M. de Parmesnil parlait chinois pour lui tout seul. M. de Clairsilly avait pu sortir, mais ses jambes ne durent pas le porter loin. La petite chatte blanche de Mlle Damberville se promenait sur la table avec précaution, rôdant à travers la verrerie et tournant autour du surtout des fleurs où, de temps à autre, d'un coup de patte furtif et prompt, elle déchirait une des roses ébouriffées dont les pétales pleuvaient mollement sur la nappe.

Le désordre dura assez longtemps; enfin, quand il fut à son comble, la danseuse fit un signe à M. de Portebize, et tous deux disparurent suivis sur les talons par la chatte blanche qui se glissa à leur suite. Personne ne prit garde à leur sortie. L'abbé Hubertet dormait, sa grosse tête tombait à droite et à gauche sur son épaule. Il ne se réveilla même pas à l'effondrement de Gurcy roulant sous la table autour de laquelle M. Thomas Tobyson de Tottenwood, cramoisi en son habit rouge, mais solide encore sur ses larges pieds, portait à bout de bras Mlle Varaucourt, retroussée jusqu'aux hanches et la cuisse à l'air.

VII

Chaque matin le carrosse vide de M. de Portebize s'arrêtait à la grille de Mlle Damberville où Bourgogne et Basque venaient régulièrement chercher leur maître. Depuis le soir du souper il n'était pas sorti de chez la danseuse. Vers midi, il faisait dire à ses gens de s'en retourner et de ne point manquer d'être là, le lendemain. Les deux drôles qui, depuis deux heures, bavardaient avec le portier, décampaient donc ; mais, au lieu de monter derrière la voiture, ils s'installaient commodément à l'intérieur sur les coussins et se faisaient tranquillement ramener à l'hôtel comme des personnes de qualité.

Ils avaient averti M. Laverdon, quand il vint, comme de coutume, pour coiffer M. de Portebize, de son aventure amoureuse et, par les soins de M. Laverdon, la chose se répandit vite en tous lieux. Certes, Mlle Damberville n'en était point à sa première frasque ; elle mettait à ses amours une liberté hardie ; mais le bruit de son dernier choix était redoublé par l'esclandre qu'en faisait partout M. de Gurcy.

Le chevalier promenait sa fureur et ne décolérait point. Il éclatait en invectives contre M. de Portebize, qu'il accusait d'ingratitude et contre Mlle Damberville dont il maudissait le procédé. D'heure en heure il accablait l'infidèle de lettres furieuses et griffonnées qui restaient sans réponse.

Chaque jour, il venait rafraîchir sa colère sur le lieu même de son déshonneur, et il l'emportait avec lui toute nourrie d'une force nouvelle. Malgré ses cris et ses tempêtes, la grille de la maison de Chaillot demeurait obstinément fermée.

En vain il parlementa avec le portier, de qui ni son tapage, ni ses menaces ne pouvaient tirer autre chose, sinon que Mlle Damberville avait donné l'ordre de ne laisser pénétrer qui que ce fût. M. de Gurcy enrageait en vain. Quand il était las de crier et de montrer le poing à son rival invisible, il s'épongeait le front et s'asseyait sur une borne, d'où un sursaut de jalousie le relevait brusquement d'un bond, et il recommençait à geindre et à hurler.

Cela dura presque une semaine. Le plus beau, c'est qu'à force de rencontrer là Basque et Bourgogne, qui y venaient à la même heure, il avait fini par les prendre pour confidents de son infortune.

Basque surtout lui plaisait. Il avait une longue mine maigre et goguenarde et écoutait avec respect les doléances du chevalier qui ne tarissait pas en injures contre M. de Portebize. Basque et Bourgogne semblaient entendre avec un muet plaisir leur maître traité de vilain, de gueux et de voleur. Ils s'en poussaient le coude aux bons endroits et ricanaient tout bas. M. de Gurcy s'emportait davantage. Le portier derrière la grille riait tout haut. Le cocher de son siège se tenait le ventre.

Quelquefois des passants, croyant à quelque querelle de valets en ribotte, voulaient s'interposer et appeler le guet. Le cocher les rassurait, se touchait le front du doigt et faisait comprendre aux curieux que l'énergumène avait la tête dérangée et la cervelle à l'envers.

— « Oui, Basque, ton maître est un pendard. hurlait M. de Gurcy; oui, Bourgogne, un malotru; retiens bien cela et fais-en ton profit ; et pourtant je l'aimais, ce garçon; il me plaisait, et voilà comment il me récompense ! Il me voit ivre sous la table, me prend ma maîtresse et me fait fermer sa porte, et tout cela sans même me prévenir. Et pourtant je l'aimais, ce drôle, et je vais être forcé de lui trouer la peau en vingt endroits et d'aller avec lui sur le pré. »

M. de Gurcy prenait alors un visage de circonstance.

— « Regarde bien, Basque, continuait-il, et toi, Bourgogne, attention ! On arrive sur le terrain. On met habit bas. Les épées sont de même longueur. Je me fends, il pare, je riposte, il rompt, je me fends, je l'atteins. Il tombe... Le médecin se penche : « M. de Portebize est mort. » — Ah! il est mort, M. de Portebize. Eh bien, sur ma foi je le regrette, Monsieur ; c'était un bon compagnon et voilà ce que c'est que de nous ! » Et tout cela, vois-tu, Basque, pour une demoiselle Damberville. »

Et le chevalier montrait le poing à la petite maison qu'on apercevait derrière les arbres, au bout du jardin gelé qui scintillait de givre au soleil et semblait rire au nez de l'amant congédié.

— « Est-ce que j'y tenais, à cette Damberville ? reprenait M. de Gurcy ? Est-ce que cela m'amuse de faire la bête à sa porte ? Pourquoi ce maître sot ne m'a-t-il pas dit : « Gurcy... » Mais non ; il m'a traité par trop sans façon ; sans cela je la lui aurais cédée de bon cœur ; je l'ai eue tant que j'ai voulu et tout mon saoul ! »

Basque et Bourgogne hochaient la tête en guise d'assentiment.

— « J'en ai assez de ses soupers et de son lit. Crois-tu, Bourgogne, que cela m'amuse de m'asseoir à sa table entre un vieil abbé obèse et un faquin de Garonard qui ressemble à un épouvantail à moineaux, de subir les plaisanteries de cet imbécile de Clairsilly et d'écouter les tirades de M. de Bercherolles ? Ah ! les voyages de M. de Parmesnil et les histoires de Laponnes et de Chinoises ! Je préférerais encore Saint-Bérain : il joue le fat et le joli cœur pour plaire aux dames et leur débite ses fadaises ; mais au moins il s'y connaît en chevaux et sait distinguer une jument d'un étalon. Il fait semblant de respirer des roses ; mais au fond il n'aime que l'odeur du crottin. Tu me demandes, Basque, pourquoi je restais dans cette pétaudière ? »

Basque ne demandait rien du tout ; il se grattait le bout du nez selon son habitude et écoutait avec patience la jérémiade du chevalier.

— « Ce que j'y faisais, tête d'âne ! j'étais l'amant

de M¹¹ᵉ Damberville. Tu ne sais pas ce que c'est d'être l'amant de M¹¹ᵉ Damberville. Ton gueux de maître le sait maintenant ; il a dû l'apprendre depuis le temps qu'il est enfermé avec elle. Tiens, il me semble que je lui en veux moins, le pauvre diable ! Non, je ne lui en veux pas du tout. Non vraiment, il sortirait là par cette grille que j'irais à lui. « Eh bien ! malheureux Portebize, comme te voilà fait ! Ce visage long d'une aune, cette mine déconfite ! Te voici maintenant plus traitable ; nous pouvons en causer. Ah ! la belle affaire ! Mais parle donc ! Sa gorge est jolie, hein ! mais le reste ? Ah ! ah ! ah ! elle a les bras maigres et les cuisses dures. Elle n'est plus toute jeune, mon ami, notre Damberville. Elle a la bouche âcre et la peau sèche. Ah ! Portebize, tu l'as voulu ! »

Puis sa colère reprenait de plus belle.

— « Mais sors donc de là ! Qu'est-ce que tu fais avec elle ; sors donc ! Allons, il ne sortira pas aujourd'hui encore ! Ils n'en auront donc jamais fini ! »

Et cela durait jusqu'à ce qu'un laquais vînt dire un mot à travers la grille à Basque et à Bourgogne et les congédier de la part de leur maître. Le chevalier écoutait, les poings serrés. Il avait les habits en désordre et la perruque de travers.

— « Allons, Monsieur le chevalier, disait Basque, nous partons. Ce ne sera pas encore pour aujourd'hui. Monsieur le chevalier veut-il qu'on le remette quelque part, car vous voilà ici à vous morfondre à pied, sans vos gens et dans un état à ce que l'on vous suive par les rues ? »

Dans la voiture, M. de Gurcy recommençait à se lamenter.

— « Ah ! les gueux, s'en donnent-ils ! et jour et nuit, j'en suis sûr. Ne crois pas ce que je t'ai dit, Bourgogne : ton maître est un heureux larron. Cette Damberville est charmante et je te défends de penser autrement, puisqu'elle a été ma maîtresse, et quelle maîtresse ! Quel feu ! quelle ardeur ! Et elle m'a trompé.

« Elle a bien fait, je l'ai mérité. Je me suis saoulé. Tant pis pour moi ! Elle me l'avait défendu. D'ailleurs, il faut savoir être trompé quand on aime ; je lui demanderai pardon, elle me reprendra. Tu ris, maraud ! il n'y a pas de honte en amour. L'histoire que nous a contée l'autre soir ce gros Anglais rouge est très bien. Il a raison, il faut savoir vider le pot. Arrête-moi là, Basque ; adieu, mon garçon ! »

Et M. de Gurcy sautait du carrosse et s'en allait, en gesticulant, porter partout sa colère et son dépit et contribuer lui-même à répandre avec fracas sa fâcheuse aventure.

Partout déjà elle l'avait précédé. Le caprice de Mlle Damberville pour M. de Portebize prenait les proportions d'une affaire publique. Les gazettes parlaient de l'indisposition de la danseuse. L'Opéra bourdonnait, les Menus commençaient à s'émouvoir. Mlle Damberville dédaignait les ordres les plus formels et méprisait les plus sages avis. Elle refusait obstinément de jouer. Le public la réclamait sur la scène. Le théâtre retentissait de sifflets et de bagarres. Le parterre voulait la Damberville, et les directeurs étaient incapables de la lui donner. Les spectateurs exigeaient que le nouveau ballet annoncé des *Égarements champêtres* remplaçât celui d'*Ariane*. Mlle Damberville y devait figurer Sylvie ; aussi sa présence était-elle indispensable.

Rien ne pouvait vaincre sa rébellion, ni les menaces, ni les amendes.

La chose en vint au point que l'opinion réclama le châtiment de l'opiniâtre, et on se décida pour la satisfaire d'enfermer la demoiselle Damberville au For-l'Évêque.

Ce fut un matin que, couchée avec M. de Porbize, Mlle Damberville entendit heurter à sa porte au nom du roi. Elle alla ouvrir elle-même en galant appareil. A l'exempt qui lui signifiait l'ordre de la suivre, M. de Portebize réveillé en sursaut voulut protester ; mais Mlle Damberville le fit taire et le força à se recoucher.

— « Monsieur n'a rien à voir là-dedans, dit-elle à l'homme de police ; quant à vous, monsieur l'Exempt, je vous attendais, mais je ne doute point que vous ne me donniez le temps de dire adieu à ce gentilhomme qui est là et d'ajouter à cette chemise où vous me voyez de quoi paraître aux yeux de vos gens et des miens. »

Lorsque l'exempt se fut retiré, Mlle Damberville éclata de rire au nez de M. de Portebize. Elle s'était assise au bord du lit et regardait la mine déconfite du jeune homme.

— « Eh bien ! mon cher amant, lui dit-elle, voilà donc où nous en sommes ! Je dois reconnaître que vous avez été parfait. Vous avez fait mine de chercher votre épée ; mais rendez-moi grâce de vous avoir remis sous les draps. Vous n'avez pas à montrer en chemise ce que j'ai à faire voir. Et maintenant, mon cher cœur, trêve de plaisanteries et écoutez-moi ! »

Elle avait posé une main sur le drap et de l'autre elle jouait avec son pied blanc et musclé. Une boucle défaite lui caressait l'épaule.

— « Je vous dois d'abord un remerciement. Vous m'avez fait passer une semaine fort agréable, et j'espère que pour votre part vous ne la regrettez pas trop. Votre jeunesse n'est point avare d'elle-même et, à la façon dont vous m'avez traitée, vous ne m'avez point fait apercevoir que la mienne fût déjà l'aînée de la vôtre. Si, malgré votre bonne volonté, vous ne valez pas Gurcy, vous le surpassez en délicatesse. A vous deux vous êtes parfaits et faits pour vous entendre, ce qui ne manquera pas, car je ne doute point qu'il vous pardonne quand il saura que tout de même vous ne l'avez pas fait oublier ; de telle sorte que nous tirerons tous les trois profit de cette aventure. Notre chevalier apprendra par là une fois de plus qu'on peut se passer de lui. Le voilà donc averti, vous voici célèbre, et je vais aller en prison.

« C'est ce triple but que je cherchais ; maintenant Monsieur, vous aurez le choix entre toutes les femmes ! elles se disputeront vos faveurs qui seront des grâces ; quant à moi, j'ai mon For-l'Evêque. »

M. de Portebize regardait Mlle Damberville avec stupéfaction.

— « Il me le fallait, Monsieur, et je vais vous en apprendre la raison. Vous connaissez cette petite Fanchon de l'abbé Hubertet. Elle montre pour la danse des dispositions surprenantes et même des talents admirables. Elle sait tout mon rôle de Sylvie dans les *Egarements champêtres*. Elle m'y remplacera. Bercherolles s'en occupe. Sans cet heureux stratagème, jamais on ne lui aurait donné l'occasion de débuter avec un éclat immanquable. Pensez à la joie de l'abbé. Il se fait vieux et je veux qu'il ait de moi ce plaisir avant de mourir. Voilà tout, Monsieur ; mais le temps presse et notre exempt doit s'impatienter. Laissez donc ma gorge en repos, sonnez mes femmes et embrassons-nous. Votre âge aime les aventures et celle-ci ne peut manquer d'être de votre goût. »

VIII

Quand Mme Damberville fut bien et dûment écrouée au For-l'Evêque et que M. de Portebize fut rentré chez lui, il éprouva un peu de désœuvrement et quelque dépit. En fin de compte, il se trouvait joué ; mais le jeu ne lui avait certes pas déplu, et, quoique les cartes en eussent été arrangées, la partie n'en avait pas été moins agréable. Il se voyait le héros d'une bruyante galanterie et si, à ses yeux et pour lui, les causes ne lui en semblaient pas toutes à son avantage, la chose n'en gardait pas moins, à la vue de tous, une fort belle apparence. On en parlait en tous lieux et la « semaine de M. de Portebize » était en train de devenir proverbiale. M. de Portebize était à la mode et il en ressentait quelque vanité. M. de Gurcy, qui avait juré sa perte, ne se montrait pas, occupé à gémir et à tempêter à la porte du For-l'Evêque. M. de Portebize attendait, pour se faire voir en public, la représentation des *Egarements champêtres* dont le jour approchait. Cette pensée le ramena au souvenir de la petite Fanchon et il se résolut à aller rendre visite à l'abbé Hubertet.

Lorsque, arrivé au haut de la rue Saint-Jacques,

il eut mis pied à terre, il traversa la cour humide et monta l'escalier obscur. Le masque antique aux joues de vermillon riait de plus belle sur la porte du vieil antiquaire. M. de Portebize la poussa.

Mlle Fanchon était assise au milieu de la pièce, sur une chaise à dossier haut. Elle avait le coude aux genoux et le menton dans ses mains et paraissait fort occupée à regarder devant elle. Ses yeux allaient des débris de sculptures poudreuses qui encombraient le plancher aux livres, par rangées, qui garnissaient les murs. Elle paraissait mélancolique. A un léger bruit que fit M. de Portebize, elle tourna vers lui son joli visage où ses beaux yeux semblaient avoir pleuré ; en l'apercevant, elle poussa un petit cri et se leva, les mains croisées sur sa poitrine.

Mlle Fanchon était en jupon et en corset, ce qui contrastait avec sa coiffure, où la poudre se mêlait à des feuillages ; ses joues étaient délicatement fardées ; deux ronds roses en marquaient les pommettes ; sa bouche vive complétait la grâce charmante de sa figure.

— « Ah ! Monsieur, c'est vous ? Que vous m'avez donc fait peur ! Et M. Hubertet, qui n'est encore pas là ! Nanette ne vous a donc rien dit en bas ?

— Nanette ne m'a rien dit, Mademoiselle, et je ne le regrette point puisque vous voilà. Mais je dirai à M. Hubertet ce que vous faites en son absence. Vous avez pleuré, Fanchon. »

Et M. de Portebize désignait du doigt deux petites larmes rondes qui coulaient furtivement sur les joues de la jeune fille.

— « Ne lui en dites rien, Monsieur, je vous en prie. Cela le peinerait. »

Et elle s'essuyait les yeux.

— « Qu'y a-t-il donc qui vous chagrine, jolie Fanchon ?

— C'est de quitter M. l'abbé.

— Quitter l'abbé ! Et pourquoi donc le quittez-vous ?

— Il faut tout vous dire, Monsieur. Ce matin, il m'a prise sur ses genoux. « Fanchon », m'a-t-il dit doucement, « voilà qui est bien. Tu es une bonne fille et je t'aime beaucoup, mais il faut nous séparer. Que veux-tu ? je ne puis pourtant pas, malgré mon âge, vivre avec un premier sujet de l'Opéra. Maintenant, on va s'occuper de toi ; ton nom sera dans les gazettes. Tu vois d'ici le bel effet. — Et où habite cette demoiselle Fanchon ? — Mais avec M. l'abbé Hubertet. — Oui bien. — Et c'est elle qui danse les *Egarements champêtres ?* — Ah ! vraiment ! — Tu comprends cela, Fanchon ? » Alors j'ai pleuré et il pleurait aussi ; et, comme je lui offrais de renoncer à mon rôle, de rester tant qu'il voudrait une petite danseuse de rien, à qui personne ne ferait attention, il riait et il disait : « Renoncer à ton rôle, Fanchon ! Tu n'y penses pas, un rôle pour lequel Mlle Damberville est en prison ! » et il ajoutait mille choses tendres qui nous faisaient pleurer davantage. »

Mlle Fanchon avait oublié, en parlant, qu'elle était en corset et en jupon. Son corset serrait sa taille fine et laissait voir sa gorge que l'émotion faisait palpiter.

— « Et ce bon M. Hubertet qui a pensé à tout ! Il m'a loué un petit appartement dans le voisinage du théâtre, juste dans la maison de M. Darledel, mon maître à danser. J'y habiterai avec la tante de cette Nanette que vous avez vue et qui fera mon service. Sa tante est pauvre et pieuse, et l'abbé viendra dîner trois fois la semaine.

— Voilà qui est parfait, mademoiselle Fanchon, et il n'y a point là de quoi pleurer.

— Mais que va devenir M. Hubertet? Qui époussetera ses livres et ses médailles? Et puis, voyez-vous, Monsieur, j'étais heureuse, et tout ce changement m'effraie un peu. Hier je ne voulais plus aller répéter, et c'est M. l'abbé qui m'y a conduite. M. Hubertet s'entend fort bien en danse. Ah ! que j'étais donc troublée! Mais, quand je l'ai vu assis sur la scène où on lui avait apporté une chaise, je me suis trouvée tout à l'aise. Je dansais. Je le voyais rire de satisfaction, se pencher en avant, les mains aux genoux, se rejeter brusquement en arrière. Il me faisait des signes. Je me sentais plus légère et plus adroite, et, quand j'eus fini, je me suis jetée à son cou. Toutes ces demoiselles m'ont imitée et tout le monde l'a embrassé. Il se débattait à force. C'était une véritable bagarre, mais on s'acharnait contre lui. L'une le tirait par son collet, l'autre par sa manche, si bien qu'à la fin ce pauvre M. Hubertet était tout blanc de poudre et qu'il fallait le voir rajustant sa perruque et redressant son rabat, rouge d'embarras, mais riant tout de même ! »

Et Fanchon, à ce souvenir, riait aussi à grands

éclats. Ses lèvres fraîches montraient ses dents blanches. La gaieté gonflait son cou souple, et les pampres flexibles de sa coiffure s'agitaient comme au vent. Puis elle redevint sérieuse; elle parut réfléchir.

— « Ce qui me fâche, Monsieur, je vais vous le dire, continua Fanchon en baissant la tête avec une moue. C'est moins encore de quitter M. l'abbé que de penser que je lui doive tant sans avoir aucun moyen de m'acquitter envers lui. Je voudrais tant lui faire plaisir! On dit que je suis jolie et que les hommes aiment fort la jeunesse et la première fleur des filles. Ah! que je regrette donc que M. l'abbé soit d'un âge à ne plus pouvoir profiter de ce que je lui donnerais si volontiers! Ah! pourquoi la nature, en le faisant si vieux, m'a-t-elle enlevé l'unique moyen qui m'eût permis de ne point rester ingrate envers lui? Mais je déraisonne, Monsieur, excusez ma simplicité. »

M. de Portebize, en écoutant Mlle Fanchon, regrettait maintenant de n'avoir point, au lieu de M. l'abbé Hubertet, mérité sa reconnaissance. A la façon dont elle entendait récompenser les bienfaits, M. de Portebize eût aimé lui avoir rendu quelques services. Il la trouvait charmante, tout animée encore de son récit.

— « Prenez garde, Mademoiselle, de vous troubler l'esprit et de vous gâter le visage! Les pleurs et les soucis ne valent rien à la beauté. Il y a de meilleurs sujets à vos pensées. Songez que le public n'attend pas de vous des soupirs et des yeux battus. Il faut, pour lui plaire, un air de contentement où il prenne le sien. La nature vous a donné une grâce charmante à qui l'art ajoute ses attraits. Vous avez en vous tout ce qu'il faut pour triompher. Il me semble entendre déjà s'accorder les violons. Ah ! Mademoiselle, que je me réjouis donc de vous voir en ces *Egarements champêtres* où vous allez paraître, demain ! J'imagine la lumière, la musique et toutes les mains levées pour vous applaudir. »

A mesure que M. de Portebize parlait, le visage de Mlle Fanchon semblait suivre ses paroles ; ses petits pieds trépignaient. Elle recula à pas légers vers le fond de la chambre.

Mlle Fanchon dansait.

Elle obéissait à un rythme muet qui guidait ses mouvements. Elle exécuta d'abord un pas gracieux comme si elle allait au-devant de quelqu'un. Entre deux doigts, elle pinçait délicatement son jupon et le relevait sur ses jambes agiles. Puis elle se rejetait en arrière avec surprise. Elle hésitait. Elle avançait avec une coquette lenteur pour écouter timidement l'aveu d'un berger invisible dont ses gestes semblaient modérer l'ardeur. Son corps souple accomplissait en mesure mille choses charmantes. Elle feignait de cueillir une fleur, de traire ses brebis, de remplir une corbeille, de puiser de l'eau. Elle était tour à tour curieuse, attentive, volage et passionnée.

Quand elle s'arrêtait, on l'entendait respirer, puis elle repartait, remplissait toute la chambre du tourbillonnement de sa légèreté. Ses pas effleuraient le plancher ou parfois le frappaient du talon d'un bruit sec; puis tout à coup elle cessa net, avec une révérence qui la courba finement, fit lever son jupon court, présenta dans le linge du corset sa gorge émue et inclina les grands feuillages pamprés qui coiffaient sa tête souriante où le fard posait aux pommettes sa rougeur et dessinait la forme malicieuse de ses lèvres fraîches.

Et M. de Portebize, amusé et ravi, applaudissait pour tout de bon la jolie danseuse, essoufflée et confuse, sans penser à la situation bizarre où il se trouvait d'assister, parmi des livres et des médailles, à l'avant-goût d'un exercice d'opéra, chez le docte abbé Hubertet, membre de l'Académie des Inscriptions de Paris et de celle des Arcades de Rome.

IX

M. de Parmesnil achetait toujours son tabac au marchand arménien qui se tenait d'ordinaire sous les arbres du Palais-Royal, à gauche, non loin du méridien. Il venait de faire emplir sa boîte comme de coutume et s'apprêtait à y puiser quand il vit venir M. de Bercherolles et M. de Clairsilly qui l'abordèrent. Ces messieurs, après s'être salués, se promenèrent par le jardin.

— « Eh bien ! Monsieur, dit M. de Bercherolles à M. de Parmesnil, vous verrons-nous ce soir à l'Opéra ? On parle d'une altercation entre M. de Gurcy et M. de Portebize au sujet de Mlle Damberville. Cela sera un beau spectacle. N'y serez-vous point?

— Ma foi, répondit M. de Parmesnil, je crains bien que vous ne soyez déçus, car je doute fort que M. de Gurcy soit en état de se présenter nulle part. Vous ignorez donc ce qui lui arriva. Je me promenais avant-hier aux Tuileries avec M. Tobyson de Tottenwood. Il y avait foule, et l'habit écarlate de notre Anglais faisait se retourner les têtes. M. de Gurcy vint nous joindre, et le chevalier qui ne se console pas d'avoir roulé sous la table, le soir du souper, et qui en accuse M. Tobyson, à cause des santés que ce dernier lui porta et auxquelles il crut devoir répondre, n'eut de cesse que j'eusse proposé de sa part à l'Anglais une revanche de bouteilles. M. Tobyson accepta. Hier donc, je leur fis dresser une table chez moi ; je la fournis de vins, enfermai les deux rivaux, puis sortis me promener. J'allai jusqu'au Jardin du Roi voir des petits chiens de la Chine qui y sont depuis peu. Ce sont des bêtes singulières. Ils ont le corps glabre et faisandé de truffes et comme pourri, les oreilles mignonnes et cartilagineuses, et ils semblent fondus en du bronze tiède. J'en oubliai mes deux buveurs et rentrai fort tard. Je fis ouvrir. M. Tobyson avait dû se mettre à l'aise pour mieux boire, car je le retrouvai dormant roulé tout nu dans la nappe. Quant à Gurcy, il était à moitié mort. Je le fis rapporter chez lui ; aussi je doute que nous voyions l'un ou l'autre à l'Opéra, car je les crois peu en état de paraître où que ce soit ; mais je n'en irai pas moins applaudir aux débuts de la protégée du bon abbé. Et que devient donc M. Hubertet ?

— Le bonhomme est fou de joie, dit en riant M. de Clairsilly, il court chez le costumier et de là passe chez la coiffeuse et se rend ensuite chez la parfumeuse. Je l'ai rencontré tout à l'heure ; il portait dans un mouchoir ses plus belles médailles qu'il allait vendre et un carton vert qui contenait une parure de fleurs pour Fanchon. »

M. de Bercherolles puisa délicatement dans la tabatière ouverte que lui tendait M. de Parmesnil. Ces messieurs, tout en causant, étaient arrivés au bout de l'allée. Ils tournèrent sur leurs talons et recommencèrent leur promenade. Il y avait grand monde au jardin, ce jour-là. Toutes sortes de gens s'y coudoyaient, M. de Clairsilly lorgnait à droite et à gauche.

— « Ah! fit-il, je gage que voilà bien l'illustre M. Laverdon. Que diable fait-il ici à cette heure? Il n'y a personne à coiffer; courrait-il les filles ou irait-il au jeu? »

M. Laverdon s'avançait lentement, en homme d'importance; il avait sa plus belle figure et son plus bel habit.

M. de Clairsilly l'interpella :

— « Où allez-vous ainsi, maître Laverdon? »

M. Laverdon répondit à la familiarité de M. de Clairsilly par un salut cérémonieux.

— « Chez M. de Portebize, Monsieur, qui m'a fait l'honneur de m'appeler, et je me rends à ses ordres comme je ferais aux vôtres, Monsieur.

— C'est bien inutile, M. de Bercherollles n'a plus de maîtresses qui me plaisent. Dites-moi, Laverdon. M. de Portebize a-t-il quelque chose qui vaille la peine qu'on s'en occupe?

— M. de Portebize a qui il veut en ce moment, Monsieur; il est l'homme le plus couru de Paris, et j'y cours, répondit galamment M. Laverdon qui salua avec dignité et disparut derrière un groupe de trois demoiselles auxquelles M. de Clairsilly lança en un regard une triple œillade. »

M. Laverdon se dirigeait vers le logis de M. de Portebize. Il monta prestement l'escalier et pria Basque de l'introduire. Le laquais avait un air singulier. Sa longue et jaune figure semblait toute penaude.

— « Entrez, M. Laverdon, cria une voix, et toi, reste ici, maraud. »

Et M. de Portebize parut sur la porte. Basque se tenait le dos collé au mur avec une inquiétude visible.

— « C'est donc toi qui as fait la chose ? Bourgogne m'a tout avoué. Vous êtes tous deux de beaux faquins. Comment ! des pendards que j'habille, que je nourris et que je paye ! Je te chasse, entends-tu ? Je te... »

Basque grimaçait de plus en plus ; la bile de son visage se fonçait ; de laid il devint affreux, d'affreux horrible et d'horrible piteux.

Basque s'efforçait de pleurer, mais il n'eut pas le temps d'y parvenir.

M. de Portebize l'avait saisi au collet, fait pirouetter et lancé à travers le vestibule. Puis il referma la porte sur la dégringolade du gaillard tombé à quatre pattes sur le carreau.

— « Figurez-vous, Monsieur Laverdon, qu'hier soir, une fois rentré, je m'allais mettre au lit quand j'entends un léger bruit dans mon cabinet. Basque et Bourgogne s'étaient retirés ; je prends mon bougeoir ; j'ouvre, je tire à moi et j'amène au milieu de la chambre, devinez qui ? Mme de Meilhenc, encapuchonnée et confuse. Jugez, Laverdon, de ma surprise et de ma colère quand elle me dit, tout en larmes, que son amour lui avait indiqué ce stratagème, qu'elle avait pensé attendre que je fusse au lit pour se glisser sous mes draps et profiter de l'ombre et du moment. Le pire est qu'elle était jolie ainsi, dans un désordre savant et préparé ; mais vraiment un homme dans ma position avoir une Mme de Meilhenc! et pas même l'avoir en passade, entre deux portes, mais toute une nuit !

« Je tentai de lui faire comprendre mes raisons ; mais elle s'obstina si bien que je sonnai Basque et Bourgogne et leur enjoignis de reconduire chez elle ma visiteuse ; mais les deux drôles se contentèrent de la mettre dehors et de la laisser là, en pleine rue, toute seule, sans carrosse et sans lanterne... Une fois débarrassé de sa présence, je m'enquis des moyens qu'elle avait pris de pénétrer jusqu'à moi. Bourgogne prétend que c'est Basque qui l'a introduite. Il doit mentir, j'en suis sûr ; mais il est dans l'ordre des choses humaines que l'innocent pâtisse. J'ai, comme vous l'avez vu, rossé ce pauvre Basque que j'entends encore geindre à petit bruit. »

M. Laverdon écoutait cela avec un sourire discret et paternel.

Il prenait de M. de Portebize une idée de plus en plus haute.

— « Ah ! Monsieur, voilà qui est admirable et qui justifie mes prévisions ! L'ai-je assez dit : « Ce M. de Portebize, il ira loin. » Aussi auguré-je de vous de grandes choses. L'amour mène à la gloire. M. le maréchal de Bonfort, qui fut un grand homme de guerre par l'à-propos de ses retraites et le bon ordre de ses déroutes, et M. le duc de Tardenois qui fut un grand homme de cour, eurent, dit-on, l'un et l'autre, une jeunesse fort en femmes, et la vôtre s'annonce comme pour devoir égaler la leur, et tout porte à croire que les suites de leurs destinées sont le présage, Monsieur, de ce que pourront être les vôtres. »

Tout en parlant, M. Laverdon avait préparé ses peignes et ses houppes. M. de Portebize s'était assis à sa toilette.

— « Et le pis est, Laverdon, que cette Meilhenc, troubla par sa présence importune l'image voluptueuse qui occupait ma pensée. Je rêvais justement au plus charmant objet que la terre ait porté et pour qui je brûle depuis que je l'ai vu. »

Et M. de Portebize, pendant que M. de Laverdon le poudrait à tour de bras, le nez plongé dans le cornet de carton, voyait, tout au fond, se dessiner, comme par magie, une figure dansante, qui y apparaissait dans l'éloignement, mais si précise et si nette que son cœur en battait; et la fraîche et vive image de Mlle Fanchon lui faisait oublier le sourire de Mlle Damberville et les larmes de Mme de Meilhenc. Il les regardait disparaître peu à peu de son esprit, diminuer, se rapetisser, s'éloigner, en même temps que s'effaçait le visage vermeil de M. de Bercherolles, le profil anguleux de M. de Parmesnil, la face rubiconde de l'abbé Hubertet, la silhouette de M. de Clairsilly, la tournure de M. Garonard, l'énorme prestance de M. Thomas Tobyson de Tottenwood et la figure, un instant entrevue, du bon oncle Galandot, un pauvre homme après tout et qui, comme disait avec pitié M. Laverdon, n'avait jamais dû se faire coiffer.

TROISIÈME PARTIE

GALANDOT LE ROMAIN

I

De tous les chemins qui mènent à Rome, Nicolas de Galandot avait pris pour s'y rendre le plus court et le plus naturel ; aussi y arriva-t-il sans encombre le 17 mai 1767, juste comme l'église de la Trinité-du-Mont sonnait midi.

C'est là que, chaque jour, il venait ensuite régler sa montre, car, si le cadran de l'horloge de l'une des deux tours marque les heures à l'italienne, d'un coucher de soleil à l'autre, le cadran de la seconde les indique à la française, par le passage du soleil au méridien, et M. de Galandot tenait beaucoup à savoir exactement où en était son oisiveté, ponctuel jusqu'au scrupule envers elle comme envers lui-même. Hors cela, il distribuait son temps en longues et incertaines promenades à travers la ville, tout en cherchant d'abord plus volontiers les hauts lieux d'où il la pouvait considérer d'ensemble en son étendue.

Il l'apercevait, selon le temps, tantôt molle

et vaporeuse sous un ciel fluide, tantôt nette et comme sculpturale dans l'air transparent. Les dômes, les clochers et les campaniles s'élevaient de la masse confuse des maisons. De grandes ruines fauves et décharnées y montraient comme l'ossature de la vieille Rome et y dessinaient le squelette de pierre de son antique grandeur. M. de Galandot regardait, appuyé sur sa canne, la vénérable cité dont le nom lui était apparu dès l'enfance aux livres qu'il lisait avec le bon abbé Hubertet ; puis, à grands pas, de ses souliers à boucles de cuivre, il en foulait le sol illustre et chaud encore des vestiges de son passé.

Ces restes à demi enfouis ou toujours debout avaient eu des sorts divers. Le temps leur avait trouvé des usages nouveaux ; l'église s'était accommodée du temple ; l'échoppe s'accotait à la base du piédestal. La croix, au centre des places, surmontait les obélisques ; les bas-reliefs encastrés dans les murs les consolidaient de leurs fragments sculptés. Des thermes immenses, écroulés, couvraient de leurs débris plusieurs arpents. Un cirque gigantesque livrait aux carriers la mine de ses blocs. Des colonnes, prises jusqu'au cou dans l'exhaussement du terrain, s'étaient rapetissées en bornes. La terre bouchait l'arcade des arcs de triomphe. Des quartiers entiers, jadis populeux, n'étaient plus que jardins. Les vignes couvraient le Janicule.

Ces verdures étaient le grand charme de Rome, avec ses eaux que les aqueducs déversaient aux réservoirs. Elles jaillissaient en d'innombrables fontaines.

On en trouvait de toutes sortes, qui donnaient une nappe, une gerbe, un jet ou un filet. Par la conque des Tritons, elles éclaboussaient la croupe de bronze des chevaux marins ou, par la bouche d'un mascaron, elles remplissaient une vasque ébréchée. Il y en avait d'humbles et de pompeuses, de bruyantes qui grondaient, de mélancoliques qui pleuraient, solitaires, à l'écart, et presque silencieuses. La fontaine de la place Navone s'anime d'un édifice prodigieux de statues, d'animaux et de rochers ; la Pauline figure un arc de triomphe qui a pour portes la chute cristalline de trois nappes d'eau perpendiculaires. Une autre montre des tortues, mais c'est à celle de Trevi qu'il faut boire en quittant la ville. On voit dans le bassin les pièces de monnaie qu'y jettent au départ les voyageurs pour s'assurer du retour.

M. de Galandot prenait plaisir à les visiter ; il s'arrêtait devant elles et écoutait leurs murmures divers, sans que personne songeât à le troubler en cette occupation inoffensive, tant la curiosité habituelle des étrangers a rendu communes aux passants des façons qui, ailleurs, eussent pu paraître singulières ou bizarres.

Du reste, Rome se prête admirablement aux goûts de promenade et de solitude. Rome est double. On peut, à son gré, s'y isoler de tout et s'y mêler à beaucoup de choses, y vivre au centre des affaires ou en dehors des ambitions. Tout s'y sait à la fois ou s'y ignore. On y peut fréquenter les antichambres ou les sacristies comme on y est libre d'errer à travers les ruines et les jardins.

M. de Galandot usait de cette seconde liberté. Aussi connut-il peu à peu Rome en son détail et sous ses aspects différents, sordide ou monumentale, capitolienne ou transtévérine, populaire ou ecclésiastique. Partout il se sentait fort à l'aise et y prenait pied chaque jour. Déjà même il s'y créait des habitudes. Il était dans sa nature qu'il s'en formât promptement en lui; elles y trouvaient des points d'appui et, de même que sa montre, réglée à l'horloge de la Trinité-du-Mont, marquait l'heure à la française, ainsi, parmi tant de choses nouvelles, M. de Galandot vivait, si l'on peut dire, à la Galandot.

Il avait remarqué dans ses promenades, sur le penchant du Janicule, dans un quartier isolé, un petit palais inhabité et fort à sa convenance et qui portait l'écriteau. M. Dalfi, à qui il en parla, après d'habiles pourparlers, l'acheta à très bon compte, tout en y trouvant le sien, car il l'obtint des héritiers du défunt propriétaire pour un morceau de pain, et M. de Galandot ne se douta pas que le prix qu'il le paya à l'entremise du banquier fit empocher à l'adroit intermédiaire un de ces petits gains qu'il ne négligeait pas, quoique riche par toutes sortes d'affaires et par quarante ans de trafics fructueux. Au demeurant, ce M. Dalfi était la seule personne avec qui M. de Galandot entretînt quelque commerce. C'est chez lui qu'il allait chercher l'argent nécessaire à sa dépense. Dalfi était obséquieux et bavard. Dès l'arrivée de M. de

Galandot, il lui avait offert ses services, mais ce dernier ne lui dut guère que celui qu'on vient de voir.

Une fois la pancarte enlevée et les clés livrées, M. de Galandot quitta promptement pour son nouveau logis l'hôtel du Mont-d'Or, place d'Espagne, où il avait mis pied à terre en arrivant à Rome. Sa chaise de poste s'y trouvait encore remisée. On n'eut donc qu'à y atteler une paire de chevaux et à y charger les malles, et l'hôtelier laissa partir sans regret ce pensionnaire singulier qui ne parlait à personne et dont il avait tiré peu d'honneur et de profit, quoiqu'il n'eût pas ménagé le compte qu'il lui remit au départ, la mine goguenarde et le bonnet à la main. M. de Galandot paya sans rien dire et sans se récrier des surcroîts dont l'hôte avait impudemment grossi la note; si bien que le maraud s'aperçut que son client n'était point avare ni regardant, et que seule la modicité de ses besoins l'avait fait passer pour tel.

Quelle qu'elle fût, elle ne pouvait pourtant s'accommoder de quatre murs nus, car ce fut tout ce qu'il trouva dans sa nouvelle demeure, de telle sorte qu'il dut dormir, la première nuit de son séjour, tout habillé dans la chaise de poste. C'est là que M. Dalfi le surprit, et le banquier eut grand'peine à se retenir de rire en le voyant descendre du marchepied et venir cérémonieusement à sa rencontre, l'épaule et le coude poussiéreux, la basque fripée et la perruque pleine de toiles d'araignée.

M. Dalfi s'excusa de sa visite matinale sur l'empressement qu'il avait ressenti à s'enquérir si M. de Galandot se trouvait bien de sa nouvelle habitation. M. Dalfi, qui la savait parfaitement vide et jugeait que M. de Galandot serait en peine d'y remédier sur-le-champ, prévoyait l'occasion de se défaire avantageusement de meubles de rebut qui encombraient ses greniers. Aussi promit-il, en se retirant, d'envoyer au plus tôt de quoi pourvoir aux premiers besoins. Il énuméra tout ce dont il pouvait disposer en meubles, vaisselle, tapisserie, linge. A mesure qu'il parlait, M. de Galandot se sentait délivré d'un grand poids que lui causait l'embarras à se procurer tant d'objets divers. Il accepta l'offre du banquier en la réduisant au nécessaire, car l'autre eût voulu joindre aux choses d'usage maint superflu et M. de Galandot dut refuser, en même temps qu'un clavecin qu'il n'eût su où mettre, quatre tables de jeu dont il n'avait que faire.

L'achat réglé, M. Dalfi crut devoir en revenir à une conversation plus désintéressée.

— « Vous voici tout à fait, Monsieur, de notre Rome, disait-il, et vous ne sauriez manquer de goûter les plaisirs qu'elle offre en divertissements et en bonne compagnie. »

Le banquier vanta les théâtres.

— « Nous y avons, Monsieur, le plus beau décor et la meilleure musique du monde. Vous vous garderiez bien d'y être insensible. Un homme de votre qualité ne saurait l'être à la beauté. Mais, sans doute, préférez-vous le jeu. Notre pharaon est célèbre et je ne vous dis rien de l'agrément de nos femmes ; vous avez pu certainement déjà apprécier leur mérite. Ah ! Monsieur, quels yeux !

Et M. Dalfi clignait le sien qu'il avait petit et louche.

Au mot femmes, M. de Galandot rougit et parut ressentir quelque gêne. Il toussa à plusieurs reprises et enleva une des toiles d'araignées qui, du col de son habit, lui chatouillait l'oreille.

— « Ah ! signor, continuait M. Dalfi confidentiel, je ne pourrais trop vous louer de votre prudence, et de craindre les périls du sexe. Nos dames romaines sont dangereuses et j'ai vu de brillants papillons se prendre à leurs filets. Leur renommée attire les voyageurs et plus d'un étranger trébuche au piège. Ah ! signor, les femmes ! les femmes !

Et M. Dalfi fit claquer sa langue d'un air entendu. Son petit œil cligné semblait s'agrandir, et il mêlait à son mauvais français des mots italiens pour mieux exprimer sa convoitise. Puis il s'arrêta court, regarda M. de Galandot dont le malaise était visible, et conclut :

— « Mais de plus hauts soins ont sans doute mené ici Votre Seigneurie. »

M. de Galandot se hâta de saisir la traverse. Il avoua fort simplement à M. Dalfi que son goût pour l'antiquité lui avait donné le désir de connaître une cité si célèbre dans l'histoire et qu'il y était venu avec le dessein d'y rechercher les vestiges de ce passé dont la pioche mettait à jour maint fragment digne d'intérêt. L'entretien se poursuivit encore quelque temps sur ce sujet et

M. de Galandot remercia M. Dalfi, quand le banquier lui eut promis de lui indiquer promptement un terrain propre aux fouilles et aux trouvailles. Là-dessus ils prirent congé l'un de l'autre avec beaucoup de cérémonies.

M. de Galandot avait trouvé pour gardienne du logis qu'il venait d'acquérir une vieille femme qui se nommait Barbara. Elle occupait une chambre basse, était borgne, noiraude et dévote. Il la prit à son service.

Les soins du ménage n'interrompaient pas le chapelet continuel qu'elle marmottait tout le jour. Qu'elle balayât, lavât ou cuisinât, elle mêlait à ses occupations diverses l'égrènement de ses patenôtres. Son principal consistait surtout à soigner une nombreuse volaille. M. de Galandot avait été accueilli par les piaulements de quelques poulets maigres; mais bientôt, avec son assentiment, la troupe s'augmenta. Barbara acheta des deniers de son maître un beau coq à longue crête. Des sacs de graines s'empilèrent dans sa cuisine. Elle y puisait à pleines mains et les volatiles s'en gorgeaient goulûment.

La chaise de poste, qu'on avait laissée dans la cour, en plein air, faute de place pour la remiser, servit de poulailler. Les poules venaient pondre sur les coussins; le coq se perchait sur le timon, les poussins grimpaient aux jantes horizontales et inclinées des roues, et les pigeons, dont Barbara compléta bientôt la basse-cour, se posèrent en roucoulant sur le toit de la voiture dont ils blanchirent le vernis de leurs fientes crayeuses.

A tout prendre, M. de Galandot était fort content de sa nouvelle demeure. Barbara l'avait nettoyée de fond en comble. Le mobilier fourni par M. Dalfi garnissait les pièces ; mais les vastes armoires restaient vides. M. de Galandot garda rangées le long du mur ses malles de voyage, en tirant à mesure le nécessaire. Il s'était fait confectionner, avant de quitter Paris, une douzaine d'habits pareils à celui qu'il portait d'habitude et un nombre de perruques correspondant. Le tout tenait dans quatre grandes caisses avec le linge et les chaussures.

Hors la chambre qu'il occupait, M. de Galandot ne fréquentait guère que la salle où il mangeait, sur une table de bois ciré, la frugale cuisine de sa gouvernante. L'ordinaire consistait en œufs, en légumes et en fruits auxquels s'ajoutaient parfois une volaille et un pigeon, le tout servi dans une vaisselle grossière dont Barbara, maladroite et distraite, cassait presque chaque jour quelque pièce qu'elle regardait à ses pieds en débris, sans cesser d'égrener son interminable chapelet composé alternativement de grains d'olives et de grosses boules de buis.

Les jours d'orage, pourtant, M. de Galandot devait se passer de souper, car Barbara demeurait invisible et sourde à tout appel. Réfugiée dans la cave où elle se cadenassait, elle allumait des bouts de cierges bénits que lui donnaient les sacristains de l'église voisine auxquels elle rendait en retour quelques chapons gras ou quelques poulets tendres. Le tonnerre apaisé, elle ne reparaissait que bien après, encore hagarde et livide, et venait sécher les flaques d'eau que les fortes pluies laissaient couler dans les salles par les croisées mal jointes ou les fissures du toit. Ces averses avaient gâté en plusieurs endroits les peintures qui couvraient les plafonds et les murailles de la villa. Aux places épargnées, on distinguait encore des figures mythologiques et des arabesques du meilleur goût.

Vu du dehors, le palais de M. de Galandot s'élevait carré sur un haut soubassement de pierre. Par derrière, une porte basse, de plain-pied avec le sol, donnait accès aux cuisines; mais la véritable entrée était par la façade. Des colonnes soutenaient le toit à balustre. Les fenêtres ouvraient à niveau d'une terrasse ornée de vases antiques. Un escalier double y conduisait à chaque bout. Au bas de la terrasse, dans une niche de maçonnerie, se dressait une statue au-dessus d'une petite fontaine. Tout cela dans un grand délabrement.

Derrière le palais s'étendait un assez vaste jardin à peu près inculte. Les pigeons de la vieille Barbara s'y perchaient sur quelques cyprès et sur de vieux buis jadis taillés, maintenant à moitié morts, dont la verdure ébréchée laissait voir à l'intérieur le bois sec qui la soutenait.

M. de Galandot allait assez souvent s'asseoir à l'extrémité de ce jardin en attendant l'heure du souper; il y trouvait un banc de marbre sur lequel il se reposait. Il respirait le vent de la mer qui parfois, vers le soir, vient, de son odeur saline, rafraîchir et purifier l'air romain. Souvent aussi, la tête basse, il traçait sur le sol des ronds avec sa canne et, du bout, il simulait sur ces médailles terrestres, au hasard improvisées, des figures indistinctes et des exergues illisibles. Le crépuscule se faisait lentement ; la lune montait et arrondissait au ciel son étincelante effigie aérienne. Il restait là jusqu'à ce que la vieille Barbara l'appelât en son jargon bizarre. Alors il se levait et revenait à pas lents.

Une fois à table, il se versait un grand verre d'eau et l'avalait avec plaisir. Puis il remplissait son assiette, le plus souvent ébréchée, car aucune vaisselle, si épaisse qu'elle fût, ne durait aux mains maladroites de Barbara. Pour le cristal, il lui coulait des doigts, comme de l'eau, si bien qu'un jour, toutes les carafes brisées l'une après l'autre, elle posa, pour en tenir lieu, sur la table, une petite amphore de terre jaune.

Elle en avait trouvé un assez grand nombre de tailles diverses dans un coin de la cave et s'en servait à plusieurs usages domestiques. M. de Galandot, le lendemain, se les étant fait montrer, en fit vider le beurre, es olives et l'huile qu'elles contenaient. Elles étaient d'une rare antiquité et d'une forme exquise. L'attache des anses y figurait des têtes de béliers ou des masques rustiques. Les panses portaient des guirlandes de pampres ou des scènes bucoliques dessinées d'un trait élégant et robuste. M. de Galandot les fit placer au-dessus de son lit sur une longue planche. Il y serrait les écus qu'il recevait des mains de M. Dalfi et qui provenaient des revenus de ses domaines de France et, bien qu'il fût loin d'épuiser ce que le banquier recevait pour lui, néanmoins les amphores, une à une, s'alourdissaient d'or.

Ce fut sur cette réserve superflue que M. de Galandot préleva de quoi payer le terrain que M. Dalfi, fidèle à sa promesse, lui procura. Le banquier tenait parole d'autant mieux qu'il trouvait profit à cet achat.

C'était une sorte d'enclos désert, situé hors des murs, à la sortie de la porte Salaria. Quelques vestiges d'un petit temple et des restes de tombeaux s'y voyaient encore. M. Dalfi fournit en même temps une équipe d'ouvriers qui remuèrent le sol. M. de Galandot s'intéressa quelques temps à ces travaux qui ne donnèrent pas grands résultats, car, outre quelques pierres couvertes d'inscriptions plus qu'à demi effacées, on n'y découvrit guère autre chose qu'une grande urne de bronze verdâtre que Nicolas envoya en présent à M. l'abbé Hubertet.

Ce furent, d'ailleurs, les seules nouvelles qu'il donna jamais de lui à son ancien maître. L'abbé, de son côté, ne savait où adresser ses lettres. Le cardinal Lamparelli à qui l'abbé écrivit du séjour de son disciple à Rome répondit que le gentilhomme français ne s'était jamais présenté à son audience et qu'il n'avait jamais entendu parler d'aucun seigneur du nom de Galandot. D'ailleurs la lettre du bon cardinal était assez confuse et marquait l'état d'un esprit quelque peu affaibli; le caractère en était d'une main indistincte qui en rendait la lecture difficile et, par endroits, si douteuse que l'abbé Hubertet dut renoncer à en déchiffrer exactement le sens entier et se contenter des parties les plus saines.

II

Certes, M. de Galandot eût pu facilement s'enquérir du palais où habitait le cardinal Lamparelli. Tout le monde lui en eût indiqué l'édifice monumental non loin du Monte-Cavallo, et il avait dû, plus d'une fois, en ses promenades, passer devant la haute porte où deux hercules engainés supportent de chaque côté le fardeau d'un grand balcon de ferronnerie qui montre à son centre le blason aux trois lampes d'or allumées de gueules qui sont les armoiries du dignitaire.

Chacun eût donc pu, aussi bien que de la demeure cardinalice, le renseigner également de l'accès qu'on pouvait trouver auprès du prélat. Rome, en effet, est fière de ses cardinaux. Leurs personnes, leurs caractères et leurs mœurs sont l'occupation favorite, au public comme au privé, autant de la société que du populaire qui aime à savoir ce qu'ils font et, à tout le moins, à répéter ce qu'on en dit. Une pareille ville, toute de prêtres, de moines, de sacristains, où presque tout tient de près ou de loin à l'Eglise, est fort curieuse, naturellement, des personnages ecclésiastiques et surtout de ceux qui, dans une cité papale, contribuent par leurs fonctions à son gouvernement et à celui de tout l'Etat.

M. de Galandot, donc, ne manquait guère, chaque jour, de rencontrer un de ces grands carrosses qui vont par les rues au trot de leurs gros chevaux de parade et dont l'un des laquais porte l'insigne bien connu du parasol rouge. Il se rangeait prudemment pour le laisser passer. Les glaces, hautes ou baissées, montraient, assis au fond, l'un ou l'autre des Porporati allant à quelque affaire ou se rendant à quelque cérémonie.

Il y en avait de tous les visages : de très gros avec des mines de bons vivants, de très maigres avec des airs de mauvais morts, faces béates ou sournoises, bouffies ou décharnées. Parfois quelque fort nez orgueilleux busquait un profil âpre. Des narines minces ou sèches disaient la ruse ou la prudence. Les étrangers prélassaient leur vanité française, redressaient leur morgue espagnole, affaissaient leur flegme tudesque. La plupart, pourtant, italiens et même romains. Ceux-là conservaient sous la pourpre l'enseigne de leur origine rustre, citadine ou seigneuriale. Il y en avait de nés dans une échoppe et de venus au monde dans un palais. Certains avaient porté la robe des ordres prêcheurs, mendiants ou politiques. Certains étaient entrés au cardinalat à portes ouvertes, certains à portes basses. Les négociations des cours ou les intrigues des antichambres avaient valu le chapeau à plusieurs. La bassesse des origines et l'illustration des naissances se coudoyaient dans la vertu ou dans l'ambition ; mais un même air de hauteur et d'hypocrisie assortissait, dans une sorte de parenté secrète, ces visages disparates.

M. de Galandot, en bon Romain, avait fini par les connaître de vue. Leurs noms mêmes lui étaient parvenus aux oreilles par la bouche du peuple; il l'entendait murmurer à mi-voix, au passage, par les rues qu'ils remplissaient de l'écart des larges roues de leurs carrosses surdorés. Quelques-uns de ces noms étaient prononcés d'un ton de respect, d'autres d'un accent narquois, certains remplacés par un sobriquet familier, amical ou méprisant, selon l'état que le populaire faisait du personnage, car la discrétion ecclésiastique n'empêchait pas qu'il courût par la ville mainte histoire où le peuple distinguait d'instinct et assez exactement le mérite ou l'indignité de ceux qui pouvaient après tout être un jour appelés à le gouverner, car tout cardinal porte en lui la graine d'un pape, et c'est la semence qui répond de la fleur et du fruit.

Sans partager à cet égard l'intérêt public, M. de Galandot avait appris peu à peu à reconnaître ces passants augustes et papables. Il reconnaissait le cardinal Benariva à son attelage de chevaux noirs, et le cardinal Barbivoglio à sa double paire d'alezans. Des juments pies du cardinal Botta, l'une boitait que le pingre vieillard ne songeait point à remplacer, de même que le cardinal de Ponte-Santo se contentait, pour traîner son équipage vermoulu, de quatre vieux bais qui n'avaient plus que la peau et les os.

Quant au cardinal Lamparelli, il n'y avait plus

guère chance de le rencontrer, car il ne sortait pas une fois l'an de son palais. On le disait fort baissé et on prétendait plaisamment que, si les lampes de son blason restaient allumées, les siennes ne tarderaient point à s'éteindre ou à se transformer en beaux cierges de catafalque. Quant à M. de Galandot, il avait parfaitement bien oublié au fond de sa malle la belle lettre cérémonieuse que l'abbé Hubertet lui avait donnée au départ pour la remettre, en mains propres, au cardinal, et, depuis un an qu'il était à Rome sans en faire usage, la cire des cachets avait dû se fondre et l'empreinte s'en effacer.

Ainsi M. de Galandot menait la vie la mieux réglée et la plus unie dont la promenade continuait à faire le passe-temps le plus ordinaire. Aucun événement ne la vint troubler si ce n'est le carnaval où il lui arriva une aventure dont il garda un assez fâcheux souvenir.

Ignorant les usages romains, il était sorti, ce jour-là, comme de coutume, sans rien observer autour de lui de trop particulier, quand un hasard malencontreux le fit déboucher dans le Corso juste au moment où la folie des masques était à son comble. La rue en regorgeait dans toute sa longueur. Les carrosses l'occupaient en deux files et s'y tenaient roues à roues. Par les portières baissées, des hommes et des femmes déguisés échangeaient des galanteries et des lazzis. Les cochers juchés sur les sièges brandissaient des fouets enrubannés. Aux fenêtres, des groupes se penchaient, déroulant de longues banderolles ou lançant des pluies de petits papiers multicolores qui tombaient en tourbillonnant comme un vol inépuisable de papillons légers et incertains.

Parfois un grand char passait, chargé de figures comiques. On y voyait des grotesques et des bergamesques. Les visages de farine y riaient aux faces de vermillon. Quelques-uns s'étaient affublés de figures d'animaux. Les becs et les groins se querellaient. Des crêtes de coq démesurées y oscillaient vis-à-vis d'oreilles d'âne gigantesques. De grands éclats de rire saluaient les inventions les plus baroques. Les grimaces répondaient aux facéties.

En un instant, M. de Galandot, effaré de cris et ébloui du soleil qui faisait de toute la rue une sorte de remous coloré, fut criblé de confetti, harcelé de banderoles, bousculé, houspillé, enfariné. Il était le point de mire de tous les gestes, le sujet de tous les rires. Son arrivée à l'improviste satisfaisait, sans qu'on sût pourquoi, cette attente d'imprévu qui est le sentiment secret de toute foule. Sa mine ahurie augmentait la gaieté. Il allait et venait, sans savoir où ni comment se tirer de là, perdu dans la bagarre qu'il causait autour de lui. La cohue amusée trépignait. Les galopins commençaient à lui pincer les jambes, quand, tout à coup, il se sentit jeter sur les épaules un ample domino et poser sur le visage un masque de carton. Quelque passant sans doute avait voulu achever ainsi l'ahurissement de ce tranquille promeneur qui semblait tombé là de la lune ; mais ce déguisement improvisé eut l'heureux effet de le confondre avec la mascarade environnante, et

M. de Galandot en profita pour, parvenu à l'angle d'une rue, s'enfuir à toutes jambes.

Ce fut dans cet accoutrement qu'il rentra chez lui. La vieille Barbara, de surprise, laissa, à sa vue, tomber une écuelle qu'elle tenait à la main, devant la tête de bouc en carton peint qui se présenta à ses yeux sur les épaules de son digne maître ; et elle ne revint à elle que lorsqu'elle vit reparaître, sous le masque enlevé, la figure barbouillée, suante et défaite de M. de Galandot, car il eut grand'-peine à reprendre ses esprits et resta presque malade de la peur qu'il avait eue, si bien qu'il fut plus d'une semaine sans oser sortir de chez lui.

Durant cette retraite, il passa une grande partie de son temps auprès de Barbara. Presque chaque jour déjà auparavant il ne manquait guère de descendre aux cuisines où la bonne femme allait et venait, son chapelet aux doigts, à travers la vaste pièce à demi obscure. On y respirait une odeur de légumes fanés et d'huile rance, à laquelle se mêlait un parfum de cendre froide et de bois brûlé. M. de Galandot aimait à s'asseoir auprès de l'âtre. Une flamme mince et comme paresseuse chauffait le fond d'un vieux chaudron de fonte. La suie le rendait velouté et doux à l'œil. L'eau bouillait avec son petit bruit vif et clair. Au plafond se balançaient des couronnes d'oignons et des guirlandes d'aulx. Parfois une poule entrait et venait à pas prudents jusqu'au foyer. La clarté du feu se reflétait dans le point lumineux de son petit œil rond. Elle piquait une graine du bec et s'enfuyait à toutes pattes. Ses ongles griffaient le pavage d'un grincement sec.

Barbara était le mouvement même ; elle ne cessait guère de se démener sans pour cela faire grand ouvrage. La première activité qu'elle avait mise à nettoyer la villa, lors de l'installation de M. de Galandot, ne se renouvela plus. Elle laissait la poussière reprendre une place qu'elle ne lui disputait pas. Tout son travail consistait presque en un coup de balai sommaire qu'elle donnait à la chambre de son maître dont elle retapait le lit prestement et qui ne lui adressait d'ailleurs aucun reproche de sa paresse. Même, quand il la rencontrait dans la cour revenant du marché voisin, il lui arrivait souvent de lui prendre des mains son panier et de le porter lui-même jusqu'à la cuisine où il s'asseyait pour en voir déballer le contenu. Elle ne lui faisait grâce de rien. Il fallait qu'il remarquât la belle fraîcheur des légumes et sentît à l'écorce la bonne odeur des melons qu'elle rapportait.

Il les aimait jaunes et raboteux, à grosses côtes, de chair juteuse et ruisselante. Il prenait également plaisir à voir la vieille femme soupeser les oranges et les citrons et presser du doigt la peau mûre et flasque des grosses figues. Comme autrefois à Pont-aux-Belles, dans les vastes cuisines voûtées du château, il se plaisait à la société taciturne du jardinier Hilaire, ici, il aimait l'humble compagnie de cette servante âgée, bavarde et laide. Il commençait à fort bien entendre son langage. Il lui avait suffi pour cela de laisser corrompre son latin qu'il avait d'enfance pur, nombreux et excellent de par les soins de l'abbé Hubertet et dont le complimenta jadis M. de la Grangère, à sa descente de carrosse, dans la cour de Pont-aux-Belles, le jour qu'il y amena Julie de Mausseuil. C'est de cette langue hybride qu'il usait également dans ses visites au tailleur Cozzoli, quand il allait s'asseoir dans sa boutique de la rue del Babuino où il venait parfois se faire recoudre, car il était très soigneux de son vêtement; si simple qu'il le portât, il le voulait parfaitement propre et de l'ordre le plus exact.

Ce fut à propos de ce funeste carnaval de 1768 que M. de Galandot fit la connaissance de Giuseppe Cozzoli.

Lorsque, au retour de son échauffourée, la vieille Barbara lui eut tiré de la figure le masque qu'il rapportait tout courant à la maison et qu'elle lui eut lavé à grande eau le visage où la sueur délayait la farine qui l'encroûtait, M. de Galandot, remis de son émotion, s'aperçut que, principalement, les basques de son habit avaient souffert dans la bagarre. L'un des pans ne tenait plus. Plusieurs boutons arrachés laissaient pendre à leur place un fil lamentable. L'étoffe, fripée et déchirée par endroits, montrait grand besoin d'une réparation. Barbara indiqua alors à son maître déconfit l'adresse de Giuseppe Cozzoli.

C'était justement une espèce de petit-neveu de la vieille femme. Il savait à merveille, disait-elle, tailler et ravauder; mais M. de Galandot, avant de se résoudre, comme il le désirait, à aller chercher les secours de l'aiguille et du ciseau pour réparer le dommage de sa personne, attendit prudemment que le carnaval eût pris fin. Ce ne fut qu'alors qu'il se décida à sortir, pour faire effacer les traces de la mésaventure dont il lui restait un assez amer souvenir et dont le premier feu lui avait donné l'idée de fuir sans retour une ville si dangereuse aux passants. Tout de bon, il ne songea à rien moins, sur le moment, qu'à quitter Rome. Il y pensait en rôdant autour de la chaise de poste, toujours à la même place, en plein air, dans la cour de la villa, mais si délabrée déjà et si souillée de duvets de poules et de fientes de pigeons, qu'il renonça peu à peu au projet d'y faire atteler des chevaux et de reprendre au galop la route de France. Son ressentiment s'apaisa, mais il en garda une singulière rancune contre le Corso. Il s'épargnait avec soin d'y passer et l'évitait d'un détour chaque fois qu'il se rendait chez Cozzoli.

Cozzoli occupait au fond d'une cour deux pièces obscures à plafond bas. Dans l'une des deux, la plus claire, il cousait, continuellement assis sur une table, les jambes croisées sous lui, à la turque. Il parlait intarissablement en piquant l'aiguille et en tirant le fil. Ses auditeurs les plus ordinaires étaient quatre ou cinq grands mannequins sans tête, fort bien rembourrés et vêtus de diverses pièces d'habillement. Ils servaient au tailleur à ajuster les parties de son travail et à vérifier la justesse de ses coupes. Il les considérait absolument comme des êtres humains et ils tenaient lieu à ses discours du public qui lui manquait.

Il les interpellait, leur répondait et les écoutait. M. de Galandot ne mettait pas moins à l'entendre d'attention que cette muette et permanente assemblée. Une fois assis sur sa chaise, la canne entre les genoux, comme il n'y manquait pas à chacune de ses visites qui devinrent presque quotidiennes, il était tout oreilles, et Cozzoli pouvait les lui rabattre de toutes les fadaises qu'il voulait.

On était presque toujours sûr de trouver là le bavard tailleur qui ne s'absentait guère que pour se fournir chez les drapiers et les passementiers des objets nécessaires à son travail ou pour aller prendre mesure à quelque client d'importance, car il était habile dans son métier et la pratique ne lui manquait pas. Il ne fallait rien moins que ces occasions pour lui décroiser les jambes de sur sa table cirée par l'usage. Cozzoli debout se trouvait fort embarrassé et presque penaud de se montrer avec de courtes jambes, un buste long et une grosse tête ébouriffée aux yeux vifs. Il ne se sentait vraiment lui-même que sur sa sellette, le dé et l'aiguille aux doigts. Une fois installé, il parlait. Aux endroits intéressants, il s'arrêtait, l'aiguille levée.

L'attention et le crédit que lui prêtait M. de Galandot le rendaient assez fier. Cozzoli savait un nombre de choses incroyable sans qu'on sût au juste comment et d'où il les avait apprises. C'était à croire que le petit homme eût assisté par quelque procédé de magie au conseil des princes, aux secrets des grands et aux pensées de chacun, tant il mettait à ses histoires de particularités probantes et de certitude communicative. Il possédait la chronique de la rue et du palais, les affaires de l'Etat et de la Religion, les ressorts des ambitions, les artifices des intrigues, le détail des amours et des passions, la raison des événements, les causes des catastrophes publiques aussi bien que privées.

Cozzoli ne tarissait pas. M. de Galandot écoutait cette fontaine de paroles comme il écoutait, en ses promenades lointaines, le bruit incertain des fontaines d'eau. Il y prenait une idée confuse et mouvante de tout ce qui se passe continuellement chez les hommes, des aventures innombrables, grandes ou petites, qui diversifient les destinées, les animent de leur imprévu et y font succéder les alternatives incessantes qui composent la vie. Pendant que Cozzoli parlait, les mannequins paraissaient l'approuver silencieusement comme s'ils eussent été les héros de ce que racontait l'avorton et M. de Galandot, les yeux grands ouverts, le menton au bec de sa canne, écoutait sans se lasser tant de choses singulières, curieuses ou surprenantes, pour lesquelles vraiment il eût été si peu fait.

M. de Galandot avait été très spécialement et très évidemment mis au monde pour qu'il ne lui arrivât rien. Il avait eu en lui, de tout temps, juste de quoi suffire aux circonstances les plus ordinaires, les plus communes et les plus succinctes de la vie. Il était fait pour en suivre la pente doucement inclinée, d'un bout à l'autre, sans accroc ni faux pas ; mais il se trouvait peu propre à en éviter les pièges et à en franchir les crevasses. La Providence, si l'on peut appeler de ce nom la puissance malicieuse qui se plaît à déjouer les concerts humains, en disposa différemment. Il suffit du sourire d'une fillette et du souffle tiède de sa bouche d'enfant pour déchaîner la bourrasque orageuse d'où le pauvre Nicolas de Galandot sortit à jamais étourdi et stupéfait.

C'est à elle qu'il devait, au lieu de vieillir paisiblement sous les beaux ombrages de Pont-aux-Belles, de se trouver à Rome solitaire, erratique et étranger, réduit au service d'une vieille servante italienne borgne, noiraude et bougonne et à la conversation d'un petit tire-point facétieux et bavard; car M. de Galandot venait plusieurs fois la semaine à la boutique de Cozzoli. Cozzoli cousait; il enfilait son aiguille, l'œil cligné, levant son doigt où luisait le dé de cuivre. Autour de lui voltigeait sa pie. Elle sautillait sur le carreau, claquant son bec où pendaient encore des grumeaux de fromage blanc, à moins que, battant des ailes, elle ne se perchât sur l'un ou l'autre des mannequins sans tête qui formaient avec M. de Galandot l'auditoire complaisant du petit tailleur de la rue del Babuino.

III

Il y avait, dans un endroit assez solitaire de Rome, un édifice que M. de Galandot aimait beaucoup. C'était un gros bloc rond de maçonnerie entouré de colonnes à chapiteaux qui soutenaient le pourtour d'un toit en champignon. Une petite place irrégulière s'étendait là, pavée de grandes dalles herbues. Une fontaine y murmurait à l'écart. Elle se composait d'un bassin circulaire d'où émergeait une rocaille sur laquelle deux monstres marins enlaçaient leurs queues écailleuses et, nus, haussaient de leurs mains levées une coquille. Ces deux figures de bronze étaient élégantes et souples, sans fatigue en leur double geste immobile. L'eau retombait autour d'elles de la haute vasque. Des pigeons s'y posaient pour y boire. Leurs cols chatoyants se gonflaient de plaisir, puis ils s'envolaient doucement et allaient se percher sur le toit de tuiles tièdes du petit temple, d'où ils roucoulaient.

M. de Galandot s'asseyait sur le rebord du bassin ou sur l'une des bornes inégales qui l'entouraient. Il comptait les allées et venues des pigeons et écoutait la fontaine. Ses tuyaux engorgés râlaient d'une façon rauque et douce ; elle était presque intermittente, semblait faillir ou s'accroître à intervalles irréguliers. M. de Galandot connaissait si bien son bruit familier que parfois il l'entendait la nuit, dans son sommeil. Il venait là, de préférence, au déclin du jour. Peu à peu, le soir arrivait. Les figures de bronze semblaient se roidir. La dentelure de la haute coquille se dessinait noire sur le ciel encore clair. Une dernière colombe roucoulait une dernière fois. Alors M. de Galandot se levait pour rentrer chez lui ; il avait achevé sa journée.

Il passa plusieurs années ainsi sans qu'aucune vînt apporter à sa vie aucun changement autre que celui des saisons. Il avait déjà usé cinq des douze habits qu'il avait achetés à Paris et autant de perruques. Quand les coutures blanchissaient, que l'étoffe s'élimait, que les coudes se trouaient, il ouvrait une de ses caisses de voyage toujours rangées le long du mur et il en tirait un nouveau vêtement en tout point semblable au précédent. La vieille Barbara recueillait avec soin la nippe de rebut. Elle la pendait dans un cabinet noir et venait parfois avec ses ciseaux y couper un morceau d'étoffe dont elle avait besoin pour quelque usage domestique. Quant aux vieux souliers que laissait son maître, elle en faisait des mangeoires pour sa volaille ; on les retrouvait dans la cour, à demi pleins de graines, tandis que des perruques retournées de M. de Galandot elle se servait comme de nids à faire pondre les poules ou couver les pigeonnes.

Tant de régularité à une vie si médiocre, une dépense presque nulle n'avaient point empêché M. de Galandot d'aller lever, chez M. Dalfi, une partie des sommes que son intendant y faisait parvenir de France. Après en avoir distrait le peu qui lui en était nécessaire, il rangeait méthodiquement le reste dans les amphores de terre cuite que lui avaient trouvées Barbara et qui garnissaient une longue planche placée au-dessus de son lit. Chacune avait maintenant un ventre plein d'or. Barbara ne se doutait guère de ce que contenaient leurs panses rebondies, sans cela elle en eût perdu le repos et le sommeil, par crainte des voleurs, car les portes fermaient mal, malgré leurs grosses clés, et la villa, à l'écart dans un quartier de jardins et de vignes, était assez isolée ; mais elle semblait si vide et si délabrée qu'il ne fût jamais venu à l'idée de personne qu'elle pût recéler autre chose que de la poussière et des toiles d'araignée.

M. de Galandot, ne se mêlant à rien ni de rien, vivait donc tout à fait inconnu. Personne ne s'occupait de lui, Rome lui donnait entièrement ce qu'il désirait d'elle, le repos et la liberté. Il avait même perdu peu à peu le goût des antiques auquel, naïvement, en lui-même, il attribuait la raison de son voyage, car M. de Galandot n'allait pas loin dans ses pensées et se contentait des plus immédiates, et il croyait de bonne foi avoir fait un voyage de curieux. L'utile manie que l'abbé Hubertet et ses amis lui avaient inventée, au lieu de s'accroître parmi les vestiges d'un passé où il l'eût pu satisfaire, avait diminué au point de presque disparaître de son esprit. L'urne de bronze vert, trouvée au sortir de la porte Salaria et qu'il avait envoyée à l'abbé, semblait avoir emporté en elle les cendres de Galandot l'antiquaire, et la meilleure preuve en paraissait bien au mépris avec lequel il avait fait des poteries de la vieille Barbara de commodes bourses d'argile.

Ainsi donc M. de Galandot se trouvait-il plus oisif et plus sans raison d'être que jamais et sa vie risquait bien, au train qu'elle prenait, de s'achever sans qu'il eût su, non pas certes à quoi la faire servir, mais à quoi même l'employer. Il n'avait vraiment part à rien; la religion même, qui est une occupation, lui manquait. Il ne fréquentait les églises que pour s'y abriter les jours de pluie et de vent. Il se tenait en dehors de toute pratique. Le séjour à Rome ne changea rien à cette coutume. L'abbé Hubertet qui avait connu Nicolas, en sa jeunesse, fort exactement assidu aux sacrements et plus que bon chrétien, ne pouvait, à le voir ainsi, s'empêcher de dire familièrement, en haussant un peu les épaules, que, « quand on était comme Nicolas, ce n'était guère la peine de ne point croire en Dieu », entendant sans doute par là qu'il est vraiment regrettable et presque superflu de ne pas profiter de ce que le défaut de toute passion vous rende le salut si facile et de se priver ainsi délibérément de tant de chances qu'on a de faire aisément le sien.

S'il restait étranger aux plaisirs particuliers, il ne recherchait pas davantage ceux que procurent en commun les jeux du théâtre ou les pompes publiques; de même, il se tenait loin des joies citadines. Il en craignait le bruit et le sans-gêne. Il détestait la foule qui se presse au passage des processions et la cohue qui escorte les mascarades. Il fuyait également le chant des cantiques et les cris du populaire. Son aventure du carnaval lui demeurait en la mémoire et, de temps à autre, il s'informait auprès de Cozzoli si le temps des masques n'allait pas bientôt revenir. Cozzoli le rassurait.

Il avait pris M. de Galandot en grande considération depuis qu'il le savait riche; il l'avait rencontré une fois chez M. Dalfi, en y rapportant de l'ouvrage. Cozzoli apprit là que, si M. de Galandot tenait à Rome un état fort modeste, il en eût pu occuper sans peine un plus considérable et parcourir en carrosse les rues qu'il arpentait de son pas dégingandé. Là-dessus Cozzoli surbroda, car son imagination le portait à tout exagérer, et il eut bientôt fait d'arriver à croire plus qu'à moitié que M. de Galandot jouait quelque rôle déguisé et accomplissait quelque mission secrète. Non, bien au fond, qu'il y crût réellement, mais son esprit chimérique le poussait à s'en persuader. Cette rêverie plaisait à sa divagation naturelle. Aussi, tantôt traitait-il M. de Galandot avec le respect qu'on doit à un personnage d'importance, tantôt avec la familiarité qu'on se peut permettre envers un bonhomme inoffensif, hétéroclite et extravagant.

Le bon M. de Galandot avait beau se défendre

d'être rien de ce que supposait l'imaginatif petit tailleur et protester de son éloignement de toute intrigue et de toute affaire, Cozzoli n'en démordait pas. M. de Galandot l'eût encore bien laissé dire sans essayer de le convaincre s'il n'avait eu à subir les reproches, moitié sérieux, moitié plaisants, du petit homme. Cozzoli aimait à l'entreprendre. Il lui montrait le tort qu'il avait de ne point vivre d'une manière plus conforme à sa naissance et à ses moyens, et il le blâmait entre toutes choses de ne pas se commander d'habit de parade dont il pourrait avoir besoin d'un moment à l'autre si l'occasion brusque se présentait de sortir de son incognito.

— « Ah! Monsieur, disait le gnome à l'aiguille, si Votre Seigneurie me laissait faire, elle serait la mieux mise de Rome. Comment! ajoutait-il en s'adressant à ses mannequins, voilà le seigneur Galandot qui est grand et de bonne taille. Il a Cozzoli sous la main et il ne s'habille point, car ce n'est pas se vêtir que porter toute l'année un gros habit gris avec des basques d'une aune et des bas roulés. Allons! un tel abus ne peut durer. A toi, Cozzoli, d'y mettre fin! Prenons ce beau velours et taillons-y quelque chose de digne de Sa Seigneurie. Cousons, ourlons, galonnons! Vite, cette manche, cette autre manche, la coupe est bonne. Cela tombe bien. Faites bouffer le jabot, tendez le jarret. Ah! que voilà donc un brave et digne seigneur! Où va-t-il? Chez le pape? ou chez l'ambassadeur de France? Mais non, il y a assemblée chez le prince Luccano. On passera des sorbets. On jouera au pharaon. Faites vos jeux, Messieurs! La rouge passe. Pontez ferme. La banque saute. Et qui empoche? C'est le seigneur comte de Galandot, ce gentilhomme français qui nous vint l'autre année. Son carrosse est avancé. « Ah! le bel homme! Et bien tourné! Pardi! c'est Cozzoli qui l'habille! »

La scène jouée, Cozzoli n'en était pas tout à fait pour ses frais. M. de Galandot tenait à son gros habit gris et s'y tenait, mais il apaisait le zèle de Cozzoli par quelque présent pour sa femme ou ses filles. La signora était laide et coquette, mais Mariuccia et Theresa étaient jolies et promettaient. Elles avaient l'une douze ans et l'autre quatorze. Elles portaient l'ouvrage chez les pratiques et rentraient tard de leurs courses avec des mines sournoises et friponnes, en se poussant du coude pour rire à la dérobée. Mariuccia prétendait que le vent la dépeignait, et Theresa que les boutons de son corsage ne tenaient pas, quand elles revenaient au logis, l'une ébouriffée, l'autre mal rajustée. Un jour que Mariuccia était allée au palais Lamparelli pour un travail au compte du cardinal, elle tarda tant qu'on s'était mis à table sans elle. La conversation était si animée qu'elle se glissa à sa place sans être remarquée. On parlait de M. de Galandot qui était un fréquent sujet d'entretien dans la famille Cozzoli. Mᵐᵉ Cozzoli, qui était fort superstitieuse, le tenait pour sorcier. Elle savait par dame Barbara que son maître n'allait jamais à la messe. Que pouvait-il bien faire de l'or qu'il prenait chez M. Dalfi, sinon le faire servir à des conjurations? Barbara ne lui avait-elle pas aussi confié que souvent il parlait haut sans que personne fût là pour l'entendre, que trois poulets étaient morts une fois qu'il leur avait jeté du grain de la main gauche? et, enfin, la tante lui avait dit, en grand secret, que M. de Galandot gardait au-dessus de son lit, sur une longue planche où ils étaient rangés, une bonne douzaine de vases d'argile, peints de figures diaboliques, où il tenait sans doute des esprits enfermés.

Cozzoli, qui était peureux, commençait à regarder avec inquiétude autour de lui.

— « Sans compter qu'il nombre sur ses doigts les oiseaux du ciel, dit gravement Mariuccia qui se pinçait la joue pour ne pas rire et qui, sous la table, donnait des coups de pied à Theresa qui baissait les yeux sur son assiette en pouffant.

Et Mariuccia, tout d'une haleine, en écartant de son front une mèche rebelle de ses cheveux qui s'obstinait à lui venir chatouiller le coin de l'œil, raconta comment, en revenant du palais Lamparelli, elle avait rencontré, au coin d'une rue, M. de Galandot, le nez en l'air, en train de regarder les ébats d'une troupe de corneilles qui volaient au-dessus du Colysée.

M. de Galandot, en effet, s'amusait souvent à observer les corbeaux ou les pigeons qui tourbillonnent au ciel romain. Peut-être, à la mode antique, en tirait-il des augures de sa destinée, à moins que, plus simplement, il cherchât en leurs jeux aériens un passe-temps à sa monotone flânerie.

IV

A la fin de la quatrième année de son séjour à Rome, M. de Galandot eut cinquante-cinq ans. On était en été et il faisait fort chaud. Le matin de cet anniversaire auquel, du reste, il n'avait guère pris garde, il se leva, comme de coutume, d'assez bonne heure. Il sortit. Il avait dans sa main une poignée d'olives sèches qu'il croquait en marchant et dont il laissait tomber les noyaux dans la poussière.

Rome entière somnolait sous une buée tiède qui n'était point de la vapeur, mais seulement une sorte de trouble de l'air. Les objets y apparaissaient mous de contours et durs de couleurs. L'amas épars de la ville semblait tassé. Les dômes gonflaient avec moins de force leurs carapaces de tuiles rougeâtres, les clochers semblaient s'élever moins haut et les campaniles fléchir. Les choses éprouvaient d'avance la fatigue de cette journée de chaleur. M. de Galandot se sentait las. Il s'arrêta, resta appuyé sur sa canne, les yeux à la vue de la grande ville, à son mélange de pierre fauve et de verdure sombre.

Au loin et en face de lui les hauts arbres du Pincio se dressaient immobiles et distincts.

C'est de ce côté qu'il se dirigeait ; l'idée lui était venue de retourner au terrain qu'il avait acheté, en arrivant à Rome, par l'intermédiaire du banquier Dalfi et où, en faisant fouiller le sol, il avait trouvé la grande urne en bronze vert de l'abbé Hubertet. Cet enclos était situé hors des murs, près de la porte Salaria. Il consistait en un espace inculte, planté de quelques cyprès au milieu desquels se voyait encore un pan de vieux mur éboulé. M. de Galandot s'assit à son ombre étroite. Des fouilles entreprises, il restait une sorte de grand trou ouvert, auprès duquel gisait une pioche abandonnée. Une bêche plantée à côté se tenait toute droite dans l'entaille du sol durci. Les pointes acérées des cyprès luisaient sur le ciel d'un bleu cru.

M. de Galandot s'était approché du trou. Un peu de terre effritée y tomba. Un pigeon invisible roucoula et, tout à coup, par un brusque retour de mémoire, M. de Galandot se revit debout auprès de la fosse où on avait enterré jadis le vieux jardinier Hilaire. Il se crut dans le petit cimetière de Pont-aux-Belles. Cela dura un instant qui fut prompt, inattendu. Le pigeon qui avait roucoulé s'envola avec un gros bruit d'ailes. L'illusion cessa, mais elle avait été si vive et si certaine que M. de Galandot en demeura tout troublé, d'autant plus qu'il ne pensait jamais au passé de sa vie d'autrefois. Elle avait cessé en lui le jour où, toutes les clés de toutes les chambres de Pont-aux-Belles désert réunies en poignée dans sa main, il avait fermé une dernière fois la porte du château pour n'y plus revenir. Il y avait laissé son enfance, sa jeunesse, toutes les choses familières des années lointaines, le dernier soupir de sa mère, le dernier rire de Mlle Julie...

Le soleil tombait d'aplomb, M. de Galandot ôta sa perruque, s'épongea le front, tira sa montre et se mit en devoir de retourner chez lui. Il se sentait mal à l'aise, mais il voulut néanmoins passer par chez Cozzoli dont le bavardage le distrairait. De plus, le tailleur apprenait à sa pie à parler, et M. de Galandot s'intéressait aux progrès de l'oiseau loquace.

Pour aller à la rue del Babuino, M. de Galandot longeait les jardins de la villa Ludovisi, puis il n'avait qu'à descendre les escaliers de la Trinité-du-Mont pour se trouver place d'Espagne. Il marchait doucement, car la chaleur était accablante. Arrivé à la fourche de deux ruelles, il s'arrêta, hésitant de savoir laquelle il prendrait. Il y avait juste devant lui un gros caillou irrégulier qui semblait endormi dans la poussière. M. de Galandot le poussa du bout de sa canne. Il roula lourdement vers la ruelle de gauche et M. de Galandot l'y suivit sans se douter qu'il venait ainsi de décider du sort de sa vie. Il continuait à pousser la pierre du pied, tout en marchant. Il allait la tête basse et le dos voûté, comme cela lui arrivait fréquemment. Un léger bruit lui fit lever les yeux.

Une terrasse bordait la rue à cet endroit par un

balustre à colonnettes au-dessus duquel des plants de vigne formaient berceau et laissaient retomber leurs pampres où se mêlaient quelques grappes de raisins. Il y avait sur la rampe une femme couchée. Elle était étendue de toute sa longueur sur la pierre tiède et semblait dormir, tournée un peu sur le côté. On voyait sa chevelure tordue sur sa nuque grasse, son dos souple, la saillie de ses reins. Une de ses jambes repliée soulevait sa robe et on apercevait son pied un peu en dehors de la balustrade. Il était chaussé d'une mule de satin jaune qu'il retenait de l'orteil et que, par un léger mouvement, elle faisait claquer doucement à son talon.

Sans doute que le bruit du caillou poussé par M. de Galandot du bout de sa canne et qui avait heurté le mur de la terrasse venait de réveiller le sommeil incertain de la belle, car elle se leva lentement, s'étira et s'assit le dos tourné à la rue. Elle était charmante ainsi. Ses mains élevées rajustaient une boucle de sa coiffure. Elle portait à son cou un collier de corail rouge à gros grains inégaux et une longue pendeloque brillait à son oreille.

Ce fut à ce moment sans doute qu'elle remarqua l'immobile présence de M. de Galandot. Elle se tourna à demi, puis, sans prendre garde à lui davantage, elle cueillit une grappe de raisin qui pendait à la treille à sa portée. Les pampres remuèrent.

Elle mangeait, grain par grain, lentement, voluptueusement, en tenant la lourde grappe gonflée à hauteur de ses yeux, tantôt vite, tantôt s'arrêtant pour la faire tourner entre ses doigts.

M. de Galandot, d'en bas, suivait ses gestes avec anxiété. A chacun des grains juteux et ambrés qu'elle mettait dans sa bouche, il éprouvait dans la sienne une fraîcheur délicieuse ; il lui semblait savourer je ne sais quoi de secret et de mystérieux ; il se sentait agité d'une émotion ardente et langoureuse. Un grand silence engourdissait l'air chaud.

Nicolas regardait. Sa main tremblait sur la pomme de sa canne. Une sueur froide lui coulait du visage. Il sentait revenir du fond de sa vie un trouble subtil et connu qui l'envahissait peu à peu. Cette jeune femme qui, les bras levés, la poitrine nue, mangeait un raisin, lui apparaissait comme debout au fond de son passé. Une heure lointaine et oubliée renaissait dans la minute présente. Il restait étourdi, le dos au mur. Ses lèvres balbutiaient un nom qu'il n'avait pas redit depuis de longues années : « Julie ! Julie !... »

— « Olympia, Olympia ! » cria dans le même moment une voix fort et gaie.

Une porte s'ouvrait dans le jardin en contrebas de la terrasse. Un chien jappa.

— « Olympia, viens donc voir l'habit que m'apporte Cozzoli, continua la voix.

— Venez, signora », dit à son tour un fausset aigu où M. de Galandot reconnut le petit tailleur.

La signora ne se dérangeait guère. Elle faisait tourner rapidement la grappe entre ses doigts. Il n'y restait plus qu'un seul grain ; elle le cueillit, le roula un instant, se retourna, puis, avec un grand éclat de rire, elle le lança vers M. de Galandot qui, la bouche béante, les yeux écarquillés, les jambes flageolantes et les mains tendues, le reçut juste à la joue d'où il rebondit, tomba à terre et y resta, **juteux,** doré et comme tout sucré de poussière.

V

Olympia s'appelait à sa naissance Lucia. Son père était l'un de ces bateliers du Tibre qu'on voit amarrer leurs barques au port de la Ripetta et qui semblent porter sur leur peau hâlée un reflet jaune du vieux fleuve. Il eût été difficile de dire exactement s'il se nommait Giuseppe ou Gabriele, car la mère de Lucia s'abandonnait tour à tour à beaucoup d'hommes, et il n'en était guère, de ceux qui vont par eau d'Ostie à Romè, qui n'eussent serré entre leurs bras sa poitrine maigre et ne l'eussent culbutée sur les sacs de blé ou les tas de légumes. Les jours de salaire, elle fréquentait les cabarets du port. Sa voix aigre se mêlait aux jurons et aux rires, au heurt des cruches et au bruit des verres. Sa bouche était familière aux haleines vineuses ou alliacées qui mélangent au baiser le rot et le hoquet.

D'ordinaire, elle se tenait postée sur le quai, devant une corbeille d'oranges et de citrons qu'elle vendait aux travailleurs. Ils s'arrêtaient devant elle, le fardeau aux épaules, choisissaient un fruit du panier et se relevaient en y mordant à belles dents. Tout le monde la connaissait. Elle habitait une chambre dans une pauvre maison du Vélabre. Son taudis sentait la chandelle et les écorces, car elle ne manquait pas, pour mieux vendre ses fruits, de brûler une petite cire devant l'image de la Madone. Elle était pieuse. On disait que les bas sacristains de San Giorgio ne craignaient point de la disputer aux bateliers, et qu'elle passait, tour à tour, des brûleurs d'encens aux vendeurs de marée.

C'est de l'un d'eux qu'était née Lucia. Six ans après, la Romaine mourut pour avoir été rouée de coups dans une querelle de taverne où on la traîna par les cheveux sur le pavé gluant d'une boue vineuse qu'elle ensanglanta d'une large blessure à la tête, qui ne guérit point et dont elle finit par trépasser, seule sur son grabat, tandis que la petite Lucia, tout en mordant un citron vert, chassait les mouches bourdonnantes qu'attirait en grand nombre le régal de la plaie sanieuse.

Cette mort fit de la petite Lucia une vagabonde. Elle couchait dans une sorte de soupente qu'on lui avait laissée par charité. Les voisines lui donnaient quelques hardes et, de temps à autre, de maigres pitances. Hors cela, elle se pourvoyait où elle pouvait. Souvent elle restait de longs jours sans reparaître au gîte. Elle vivait de la vie des petits mendiants de Rome, qui sont comme la vermine errante de ses vieux murs. Elle demandait l'aumône aux passants, courait derrière les carrosses, harcelait les étrangers, importunait les fidèles à la sortie des églises et, comme par miracle, échappait aux roues des voitures, aux claques des laquais, à la canne des promeneurs ; traînait partout ses guenilles, se mirait aux fontaines, jouait sur les marches des chapelles et montrait aux gens, dans sa face barbouillée et sa chevelure en broussailles, l'éclat frais de sa bouche et l'éclair malicieux de ses yeux noirs.

Elle s'attachait surtout aux étrangers. Elle rôdait souvent place d'Espagne, où ils descendent à l'hôtel du Mont-d'Or, qui est réputé pour son logement et sa chère. Les sentimentales et blondes comtesses allemandes qui visitent Rome avec de jeunes conseillers auliques aux joues roses ne lui refusaient guère quelque aumône quand ils sortaient de table la bouche encore pleine. Sa chétive personne apitoyait. Elle faisait voir, à travers ses loques, ses coudes pointus. Les bons gentilshommes français qui arpentent, le nez en l'air, le pavé romain, mettaient vite la main au gousset pour se délivrer de ses instances. Mais elle guettait de préférence les milords anglais. Elle les reconnaissait à leurs faces congestionnées ou à leurs visages anguleux, à leur prestance obèse ou à leur tournure efflanquée. Elle avait remarqué avec quel regard particulier les plus vieux examinaient sa vive maigreur de fillette de treize ans. Elle les suivait dans leur promenade, et, quand l'un d'eux se trouvait à l'écart des passants, derrière un mur ou à l'abri d'un arbre, elle troussait brusquement sa robe autour de son petit corps et montrait hardiment au milord sa nudité grêle et fine, tout ambrée et déjà ombrée. Et ce tour lui valait chaque fois quelque monnaie.

Elle partageait loyalement ses gains avec un compagnon qui ne la quittait guère. Orphelin et mendiant comme elle, il s'appelait Angiolino. Il avait un an de plus qu'elle et ils faisaient ménage ensemble. Inséparables et querelleurs, ils n'allaient pas l'un sans l'autre. Du reste, Angiolino la battait, lui volait son argent. Elle trépignait, pleurait et finissait par consentir à tout ce que voulait ce vaurien. Il était pâlot et joli.

Cependant Lucia grandissait. Une dame romaine la remarqua à la sortie d'une église. Lucia était accroupie sur une marche et sanglotait. Angiolino, dans une querelle, l'avait cruellement maltraitée; aussi consentit-elle à suivre sa protectrice qui lui promit mainte douceur. Mme Piétragrita habitait une maison fort propre et silencieuse. Le plus grand ordre y régnait. Mme Piétragrita passait pour pieuse et charitable. Elle était bien vue du clergé de sa paroisse. Elle traita Lucia le mieux du monde, la décrassa, la vêtit, lui fit enseigner à lire et à chanter et certains soins du corps qu'elle ignorait. Puis, un beau jour, une fois à point, elle la vendit au cardinal Lamparelli. Le cardinal aimait la jeunesse et Mme Piétragrita l'en pourvoyait discrètement.

Le palais **Lamparelli** était situé parmi de beaux jardins dans le quartier du Mont Viminale. Ce fut dans un pavillon au bout de ses jardins que Lucia fut introduite. Mme Piétragrita la conduisit elle-même jusqu'à la petite porte basse qui s'ouvrait dans le mur d'enclos et la remit aux mains d'un valet à mine de sous-diacre qui la guida jusqu'au pavillon où il la laissa seule. C'était un lieu retiré dont le cardinal avait maintes fois éprouvé la sécurité. Lucia trouva les fenêtres fortement closes et les girandoles allumées. Elle comprit ce qu'on attendait d'elle et que Mme Piétragritra lui avait laissé entendre à mots couverts. En attendant, elle goûta la collation préparée sur un guéridon ; le cardinal la trouva la bouche pleine. Il était si pressé de voir cette merveille dont la Piétragrita lui avait dit le plus grand bien qu'à l'issue de son audience il accourait sans avoir pris le temps de quitter son habit de cérémonie et d'en revêtir un plus conforme à la circonstance. Aussi Lucia, en voyant sortir du grand costume rouge tombé à terre un abbé en culotte, puis un gentilhomme en chemise et enfin un homme tout nu, fut-elle saisie d'une telle hilarité qu'elle succomba à l'entreprise la gorge soulevée d'un rire et la bouche encore sucrée de sa confiture interrompue.

Lamparelli fut enchanté de la bonne humeur de l'aventure et tout fier de son exploit, car Mme Piétragrita l'avait assuré de l'intacte vertu de Lucia ; aussi crut-il en cette affaire avoir accompli une prouesse tout à son honneur. Au vrai, le bon cardinal n'avait guère fait tout au plus qu'achever ce qu'Angiolino avait fort bien commencé, sous les portiques, au coin des bornes, le long des murs, au crépuscule ou la nuit dans quelqu'une des cachettes familières où ils se terraient comme de jeunes bêtes souples et hardies ; mais Lamparelli ne se douta point de la supercherie et n'en fut pas moins content que s'il avait eu lieu de l'être plus justement.

Lucia revint souvent au petit pavillon du jardin. Lamparelli finit par l'y installer. Son caprice pour elle devint un goût. Du pavillon, Lucia passa au palais, d'abord sous les combles ; puis publiquement, elle y eut un appartement. Le cardinal raffolait de sa nouvelle passion. Il fit pour elle mille folies et ressentit à son égard une faiblesse singulière jusqu'à laisser introduire au palais Angiolino.

Angiolino était devenu un fort joli garçon. Il se présenta au cardinal d'un air modeste et doux et se contenta du plus humble service. Il avait de bonnes façons qu'il devait à un gentilhomme français, M. de la Terroise qui, frappé de sa bonne mine, se l'attacha jusqu'à en faire une sorte de compagnon. Angiolino conservait de cette aventure à l'italienne plusieurs fort belles bagues dont son maître lui avait fait présent et dont il portait les chatons à l'intérieur du doigt, afin que l'on ne vit pas trop au dehors les pierres de prix qui s'y trouvaient enchâssées.

Une fois dans la place le jeune homme s'y comporta avec tant de souplesse et d'habileté qu'il y acquit bientôt une certaine influence sur l'esprit du cardinal. Lucia et Angiolino retrouvèrent aisément leurs privautés d'autrefois ; mais, au lieu de rôder en haillons par les rues de Rome, ils prenaient leurs plaisirs, bien nourris et à l'aise, derrière le dos du cardinal qui n'y voyait goutte. Cette belle vie dura plusieurs années jusqu'à ce que, la santé du Pape étant fort précaire, Lamparelli qui avait des vues sur la tiare et qui craignait que ses mœurs, quoique communes à plus d'un des conclavistes, contribuassent à le desservir auprès de leur hypocrisie, employa le peu qui lui restait de bon sens à faire maison nette, pensant par là servir la cause de son élection.

Lucia poussa les hauts cris, menaça de faire scandale et de crier sur les toits les façons dont le cardinal entendait l'amour. Elle en savait long à ce sujet, car elle avait assisté aux derniers feux du vieillard et elle avait été témoin des bizarreries par lesquelles il cherchait, sinon à en ranimer l'éclat, du moins à en attiser les cendres. Aussi aurait-elle pu amuser le public de diverses particularités et anecdotes qui eussent plus renseigné sur l'imagination du cardinal qu'édifié sur sa vertu et qui n'eussent pas manqué de divertir les oreilles du conclave.

Au moment où il s'ouvrit en 1769, Lucia, sous le nom d'Olympia, était installée depuis quelques mois dans une jolie maison proche de la villa Ludovisi et acquise pour elle des deniers de Lamparelli qui joignit à ce don un fort cadeau d'argent et de meubles. Le cardinal la laissa à ses affaires et alla aux siennes. Il avait hâte d'échanger le chapeau contre la tiare.

Il n'en fut rien. Lamparelli s'agita prodigieusement, intrigua, cabala, manigança les votes, pelota les partis, eut le sien. Sa tête s'échauffa à ces brigues et à ces visions. Son corps souffrit de l'incommodité des cellules, du mauvais air et de tous les inconvénients de cette électorale prison. L'élection tardait, si traversée de menées diverses qu'elle menaçait de durer éternellement si l'Esprit-

Saint n'y mettait bon ordre. Deux cardinaux moururent à la peine. Les autres continuaient leur mystérieuse besogne. Enfermés dans les étroits logements du Vatican bâtis de planches dans la largeur et la hauteur des galeries et des salles, ils s'obstinaient. Les factions s'enchevêtraient, jusqu'au jour où, excédés, l'élection se fit par surprise. Lamparelli sortit de là, enragé et anéanti, et rentra chez lui la tête basse, à demi fou et incapable désormais d'aucune affaire.

Celles d'Olympia, par contre, prospéraient. Elle était suffisamment pourvue d'argent pour attendre l'occasion de quelque beau coup de filet. Outre les avantages en demeure et en espèces qu'elle avait tirés de Lamparelli, il lui restait la valeur permanente et réelle de son corps que sa jeunesse mûrie avait rendu d'une riche et savoureuse beauté. Elle était souple, ferme, assez grasse, le sein d'une belle forme, le ventre moelleux, la cuisse forte et la jambe fine. Cette beauté constituait une ressource vivante dont un usage bien entendu ne manquerait pas de lui valoir fortune. De plus, elle avait auprès d'elle, pour en régler l'emploi et le bien ménager, l'aide précieux, vigilant et avisé de l'incomparable Angiolino.

Il avait quitté le palais Lamparelli à la suite d'Olympia. Les premiers temps de leur nouvelle liberté furent une sorte de lune de miel; ils la passèrent en grande partie au lit. Ils s'aimaient d'un amour vil et singulier, mélangé de camaraderie et de débauche, d'une sorte de basse et ardente tendresse où il y avait du jeu de polissons et de la fureur d'amants. Les caresses et les coups alternaient, étreintes et querelles d'où ils sortaient avec dans le regard je ne sais quoi de hargneux et de tendre.

Une fois ce premier regain passé, Angiolino retourna à ses occupations personnelles. Dans sa vie vagabonde il avait acquis les talents les plus divers et les plus utiles. Il avait déjà commencé au palais Lamparelli à en exercer quelques-uns ; mais il se trouvait maintenant en posture de montrer toute sa capacité et toute l'étendue de ses mérites. Le coquin avait, de plus, presque fort bonne mine. Il était bien vêtu et de figure agréable. On se fût, jusqu'à un certain point, trompé sur sa qualité, si je ne sais quoi de douteux n'eût averti et mis en garde. Une certaine souplesse d'échine le faisait saluer trop bas. Sa politesse était plus obséquieuse qu'il eût fallu pour qu'on n'y vît que l'effet de sa complaisance naturelle. Il tournait vite de la platitude à l'arrogance, de l'insolence à la bassesse. Il savait à merveille jouer le bouffon et n'ignorait pas l'usage qu'on peut tirer d'être plaisant. C'est par là qu'il avait capté le cardinal Lamparelli qui montrait un goût singulier pour la farce et la grimace. Il admirait chez Angiolino son habileté à esquiver un mauvais pas par une pasquinade. Il riait et oubliait que le drôle venait de regarder aux serrures ou d'écouter aux portes.

La vérité est qu'Angiolino était au fond de l'âme brocanteur, intrigant, espion et parfait rufian. Plus d'un grand seigneur ou d'un prélat recouraient à lui en des affaires délicates ou particulières. Aussi fréquentait-il les antichambres et les sacristies. Avec cela, resté populaire, il connaissait les cabaretiers, les loueurs de voitures, les porteurs de chaises et autres menues gens. Il se tenait là fort au courant des filles en train de devenir jolies et des garçons prêts à un coup de main. De cette façon il pouvait toujours mettre à la disposition de ses illustres clients de quoi satisfaire leurs vices ou assouvir leurs rancunes, une maîtresse complaisante ou un spadassin adroit.

A l'affût des voyageurs de passage à Rome, il se présentait à eux sous divers prétextes. A peine arrivés, ils voyaient venir le subtil Angiolino qui leur offrait ses services. Il en avait de toutes sortes à proposer et débutait par celui de leur faire voir la ville, en son détail et en toutes ses curiosités tant publiques que secrètes. Il s'occupait de tout, louait des appartements, vendait des camées et des mosaïques, procurait des reliques de saints, menait à l'église, au théâtre ou au jeu. Aux amateurs de musique il s'entendait à merveille à leur organiser des quatuors ou des concerts de chambre, car il était au mieux avec toute la clique des coulisses et des pupitres, les râcleurs de violons, les acteurs, les castrats. Il avait de quoi contenter le plus exigeant, qu'il voulût dépenser ses écus en achats, en musique, en bonne chère, au jeu ou plus simplement aux femmes, ce qui est encore, après tout, le moyen le plus commun et le plus commode.

Angiolino tenait boutique de beautés, et Olympia

figurait en belle place à l'étalage. Elle se prêtait de bonne grâce aux choix prudents et lucratifs d'Angiolino, et ce fut par lui que la belle Romaine vit passer en ses draps les étrangers les plus divers.

Elle coucha avec des Anglais dont la peau laiteuse et blanche contrastait singulièrement avec le teint sanguin et rougeâtre. Il y en avait de vigoureux qui répandaient une odeur de viande fraîche et de saine boucherie. D'autres, longs et maigres, allongeaient à côté d'elle des carcasses osseuses et un petit souffle court. Quelques-uns, obèses, pesèrent de leur poids charnu sur sa poitrine ferme. Elle aimait assez les Allemands ; ils sont bonaces ou rudes, tandis que les Espagnols portent dans l'amour même une morgue quinteuse. Quant aux Français, presque aucun ne quittait Rome sans avoir passé par les bras d'Olympia, car ils ne voyagent guère sans demander à chaque pays l'hospitalité amoureuse de ses courtisanes. D'ordinaire, tout se passait bien et en bon ordre chez Olympia. On y trouvait un plaisir discret et sûr, car Angiolino détestait le bruit et le tumulte et tout ce qui attire les sbires et les argousins. Il savait pourtant risquer quelque chose, quand l'affaire en valait la peine, même au prix de suites désagréables, comme il arriva au sujet de ce jeune seigneur russe qui ne sortit de chez Olympia que les poches vides, car Angiolino n'ignorait aucun des artifices du jeu et aucune des pratiques par lesquelles on allège les pontes imprudents. Il les mit en œuvre envers le naïf boyard qui, après une nuit passée aux tables vertes, parmi les comparses dont Angiolino les avait adroitement garnies, se trouva, au matin, sans un sequin des bourses qu'il avait apportées avec lui fort gonflées d'or, et en si piteux état qu'on le ramassa au bas des escaliers de la Trinité, les boutons en brillants de son habit décousus, les poches retournées, les bagues coulées des doigts et la tête si perdue des boissons dont on avait étourdi sa déveine qu'elles le tinrent trois jours à l'hôtel, suant sang et eau, à hurler sur sa chaise percée des coliques qui lui tordaient les entrailles.

Olympia admirait d'autant mieux les bons tours d'Angiolino et son entente à toutes choses qu'elle eût été incapable d'en inventer le quart et d'en trouver l'équivalent. Elle manquait d'intrigue et d'entregent et même des manèges nécessaires à la galanterie. L'attrait et la vue de sa beauté étaient ses seules armes. Il ne lui restait rien de la petite fille malicieuse qui levait sa jupe au nez des vieux milords. Dès que sa vie vagabonde et précaire eut pris fin par les soins de Mme Piétragrita, elle se montra molle, inerte et paresseuse. Elle sortait à peine du palais Lamparelli. A peine si, en temps de carnaval, elle parcourait le Corso, masquée ; mais, une fois hors de son apathie, elle devenait furieuse, brusquement, de plaisir et de bruit, puis retombait le lendemain dans son indolence, interrompue seulement de colères soudaines, qui la dressaient tout d'un coup, injurieuse et brutale, l'œil égaré et les ongles en avant.

Une fois installée chez elle, elle devint de plus

en plus casanière. Elle traînait par les escaliers et les corridors ses robes lâches et de toutes couleurs. L'hiver, elle chauffait aux brasiers ses mains engourdies et restait de longues heures ainsi, le feu aux joues, à se cuire aux braises chaudes. L'été, elle dormait de longues siestes, se réveillait pour croquer des pâtisseries ou des prâlines ou pour aller à son miroir. Elle y regardait son visage et son corps et revenait se reposer. Elle passait aussi beaucoup de temps à sa vigne, étendue sur la balustrade de la terrasse, mangeant une grappe ou quelque autre fruit.

Puis elle rôdait çà et là, pieds nus en des mules de satin jaune qu'elle faisait claquer à son talon et auxquelles jappait un petit chien. Elle recevait des tireuses de cartes et des marchandes de fard. Son indifférence à coucher avec le premier venu était complète. Elle s'en remettait à Angiolino.

Un singulier mélange de luxe et de négligence bigarrait sa maison. Cela allait du sordide au raffiné. On buvait en des verreries dépareillées dont les brèches craquaient sous la dent. Des assiettes de terre commune se mêlaient à des pièces de porcelaine fine. Il y avait aux plafonds des lustres de cristal irisé suspendus à une corde de chanvre. On glissait sur le pavé à des écorces de fruits et à des épluchures de noisettes. Dans un coin, un miroir fendu reflétait un fauteuil à trois pieds. Olympia portait des robes déchirées où les taches ne manquaient pas. Elle avait souvent les mains poissées de confitures. Sa chevelure croulante lui donnait toujours un peu l'air de sortir du lit. Malgré tout, une certaine grâce de volupté était répandue sur toute sa personne. Son charme venait sans doute de ce qu'elle semblait toujours prête au plaisir. On lui savait gré de celui qu'elle donnait, et Angiolino n'en était nullement jaloux pourvu que de temps à autre il y prît aussi le sien. Il se mélangeait de rires, de bouffonneries et de querelles, et finissait d'ordinaire par les larmes d'Olympia qui se consolait, les joues mouillées, à demi-nue, assise au rebord du lit, les jambes pendantes et mordant à belles dents à une orange rouge ou à un citron jaune.

VI

M. de Galandot ne se coucha point cette nuit-là.

En rentrant chez lui, il avait trouvé la table servie. D'ordinaire il lui fallait descendre à la cuisine pour rappeler à Barbara que l'heure du repas approchait ou pour l'avertir qu'elle était déjà passée depuis longtemps. La servante se levait en bougonnant et montait dresser le couvert.

Barbara, avec l'âge, devenait volontiers oublieuse. Elle tirait alors de l'armoire quelques restes qu'elle plaçait à chauffer sur le feu et courait chercher des œufs. Alors M. de Galandot entendait un grand bruit dans la cour. C'était Barbara qui, grimpée sur le marchepied de la chaise de poste et penchée à mi-corps à l'intérieur, visitait la ponte. Les pondeuses troublées caquetaient et la volaille effarée battait des ailes dans un tourbillon de duvets et de graines soulevées. Barbara revenait, une paire d'œufs dans chaque main.

M. de Galandot regardait patiemment tout cela de la fenêtre. Le crépuscule augmentait doucement. A travers les arbres, il voyait une Rome violette et comme reculée dans un lointain avec ses toits et ses dômes. Les cloches sonnaient aux clochers l'*Ave Maria.* Il y en avait une assez proche, très lente, très sourde, qui parlait presque à voix basse. C'était celle d'un couvent voisin.

La cloche s'éteignait peu à peu. Une autre, très lointaine, s'obstinait encore. Toutes s'étaient tues, sauf elle. On eût dit qu'elle voulait réveiller les endormies de leur engourdissement progressif, qu'elle les sommait de reprendre leur concert de bronze, qu'elle les sollicitait de s'unir de nouveau en un élan commun, dans une nouvelle entente sonore. Mais l'appel inutile de l'isolée se lassait ; elle essayait encore quelques volées, puis les coups s'espaçaient un à un jusqu'au dernier qui vibrait longtemps dans le ciel vide. Rome disparaissait peu à peu : elle semblait se fondre et se dissoudre dans l'ombre, à moins qu'une lune ronde et argentée ne substituât au jour sa transparence nocturne.

M. de Galandot regardait longuement ce spectacle coutumier, il ne se retournait qu'au pas de Barbara apportant un chandelier qu'elle posait sur la table. La lumière éclairait les plats avec leur petit tas de légumes ou la rondeur des œufs durs qui y roulaient et qui, d'ordinaire, durant le trajet de la cuisine, s'étaient fêlés en entrechoquant leurs coquilles.

Mais, ce soir-là, Nicolas avait trouvé, par hasard, le souper tout préparé qui l'attendait. Barbara se prenait parfois d'un beau zèle. Il fallait pour cela qu'elle eût remarqué à son maître mauvais visage et petite mine. M. de Galandot vieillissait. Sa longue figure osseuse avait maigri. Son habit, trop large, plissait dans le dos. Ses jambes paraissaient plus décharnées. Avec cela, il semblait triste, et souvent, en marchant, il tournait la tête de l'air de quelqu'un qui regarderait en arrière dans sa vie.

Quelles que fussent les causes de son malaise, il n'en était pas moins visible et il s'y marquait à tout le moins une certaine fatigue du corps. C'était pour la réparer que Barbara avait fait cuire, ce soir-là, une poularde grasse. Aussi resta-t-elle debout derrière la chaise de son maître pour observer sur son appétit l'effet de cette gourmandise. Son étonnement fut grand quand elle s'aperçut qu'il demeurait absorbé dans une rêverie profonde, la main posée sur sa fourchette sans faire aucun mouvement. Il avait tellement l'air d'un homme endormi qu'elle prit peur à le voir ainsi et s'enfuit dans sa cuisine où elle égrena force chapelets en priant Dieu de le désensorceler, car une pareille indifférence devant une volaille si à point ne pouvait manquer d'être la suite de quelque sortilège à qui il devait aussi, à n'en pas douter, le mauvais aspect de son visage et le déclin de sa santé.

M. de Galandot resta longtemps à table. Le poulet en son plat d'étain fuma, puis se refroidit peu à peu dans sa sauce figée. Les œufs immobiles dans l'assiette attendirent en vain ; en vain le pain fit le gros dos sous sa croûte dorée. Les petites olives noires nagèrent dans l'huile jaune. La chandelle charbonna, coula en lourdes larmes. Deux chauves-souris entrèrent par la fenêtre, volèrent au plafond en circuits interminables. M. de Galandot ne bougeait toujours pas et ce ne fut que la lumière éteinte à ras du chandelier et resté dans l'obscurité qu'il regagna sa chambre à tâtons.

La lune l'éclairait; elle venait de se lever, et M. de Galandot se mit à marcher de long en large d'un pas égal et monotone. Arrivé au bout de sa promenade, il la recommençait. Cela dura longtemps sans qu'il songeât à se coucher. Cette nuit-là, la première depuis celle qu'il passa jadis dans la bibliothèque de Pont-aux-Belles, le soir du jour où sa mère avait interrompu son entreprise contre la jeune Julie et mis sous clé le coupable, M. de Galandot ne se coucha point. Pour la première fois, il manqua à poser, comme il le faisait d'habitude, son habit au pied de son lit, sur le dossier d'une chaise, les basques bien étalées et les manches pendantes, à plier soigneusement son gilet et sa culotte, à secouer la poussière de ses bas et à les rouler dans ses souliers, à placer sur sa canne appuyée au mur sa perruque et son tricorne.

Peu à peu l'air transparent et bleuâtre de la nuit se désargenta. Il devint gris et poudreux. La lune s'effaça, jaunit et déclina. L'aube vint; au dehors chanta un coq. M. de Galandot semblait s'éveiller d'un sommeil ambulant. Il s'arrêta dans sa marche, resta un instant indécis, puis se dirigea vers son lit non défait, monta sur les draps et, les bras levés, atteignit sur la planchette où elles s'alignaient une des amphores de terre cuite qui y étaient rangées. Celle qu'il prit était si lourde qu'il faillit tout d'abord la laisser tomber ; puis, avec précaution, il s'assit sur le rebord de son lit, la tenant entre ses genoux. Elle était fraîche et poussiéreuse ; des toiles d'araignées, soyeuses et légères, la rendaient comme molle et presque humide à toucher. M. de Galandot regarda lentement les dessins qui l'ornaient. Le potier y avait figuré une scène assez singulière. On y voyait un homme à longue barbe et au front chauve étendu à quatre pattes et, sur son dos, une femme nue à califourchon, comme sur une monture. D'une main elle le frappait d'un thyrse, et de l'autre elle levait à hauteur de sa bouche une grosse grappe de raisins.

M. de Galandot tenait maintenant l'amphore renversée et tâchait d'en faire glisser l'or que contenait son ventre rebondi ; mais les pièces introduites une à une par le goulot étroit en obstruaient l'ouverture de leur masse. M. de Galandot frappa la panse, du doigt. Elle rendit un son mat et métallique.

Tout à coup un sequin tomba, puis trois, puis deux, puis une pluie pressée qui s'éparpillait sur le lit. M. de Galandot prenait cet or à pleines mains et le fourrait fiévreusement dans ses poches. Celles de sa culotte furent vite pleines ; il en gonfla celles de ses basques et de son gilet ; il en noua dans un vaste mouchoir, fit un tas du reste et le cacha sous sa paillasse. Puis debout, il retourna une dernière fois l'amphore.

Un ducat demeuré au fond dégringola et se mit à rouler en cercle sur le dallage et finit par y aplatir son petit disque doré. M. de Galandot se baissa pour le ramasser. Sa longue personne dégingandée se cassa en deux comiquement. Cela fait, il se dirigea vers le vestibule.

Le jour était venu complètement. Le soleil brillait dans les vapeurs matinales. M. de Galandot sortit de la villa. Il resta un instant debout au haut de l'escalier dont la double rampe descendait dans la cour. Rome s'éveillait délicieusement dans le matin, toute rose et rousse, familière et monumentale dans cette tendre et noble lumière. Sur le toit écaillé et blanchi de la vieille chaise de poste, des pigeons roucoulaient doucement; de temps à autre, l'un d'eux s'envolait dans une bouffée de plumes chatoyantes. Un grand coq perché dans le cadre de la portière ouverte se tenait sur une patte; sa crête molle et rouge oscillait. Il ne restait plus rien de la nuit que les deux petites chauves-souris que M. de Galandot avait aperçues en passant par la salle à manger où, blotties à un angle du plafond, elles pendaient, les ailes repliées, comme deux fruits nocturnes, deux gourdes à ténèbres saoules de l'ombre qu'elles avaient bue.

Au bas de l'escalier, M. de Galandot traversa la cour et sortit à pas rapides. Peu à peu, l'or qui alourdissait ses poches ralentit sa marche. Le Tibre, qu'il passa, coulait d'une eau fluide et huileuse. Sur une place se tenait un marché. Deux bœufs à longues cornes courbes, attelés à un char, mugirent doucement et sourdement. Dans une rue à peu près déserte, M. de Galandot entendit courir derrière lui. L'homme, avant de l'avoir rejoint, disparut dans une ruelle latérale. A un carrefour, il y avait un chien assis sur son derrière. Il se léchait une patte l'une après l'autre, et jappait plaintivement. M. de Galandot marchait toujours. Arrivé au coin de la rue del Babuino, il hésita, puis il la prit et pressa le pas jusqu'à la porte de Cozzoli.

Cozzoli se levait à l'aube. Il était actif et travailleur. Il s'installait sur sa table et commençait à coudre et à couper. Il besognait ainsi longtemps avant que sa femme descendît à la boutique, de la soupente où couchait toute la maisonnée. Theresa et Mariuccia étaient plus paresseuses encore. Elles restaient tard au lit, soit à dormir, soit à badiner, et il fallait que leur père vînt lui-même les tirer de la paillasse. A l'heure dite, le nabot grimpait l'échelle. Les vauriennes faisaient bien mine de sommeiller, mais Cozzoli ne s'y trompait pas ; elles avaient beau se cacher le nez sous les couvertures, le tailleur était sans pitié. D'un coup de main, il tirait les draps et les découvrait toutes chaudes de sommeil, débraillées, la chemise relevée ou en tapons, la cuisse à l'air. Il les taquinait et les houspillait pour les faire lever, réjoui de leurs bonnes mines et tout gaillard de la vue de leurs peaux fraîches, et elles déguerpissaient avec des rires et des cris joyeux. Mais souvent aussi le jeu tournait mal. Cozzoli était d'humeur changeante et, à certains jours, la meilleure et la pire se touchaient de si près qu'il était dangereux de provoquer l'une ou l'autre. Alors le lever ne se terminait point sans quelques gifles qui faisaient pleurer Theresa, tandis que Mariuccia, furieuse, se frottait la fesse où rougissait la claque ou la piqûre d'aiguille dont son père avait hâté sa paresse.

Cozzoli était donc seul dans sa boutique lorsque M. de Galandot poussa la porte et entra. Cozzoli fut si surpris de cette visite matinale qu'il en leva les bras en l'air et les rabatttit promptement pour cacher l'ouvrage auquel il travaillait. En effet, au lieu de couper ou de couturer quelque habit d'homme, Cozzoli était en train de coudre une petite robe de moire rouge.

Une calotte minuscule déjà achevée reposait sur la table auprès de lui. Cela semblait destiné à vêtir on ne sait quel cardinal nain et eût pu laisser croire que quelque pygmée venait d'être promu au chapeau et chargeait Cozzoli de lui confectionner sa garde-robe. Mais M. de Galandot paraissait si troublé qu'il ne s'aperçut guère du bizarre travail du tailleur et qu'ayant heurté, en entrant, un des mannequins d'essayage il le salua cérémonieusement, comme si c'eût été un personnage d'importance.

Une fois assis sur sa chaise accoutumée, M. de Galandot reprit un peu contenance. La pie familière quitta l'épaule de Cozzoli où elle était perchée et vint se poser sur la sienne. Cozzoli, de son côté, avait retrouvé toute sa supériorité. Juché sur sa table, il considérait de haut son visiteur matinal, attendant de lui quelque explication de sa visite inopinée, car, bien qu'il brûlât d'en savoir la cause, il se fût reproché, comme une faiblesse indigne de lui, de témoigner aucune curiosité. Tout en enfilant son aiguille, il regardait à la dérobée M. de Galandot, mettant son honneur à ce qu'il parlât le premier. M. de Galandot ne s'y décidait toujours point. Il restait immobile et silencieux. On entendait de temps à autre le craquement sec du bec de la pie et le trotte-menu des points cousus. Cela pouvait durer indéfiniment par l'inertie de l'un et l'obstination de l'autre. Au-dessus grattait le bruit du balai de Mme Cozzoli qui nettoyait la chambre où Theresa et Mariuccia dormaient encore.

Enfin M. de Galandot toussa à plusieurs reprises et d'un air suppliant; Cozzoli considéra cette marque de gêne comme une avance suffisante et n'y tint pas. La toux de M. de Galandot fit s'envoler la pie qui quitta son épaule pour celle de Cozzoli.

— « Où diable Votre Seigneurie a-t-elle bien pu s'enrhumer? dit le tailleur. Nous sommes en plein été, tellement que M. Dalfi m'a commandé, hier encore, trois habits légers, dont l'un gris, à cause de la poussière qui est grande par ces temps secs; c'est elle qui vous aura pris à la gorge. Votre Seigneurie veut-elle un verre d'eau? Theresa ou Mariuccia vous l'apportera, bien que toute cette jeunesse dorme encore; mais je les vais faire lever pour aller au puits. »

M. de Galandot fit un geste de remerciement.

— « Certes, continua Cozzoli, je ferai remarquer à Votre Seigneurie que c'est la première fois qu'elle visite à pareille heure ma pauvre boutique et que bien m'en prend d'être debout au chant du coq; sans cela vous eussiez trouvé porte close, ce qui vous eût fort contrarié, car je gage que l'habit de Votre Seigneurie a besoin de quelque reprise urgente, et qu'il y a bien quelque accroc à recoudre ou quelque dégât à réparer. »

Comme M. de Galandot ne répondait toujours pas, Cozzoli partit alors dans un interminable discours où il énumérait toutes les causes qui avaient bien pu amener M. de Galandot chez lui, de si bon matin. Cozzoli avait cela de particulier qu'il était en même temps songe creux et burlesque. Ses imaginations tournaient vite à la facétie. Aussi M. de Galandot dut-il écouter attribuer à sa sortie matinale les raisons les plus saugrenues, car peu à peu la mauvaise humeur du petit tailleur disparaissait dans le plaisir qu'il prenait à ses propres plaisanteries.

Et ce fut en riant très haut qu'il en vint à demander à M. de Galandot si quelque querelle avec la vieille Barbara n'était pas tout bonnement le motif de sa venue.

— « Quand je dis querelle, bouffonnait Cozzoli, Votre Seigneurie m'entend bien. Mais je crains toujours que ma digne tante, à force de vivre auprès d'un honnête seigneur comme vous-même, lui sacrifie l'étrenne de son antique vertu. »

Cette farce réjouissait, d'ordinaire, toute la maison et la plus indirecte allusion aux amours de la tante Barbara divertissait extrêmement Theresa et Mariuccia.

Mais M. de Galandot s'était levé tout à coup et, rouge, balbutiant d'une voix étranglée, il dit au tailleur.

— « Monsieur Cozzoli, je viens vous parler... »

A mesure que M. de Galandot parlait, l'ébahissement le plus profond apparaissait sur le visage de Cozzoli. C'était à son tour de s'étonner. Machinalement, il avait ôté son dé et planté son aiguille sur une pelotte. Il agitait ses jambes croisées, se renversait en arrière. Etait-ce bien le vrai M. de Galandot qui se trouvait devant lui ou quelque larve nocturne, comme il en rôde, dit-on, dans les ténèbres; avait-elle emprunté la figure et l'accoutrement ordinaires du digne gentilhomme et se servait-elle de son honnête apparence pour y incarner son fantôme diabolique ? Non, c'était bien M. de Galandot qui lui demandait, confus et rougissant, le nom d'une dame vue la veille à sa terrasse, non loin des jardins de la villa Ludovisi, et qui mangeait une grappe de raisin; c'était lui qui ajoutait avec embarras qu'il s'était senti à sa vue un grand désir de la connaître et de lui témoigner son estime et le souhait des faveurs de sa compagnie, si rien ne s'y opposait. Il pensait que son ami Cozzoli, dont il avait entendu, par hasard, la voix dans le jardin de la signora, pourrait lui obtenir un entretien qui lui permettrait d'exprimer l'honnêteté de ses dispositions et le désir qu'il avait de pouvoir être utile à une si belle personne. Tout cela paraissait à Cozzoli tellement prodigieux qu'il en restait comme hébété, puis, tout à coup sa stupeur se changea en une hilarité irrésistible et, sautant à bas de la table, il se mit à courir par la chambre en se tenant les côtes, avec mille gambades et des glapissements de joie.

A ce tapage, Mme Cozzoli, ne sachant ce qui se passait, descendit de la soupente. Elle était en cotillon court, ses cheveux ébouriffés. Theresa et Mariuccia la suivirent de près. Elles avaient les yeux encore gros de sommeil et dans les cheveux encore le duvet des oreillers. Toutes deux en chemise, Mariuccia avait laissé tomber l'épaulette de la sienne et montrait son épaule nue, tandis que Theresa, le pan relevé, se grattait sans façon le mollet où une puce l'avait mordue.

M. de Galandot se tenait dans un coin de la chambre, les yeux baissés. Enfin Cozzoli, au milieu de ses rires, eut la force de s'écrier :

— « Savez-vous, savez-vous... ce que... Sa Seigneurie vient me demander? Il veut que je le mène... ah! ah! ah! que je le mène chez une dame... hi! hi! hi!... vous savez... chez l'Olympia... »

Il fut interrompu par un hoquet de joie; alors ce fut un débordement de cris et d'exclamations autour du pauvre M. de Galandot abasourdi qui, debout, mal à l'aise avec ses poches gonflées d'or, tournait son chapeau entre ses doigts. Cozzoli se tordait. Mme Cozzoli s'affala sur une chaise. Theresa, le dos au mur, riait aux larmes, et Mariuccia, grimpée sur la table, y dansait en battant des mains, sans souci de ce que montrait sa courte chemise, tandis que la pie, épeurée de tout ce bruit, voletait au plafond, à grands coups d'ailes blancs et noirs

VII

La première entrevue de M. de Galandot avec la signora Olympia eut lieu un jeudi. Le nouveau Sigisbée avait tiré, pour l'occasion, d'une de ses grandes malles, un habit neuf et une perruque fraîche. Depuis son importante décision de parler à Cozzoli, il avait retrouvé un peu de calme. La veille, il avait passé chez un joaillier, précisément celui de M. Dalfi, et, outre un superbe collier qu'il y commanda, il y prit quelques menus présents pour la famille Cozzoli. Le tailleur reçut un dé d'or et un étui à aiguilles; sa femme trouva dans une boîte une fort belle montre bombée; Theresa et Mariuccia eurent des pendeloques qu'elles coururent se mettre aux oreilles, d'où elles s'amusaient, en secouant la tête, à les faire tinter contre leurs joues. En échange, Cozzoli donnait à M. de Galandot des conseils sur la façon de se conduire avec les femmes, car il ne doutait pas que le seigneur français ne comptât faire sa maîtresse de la belle Italienne.

C'est justement ce qu'il avait dit à Olympia en lui apportant les propositions de M. de Galandot. Elles furent parfaitement reçues. Angiolino consulté voyait là une fortune sûre et discrète et justement ce qu'il leur fallait. M. de Galandot lui semblait en tous points providentiel et, quoique le compère eût rabattu le nécessaire aux propos de Cozzoli dont l'imagination surexcitée faisait de M. de Galandot rien moins qu'un prince déguisé, il en restait tout de même que, réduit à sa valeur exacte, le bon gentilhomme était riche, simple et déjà barbon. En y réfléchissant, il y avait bien quelque risque qu'il fût bizarre et atrabilaire, étant donnée la façon dont il vivait à Rome depuis plusieurs années, si retiré qu'il avait mis en défaut le flair d'Angiolino et échappé à son affût. Mais, en y pensant mieux, ces précédents prouvaient que son goût brusque et inattendu pour la signora devait être d'autant plus vif qu'il contrastait davantage avec des mœurs établies déjà par une longue habitude et dont il avait fallu, pour le détourner, une circonstance tout exceptionnelle.

Il se présentait donc là, comme en jugeait sagement Angiolino, une fort belle matière, pour une femme, à exercer ses talents. La solitude même où se trouvait M. de Galandot le rendait mieux propre à être aisément circonvenu. De plus, Cozzoli répondait de sa mine, disant qu'il n'eût tenu qu'à lui de faire de M. de Galandot un seigneur élégant. Mais Nicolas, malgré les instances du tailleur, ne voulut point consentir à se laisser habiller à neuf d'une façon qui convînt à son nouvel état d'amoureux.

Ce fut donc, son habit gris au dos, sa grosse perruque aux joues, ses souliers à boucles aux pieds et sa canne à la main, un jeudi, vers trois heures de l'après-midi, qu'il fit son entrée chez Olympia. Angiolino avait trouvé prudent de s'esquiver et de tout disposer pour qu'aucun fâcheux ne troublât cette audience et n'interrompît mal à propos le tête-à-tête. Il avait vivement recommandé à Olympia de régler son attitude sur celle de M. de Galandot et de s'en remettre à son bon plaisir, car il savait fort bien qu'il y a des hommes qui apportent à ces sortes d'affaires une brusquerie immédiate, tandis que d'autres y mettent une lenteur voulue et calculée pour augmenter leur volupté de la circonspection dont ils la retardent. Il se pouvait que M. de Galandot, si modéré en toutes ses apparences, fût brutal sur le fait et expéditif en amour, auquel cas Olympia avait ordre de ne point trop se défendre et de conclure, s'il le fallait, sur-le-champ.

Dès le matin, au sortir du bain qu'elle prit, long et aromatisé d'herbes fines, elle remplaça son déshabillé ordinaire par une toilette d'apparat.

Olympia reçut M. de Galandot assise dans un grand fauteuil, la chevelure bien coiffée, la gorge couverte, son petit chien sur les genoux. Nicolas prit place sur une chaise en face d'elle. Il avait la contenance la plus embarrassée du monde, croisait et décroisait ses jambes, rougissait et pâlissait tour à tour. Olympia n'était point à ses débuts en ce genre de rencontres ; maintes fois elle s'était trouvée en face d'étrangers parlant des langages dont elle ignorait le premier mot, mais la simplicité de leurs sentiments et l'évidence de leurs intentions substituaient aisément au discours une mimique où il n'y avait guère à se méprendre et où, à défaut de l'accord des paroles, l'entente des gestes s'établissait à merveille. En ces occasions, Olympia laissait sa beauté parler pour elle, et la réponse ne manquait pas de se produire. Mais M. de Galandot faisait la sourde oreille et Olympia n'osait pas mettre en usage les moyens qu'elle employait d'ordinaire pour animer les muets.

Il lui sembla vite qu'elle se tenait là depuis des heures ; de temps à autre elle souriait, et M. de Galandot, à chaque fois, rougissait de tout le visage sous sa perruque et regardait fixement le bec de sa canne. Il faisait chaud. Olympia pensait au plaisir qu'elle aurait eu à ce moment à s'étendre et à dormir. Un bâillement invisible inquiétait sa bouche. La situation se prolongeait et le vis-à-vis durait. Olympia hésitait à engager la conversation, ne sachant trop par où entreprendre ce silencieux et grave personnage qui paraissait tout engourdi sur sa chaise et qui portait, en une démarche plutôt équivoque, une décence si réservée. Ils en restaient là quand la petite chienne longtemps tranquille au giron d'Olympia s'étira, remua les oreilles, se mit sur ses pattes, examina curieusement M. de Galandot et jappa trois fois.

Quand M. de Galandot fut parti, sur cela, après avoir salué cérémonieusement Olympia, elle demeura tout ébahie et sans savoir que penser de cette bizarre visite dont l'issue la laissa perplexe et dont le récit sembla fort embarrasser Angiolino, car elle avait un peu l'air d'une fuite.

Il n'en fut rien. L'original revint le lendemain et les jours suivants. Il arrivait toujours à la même heure, après avoir passé chez le joaillier voir si le collier était prêt. Il fallait quelque temps pour en assembler les pierres qui devaient être fort belles et pour en achever la monture que M. de Galandot voulait finement ciselée. Il tenait, chaque jour, Olympia au courant de l'état du travail, car il lui avait annoncé le cadeau qu'il lui préparait. Elle voyait surtout dans ce premier don l'augure de largesses futures ; mais elle aurait voulu se les rendre dues par ce qui oblige le plus les hommes à la reconnaissance et sert aux femmes néanmoins à tout exiger d'eux en retour.

M. de Galandot ne se départissait pas de la plus extrême décence, de la plus grande réserve et de la plus parfaite cérémonie. Il parlait maintenant assez volontiers ; mais Olympia ne retrouvait guère à ces propos surannés les discours qu'on lui tenait d'ordinaire et qui ne portaient le plus souvent que sur les pratiques de la volupté et les détails du plaisir. Elle avait bien tenté de glisser en ses réponses à M. de Galandot quelques amorces de ce genre ; mais il semblait n'en pas comprendre le sens et, quand l'avance y était trop vive, il paraissait en ressentir plus d'embarras que de trouble.

Dans tout cela Olympia s'ennuyait terriblement et à bâiller, d'autant que M. de Galandot, parti après deux heures de tête-à-tête, elle n'avait rien à dire à Angiolino qui accourait aux nouvelles. Il commençait à s'inquiéter, sachant maintenant

M. de Galandot beaucoup plus riche qu'il ne l'avait cru d'abord. Son important crédit chez Dalfi en faisait foi. Mais Olympia, qui supportait tout le poids de ces mortels entretiens, se montrait exaspérée d'un ennui qui touchait à la fureur, si bien qu'Angiolino avait toutes les peines du monde à l'empêcher de planter là ce lanterneur. Il la raisonnait de son mieux, afin d'obtenir qu'elle patientât. Puisque M. de Galandot se taisait de ses intentions, il fut convenu qu'elle chercherait, par un manège prudent et favorable, à leur donner de telles occasions de se montrer qu'il faudrait bien qu'elles se fissent jour.

Pour cela il fallait agir doucement et progressivement, de façon à ne point trop, tout de même, effaroucher le timide. Peu à peu Olympia en vint donc à des manières plus libres. Elle revêtit des déshabillés avantageux. Souvent elle chantait. Nicolas l'écoutait avec plaisir et il paraissait donner une grande attention à ses mouvements. Olympia était vraiment belle, avec un sens de la volupté qui la faisait exceller aux attitudes les mieux propres à faire valoir les lignes les plus heureuses de son corps. M. de Galandot la regardait, avec un plaisir visible, aller et venir, manger un fruit, s'éventer longuement et paresseusement. Il la regardait rire sans qu'il rougît. Au lieu de rester à la maison, ils passaient aux jardins. Ils marchaient dans les allées et venaient s'accouder à la terrasse, fort près l'un de l'autre.

Un jour, ayant descendu trop vite un escalier, sa jarretière se rompit. Elle mit le pied sur une marche pour la rattacher. M. de Galandot, au lieu de détourner les yeux, la considérait attentivement. Elle retroussa sa robe plus haut qu'il ne fallait et fut longue à la remettre en ordre.

Sous divers prétextes, elle l'amena à toucher sa peau. Il la touchait timidement du bout des doigts, comme s'il avait peur. Un jour qu'elle se penchait sur le balustre de la terrasse, un brin de feuille lui tomba dans le cou et glissa entre ses deux épaules. Elle pria M. de Galandot de le lui enlever. Il le fit avec cérémonie et politesse, son tricorne relevé sur sa grosse perruque grise pour y mieux voir, la main hésitante et en laissant choir sa canne dans la poussière.

Quand il entrait maintenant, elle s'arrangeait volontiers pour se laisser surprendre endormie. Elle observait, les yeux mi-clos, l'embarras de M. de Galandot. Il tournait autour d'elle, faisait du bruit et réussissait d'autant moins à l'éveiller qu'elle ne dormait point. Olympia avait remarqué qu'alors il l'examinait avec attention. Les hasards du sommeil facilitent d'heureuses indécences. Mais tout cela ne concluait rien. Nicolas ne parlait même plus du collier, et Angiolino se demandait s'ils ne commençaient pas à être dupes.

Pas un jour ne se passait pourtant sans que M. de Galandot vînt chez Olympia, et chaque fois à la même heure. Ce jour-là il faisait chaud et Olympia s'était étendue pour la sieste en attendant son visiteur habituel. Pour mieux sentir sur son corps la fraîcheur du lit et de l'air de la chambre, elle s'était mise nue. On avait fermé à demi les persiennes et soigneusement arrosé le pavé. Des arabesques humides s'y entrelaçaient agréablement. Olympia s'était endormie en pensant que ce collier terrestre de gouttes d'eau ne valait point celui que lui avait promis Nicolas. Elle comptait lui rappeler sa promesse aujourd'hui même...

Elle dormit d'abord assez longtemps sur le côté, la joue sur son bras, une jambe allongée, l'autre un peu remontée. Un de ses seins s'écrasait doucement contre le drap. Ses reins se creusaient. Le sommeil le plus profond est rarement immobile, il a ses mouvements secrets; le corps, de lui-même, cherche ses aises, de telle sorte que, d'elle-même, Olympia se retourna. Elle dormait maintenant sur le dos, les bras sous la nuque, les seins égaux, les jambes longues. L'ampleur de la cuisse faisait plus délicate la rondeur polie du genou. C'est ainsi qu'elle s'éveilla. M. de Galandot était debout auprès du lit. Il tenait à la main un grand écrin de maroquin rouge, et Olympia l'en vit sortir et lui passer au cou un magnifique collier d'émeraudes. Elle sentit sur sa peau la fraîcheur des pierres et du métal.

M. de Galandot restait immobile et silencieux. Olympia comprit que l'instant décisif était venu. Souple et rapide, elle saisit M. de Galandot par les poignets et le pencha de force sur elle. Ses mains molles et tremblantes se défendaient à peine. Tout à coup il trébucha et tomba à demi sur les draps. La canne, l'écrin et le chapeau roulèrent à terre. Soudain M. de Galandot se releva. Il était à genoux sur le lit, les bras tendus dans une attitude d'épouvante, les yeux fixés sur la porte qui s'ouvrait lentement, comme pour laisser entrer quelqu'un. Nicolas regardait cette porte entrebâillée comme si elle allait donner passage à quelque fantôme familier venu vers lui du fond de son passé, du bout de sa jeunesse, avec des traits connus, une démarche ressouvenue, puis il battit l'air, balbutia quelques mots inintelligibles et dégringola sur le pavage, tandis que le battant poussé d'un nouvel effort laissa voir la petite chienne Nina qui mêla son jappement au bruit de la chute de M. de Galandot dont Olympia effrayée franchit le corps étendu sans prendre le temps de se vêtir, courant toute nue pour appeler du secours et penchant sur la rampe de l'escalier son buste cerclé au cou du lumineux collier d'émeraudes.

VIII

M. de Galandot ne quittait plus la maison d'Olympia. Il y habitait une chambre isolée au fond d'un long couloir. C'est là qu'on l'avait transporté en pâmoison, le jour de l'accident bizarre qui lui était survenu si mal à propos ; ce fut entre ces quatre murs blanchis à la chaux qu'il revint de son évanouissement et, sur le grand fauteuil de chevet, qu'abattu encore de la secousse, il fit la connaissance d'Angiolino. Le drôle se présenta à lui sous les espèces d'un frère d'Olympia. Il joua son rôle avec assurance, se confondit en protestations de toutes sortes, jura, la main sur le cœur, de sa reconnaissance qu'un si digne seigneur voulût bien s'intéresser à eux, laissant entendre à M. de Galandot que sa présence dans la maison serait tenue à honneur tant qu'il la voudrait bien prolonger, que sa sœur et lui seraient heureux de la considération que ne manquerait pas de leur apporter une marque si publique de sa bienveillance. A mesure qu'il parlait ainsi, M. de Galandot sentait croître son embarras, comme si sa brusque entreprise de l'autre jour eût offensé d'avance les devoirs de l'hospitalité.

Il se remit peu à peu de son accident. Olympia venait lui tenir compagnie dans sa chambre. Elle ne cherchait plus à renouveler la scène de l'autre jour. De son côté, M. de Galandot semblait avoir complètement oublié sa tentative malencontreuse. Angiolino conseillait d'attendre. « Ces vieillards sont singuliers, disait-il, et leurs caprices souvent incompréhensibles. L'essentiel est qu'ils soient généreux. » La valeur du collier d'émeraudes rassurait Olympia sur ce point, mais il s'agissait de n'en pas rester là. La maladie servit de prétexte à introduire la question d'argent. Angiolino présenta modestement une note des dépenses qu'avaient occasionnées les soins du médecin. La façon dont M. de Galandot l'acquitta montra bien qu'il ne lésinerait pas en toute autre occasion.

Ce singulier pensionnaire avait pris ses habitudes dans la maison. Le matin, Angiolino le voyait se faire la barbe au petit miroir suspendu à l'espagnolette de sa fenêtre. Il l'observait. M. de Galandot se rasait soigneusement et longuement. Souvent, il restait indécis, le rasoir levé, et tournait la tête comme s'il entendait quelqu'un derrière lui.

D'ordinaire, il était tranquille et taciturne, mais Angiolino et Olympia remarquaient qu'il sursautait facilement. Le moindre bruit inattendu le faisait tressaillir de surprise et, chaque fois qu'on ouvrait une porte, il semblait éprouver une crainte furtive qui lui crispait tout le visage et lui remontait l'un de ses sourcils, tandis que l'autre s'abaissait bizarrement. Puis il se calmait; sa figure anxieuse se détendait et on n'entendait plus le bout de sa canne que ses mains tremblantes choquaient par terre.

Chaque matin, à la même heure, il sortait de sa chambre. Son pas résonnait dans le corridor. Arrivé à une grande horloge debout en sa gaine de bois peint, il s'arrêtait et attendait, sa montre prête, qu'elle sonnât. Puis il constatait tristement le désaccord entre les aiguilles et la sonnerie, et il restait là, étonné, comme un homme qui aurait perdu le fil du temps, car il n'allait plus, comme jadis, prendre l'heure au cadran à la française de l'église de la Trinité. Ses seules sorties étaient pour se rendre parfois à sa villa du Janicule.

Il entrait dans la cour. Les poules s'effarouchaient à sa venue; les pigeons s'envolaient du toit de la chaise de poste. La première fois qu'il reparut à la cuisine, la vieille Barbara était assise auprès du feu. En le voyant, elle se leva et fit trois pas en arrière. Son long chapelet tinta entre ses doigts; elle se signa triplement au front, à la bouche et à la poitrine, comme si elle eût vu le diable, et demeura un temps sans parler; puis elle éclata.

Nicolas écoutait, la tête basse, l'algarade de sa vieille servante. Sa bouche édentée crachotait. Elle avait su par son neveu Cozzoli pourquoi son maître ne revenait plus au logis. Aussi l'accueillit-elle durement. Son rude langage n'épargna pas Olympia. Son mépris de dévote et de vieille fille se donnait cours.

— « Et voilà, criait-elle en agitant son chapelet, celles qui attirent les hommes. Ah ! Seigneur ! un seigneur comme Votre Seigneurie, vivre sous le toit ou péché ! Sainte Vierge ! il a tout quitté sans un regard. Aussi, je me doutais bien qu'il arriverait quelque chose. Je me disais : « Ce seigneur Galandot, si bon, si sage, n'a pas de religion. Il ne porte ni médailles ni scapulaires. « Ah ! j'en ai fait dire des messes pour Votre Seigneurie ! Quand je vendais des volailles et des pigeons, j'en portais l'argent au couvent d'à côté. Tellement que le frère me disait en riant : « Dame Barbara, vous payez à Dieu un vieux péché. » Et tout cela n'a servi de rien. Et pourtant, en ai-je fait des croix au couteau sur la croûte des pains... et les quatre œufs que je disposais en croix sur l'assiette ! »

Et la vieille main ridée et noire de la servante brandissait le long chapelet d'un geste furieux et désespéré.

Dans la suite, M. de Galandot prenait grand soin d'éviter les rencontres de Barbara. Il se glissait dans la maison furtivement et allait droit à sa chambre. Rien n'y était changé depuis son départ. Les amphores de terre cuite s'alignaient encore sur la planche poudreuse. Il en prenait une, la versait, emplissait ses poches et se hâtait d'emporter sa charge de sequins et de ducats.

Ils ne duraient pas longtemps en ses mains et passaient vite à celles d'Olympia et d'Angiolino. Leurs demandes augmentaient sans cesse. Celles d'Olympia portaient sur des fantaisies de hardes et de bijoux dont elle prétendait ressentir un désir immédiat ; celles d'Angiolino s'autorisaient d'affaires fort confuses dont il étourdissait M. de Galandot. Des sommes considérables y entrèrent sans que le bon seigneur entendît plus parler des belles entreprises dont Angiolino lui avait corné les oreilles, non plus qu'on ne voyait jamais paraître les étoffes et les bijoux pour lesquels Olympia prétendait mourir d'envie.

Peu à peu, elle avait repris ses habitudes ordinaires de gourmandise et de négligé. Sûre de la beauté de son corps, elle se préoccupait assez peu de l'orner, comme si la nature y avait suffisamment pourvu en le faisant souple et robuste et propre aux jeux du plaisir. Elle savait que celui que les hommes estiment le plus est celui qu'on prend aussi bien sur une paillasse que sur un lit somptueux et qui n'est pas moindre dans un grenier que dans un boudoir, à la lueur d'une chandelle fumeuse qu'à la clarté d'un lustre étincelant. Elle savait qu'en ce point la fraîcheur de sa peau, la fermeté de sa chair et l'agilité voluptueuse de ses mouvements la dispensaient de tous les artifices où ont recours celles qui ne possèdent pas cet avantage naturel et qui dispense de tout.

Aussi bientôt se remit-elle à l'aise avec M. de Galandot. Elle recommença à porter des robes tachées et trouées. Elle avait souvent à la main un fruit ou une friandise et, comme elle était en même temps distraite, violente et paresseuse, elle ne manquait guère de répandre sur elle les sorbets et les confitures, lâchant hors de propos ce qu'elle tenait et s'inquiétant fort peu du dégât de sa toilette.

On la revit donc les pieds nus dans ses mules jaunes, la poitrine à l'air, la chevelure nouée au hasard, la lèvre humide et la bouche rieuse, rôder du haut en bas de la maison, suivie aux talons par sa chienne carline et par M. de Galandot qui marchait derrière elle avec ses gros souliers à boucles, en son habit gris trop large, car il avait maigri encore, sa figure osseuse sous son ample perruque, et ne la quittant pas plus que son ombre.

A mesure qu'il la fréquentait, elle se gênait moins avec lui. Son langage, qu'elle avait observé pendant un temps, revenait au naturel, avec ce qu'il avait de populacier et de cynique, car les soins de la bonne Mme Piétragrita n'en avaient jamais pu enlever toutes les hardiesses. Elle portait trop au fond d'elle cette langue des rues qu'avait parlée son enfance pour l'avoir perdue entièrement, et le cardinal Lamparelli, qui en aimait la verve crapuleuse, riait aux larmes de ces retours populaires qui mettaient à la bouche de sa maîtresse l'ordure salée et sonore des bouges et des carrefours.

Les commensaux ordinaires d'Olympia appréciaient fort cette crudité de ses propos. Ils s'amusaient de ses boutades. C'étaient pour la plupart gens de vie scabreuse, car Angiolino avait de singuliers amis. On voyait là des abbés faméliques aux joues maigres qui cherchaient fortune autour du pot, des chanteurs et des joueurs d'instruments, des croupiers de jeu aux mains rapides et inquiétantes, des vendeurs de nippes, des acteurs de toutes sortes, des castrats, en un mot toute la racaille avec laquelle s'abouchait Angiolino en ses divers métiers.

Les premiers temps du séjour de M. de Galandot les écartèrent. Angiolino faisait bonne garde autour de son pensionnaire et ne souffrait guère qu'on en approchât; mais, quand il se sentit sûr du tour que prenaient les choses, sa vigilance se relâcha, et la bande reparut peu à peu.

Ces visiteurs qui dérangeaient ses habitudes, M. de Galandot les détestait. Plus ou moins au courant, par le voir toujours là, de ce qu'il y faisait, ils le traitaient avec un assez curieux mélange de familiarité et de retenue. L'homme qui paie en impose toujours, mais ils se demandaient tout de même pourquoi, puisqu'il était chez lui, après tout, il ne chassait pas de là leur clique encombrante et semblait la supporter si à contre-cœur. Aussi, tout en l'admirant pour son argent, le méprisaient-ils pour sa faiblesse

Dans les commencements, il s'éloignait à leur venue et leur cédait la place. On le voyait réfugié au jardin, assis sur le rebord de la terrasse, les jambes pendantes et le nez en l'air. Puis il finit par rester tout bonnement dans un coin de la galerie, distrait et rêveur, tandis qu'on pérorait autour de lui; comme jadis, dans la boutique de Cozzoli, il demeurait des journées à entendre babiller l'avorton et jacasser la pie.

Peu à peu il s'apprivoisait jusqu'à s'asseoir à table au milieu de cette bizarre compagnie.

Ces dîners étaient le seul signe qui marquât l'abondance du nouvel état où vivait maintenant Olympia. M. de Galandot en était venu à soutenir toute la dépense de la maison ; mais, des surplus qu'on tirait de lui, rien ne paraissait. Les deux avares enfouissaient tout. Pour la table seulement, ils ne lésinaient pas. On y voyait paraître des plats recherchés et de grasses nourritures. Les convives d'Olympia faisaient grand bruit autour des plats. Le vin de Genzano déliait les langues. Elles étaient le plus souvent grossières et vilaines. Olympia donnait l'exemple et applaudissait à l'ordure des propos.

Ces jours-là, M. de Galandot ne buvait guère, ne mangeait point et ne disait mot. D'autant plus qu'avec le vin la compagnie s'émancipait. Les mains devenaient plus libres encore que les langues. Il se trouvait là parfois d'autres femmes qu'Olympia. Elles riaient bruyamment ou criaient d'un pinçon. Angiolino, au milieu du bruit des assiettes et des voix, debout, commençait un de ces discours burlesques auxquels excellait sa verve et portait la santé de M. de Galandot qui, égaré, suant à grosses gouttes sous sa perruque, piquait dans son assiette des morceaux qui n'y étaient point et qu'il faisait le geste de porter à sa bouche sans s'apercevoir, à la grande joie de tous, qu'un voisin facétieux les avait plaisamment escamotés.

IX

Le contenu des amphores de terre cuite fondait rapidement. L'une après l'autre, elles descendaient de leur planche et s'entassaient dans un angle de la chambre où M. de Galandot les laissait une fois vides. A son approche, elles vibraient doucement. Avec leurs gros ventres et leurs anses courtes, elles semblaient un conciliabule accroupi de naines trapues.

Lorsque la dernière eut rejoint les précédentes, M. de Galandot cessa de venir à la villa. Depuis longtemps ses hardes avaient été transportées chez Olympia. Il y vivait complètement ou plutôt on y vivait à ses dépens, car on tirait de lui des sommes de plus en plus importantes. Il les prenait maintenant chez M. Dalfi, son banquier. De longues années d'économie avaient constitué au bon gentilhomme de fortes réserves qui, outre ses revenus, le faisaient solidement riche.

M. Dalfi pêchait là-dedans en eau trouble. M. de Galandot ne comprenait rien aux comptes que lui fournissait le banquier et qu'il prenait à peine le soin d'examiner, dans sa hâte de fuir la présence du traitant. M. Dalfi, qui connaissait l'aventure de son client, ne manquait pas, à chaque visite, de faire à cette circonstance quelque allusion détournée. Il le recevait en souriant d'un air entendu, l'accablait de prévenances narquoises et de clins d'yeux. Il discourait sur les coûteuses fantaisies des belles. La vérité est qu'il admirait fort M. de Galandot pour ce qu'il appelait sa belle conduite.

Le banquier aimait les femmes, et sa vie avait été un combat acharné entre sa paillardise et son avarice. Aussi considérait-il avec respect les dépenses de M. de Galandot pour Olympia. Pour un peu, il l'en eût loué directement. Il se bornait pourtant à quelques considérations générales, tout en regrettant de ne pouvoir aller plus loin. M. de Galandot lui paraissait maintenant un homme avec qui on pouvait parler, mais qui ne répondait guère, car il s'empressait d'empocher ses ducats et ses sequins, tandis que M. Dalfi lui disait tout en le reconduisant et en le tirant par la manche : « Ah! seigneur Galandot, les femmes... les femmes... »

Et comme il le voyait s'éloigner à grands pas, le dos courbé, maigre et dégingandé, il ne doutait point qu'il dût sa démarche chancelante et son air distrait aux fatigues de l'amour qui vident les cerveaux, font saillir les côtes et amollissent les jambes.

En cela, il se trompait lourdement. La seule vue d'Olympia semblait maintenant suffire à ce bizarre amoureux. Son assiduité silencieuse ne laissait pas que d'agacer la signora. Cette paresseuse détestait qu'autour d'elle on ne fît rien. Aussi le petit valet Jacopo, la servante Julia et la vieille cuisinière Adelina étaient-ils continuellement harcelés de besogne. Peu à peu, à force d'avoir auprès d'elle Nicolas, elle prit l'habitude d'user de sa complaisance pour mille petits services familiers qu'il lui rendait avec empressement. Elle le dérangeait vingt fois l'heure pour lui ramasser son mouchoir ou son éventail, pour lui ouvrir ou lui peler un fruit, pour aller chercher ceci ou cela.

Il se prêtait avec une béatitude singulière à ses ordres les plus inutiles, car, la plupart du temps, elle oubliait ce qu'elle demandait avant qu'on le lui apportât. Remontait-il essoufflé de l'office avec un sorbet sur un plateau, qu'il fallait redescendre au jardin pour mener pisser la petite chienne. M. de Galandot mettait à tout cela une promptitude et une maladresse admirables, dont Olympia, selon les sautes de son humeur, riait ou se fâchait. Il fallait le voir alors, humble et penaud, avec sa longue figure anxieuse et naïve. Cela finit par aller loin, car l'abus suit toujours l'usage, et M. de Galandot était trop homme à se prêter à l'un pour ne pas se soumettre à l'autre.

Nul risque qu'il y regimbât. Si bien que, lorsque entrait dans l'appartement le vieux castrat Tito Barelli qui divertissait fort Olympia par sa méchanceté, son fausset et son fard aux pommettes, ne voyait-on pas, sur un signe de sa maîtresse, le digne gentilhomme se lever gravement pour rouler une chaise au pitre, qui s'y carrait sans le remercier autrement que d'un petit salut où voltigeait sur sa nuque le papillon de ruban noir qui nouait sa perruque poudrée. Le dommage de tout cela, c'est qu'à voir faire Olympia les visiteurs avaient pris le pli d'agir de même, et ils en venaient à demander à M. de Galandot maints petits soins qui eussent mieux été le fait du petit valet Jacopo.

D'autre part, il arrivait qu'en somme Olympia ne pouvait plus guère se passer de M. de Galandot. Elle l'appelait à tout propos, qu'elle fût au lit ou à sa toilette. Il assistait à sa vie quotidienne en toute sa nudité et toute sa crudité, de telle sorte qu'il payait chaque année, de beaucoup de sacs d'or, le privilège de mêler sa vieillesse ancillaire aux turpitudes de cette jeunesse lascive et dévergondée, de vivre sous le toit d'une courtisane en commensal et à pot et à rot avec un rufian de l'espèce d'Angiolino.

Le bon M. de Galandot, en effet, quelles que fussent sa simplicité et sa naïveté, ne pouvait guère se méprendre sur la qualité de ses hôtes : ils ne prenaient, d'ailleurs, aucun soin de la dissimuler le moins du monde et ne se privaient pas de raconter les bons tours de leur métier. C'est ainsi que M. de Galandot connut les exploits d'Angiolino, ses fortunes diverses, et entendit parler tout haut de Mme Piétragrita et du cardinal Lamparelli et de maints autres personnages. Il sut donc que cette Olympia, à qui il obéissait sans réplique, avait traîné par les rues et les tavernes, que, née au populaire, elle avait montré ses guenilles à tous les carrefours de Rome et que c'était là pour lui une bien étrange compagnie.

Il ne semblait pas s'en inquiéter. Il regardait tranquillement son argent passer aux mains des deux escamoteurs. Bien plus, il ne se rendait aucun compte de la déchéance de sa destinée et ne se représentait nullement avec exactitude la bizarrerie lamentable de son état. La vie a des ruses singulières pour nous faire accepter en douceur ses pires circonstances, et ses voies sont telles qu'elle nous conduit toujours où elle veut, sans que nous nous en apercevions. Il est probable que, si on eût montré d'avance à M. de Galandot la figure qu'il ferait un jour entre Olympia et Angiolino, il se fût refusé à ce baroque avenir.

Certes, il se fût étonné de se voir au même miroir où Olympia coiffait ses cheveux, debout derrière elle à lui tendre les épingles, la pommade et le peigne, sans se douter qu'après tout il accomplissait là sa fonction secrète et naturelle.

N'était-il donc pas né pour la servitude? Cette disposition remontait loin en son passé et il aurait pu, en regardant mieux, distinguer, dans la glace qui le reflétait ainsi en une sorte d'arrière perspective de lui-même, d'autres Messieurs de Galandot, d'âges divers, mais tous également serviables, depuis celui qui récemment surveillait le pot de la vieille Barbara jusqu'à celui qui naguère aidait le vieil Hilaire à cuire ses œufs dans la vaste cuisine déserte de Pont-aux-Belles ou qui, un long balai à la main, chassait les chauves-souris de la chambre nocturne de Mlle de Mausseuil ou, accroupi dans le sable des allées, y construisait des jardins de brindilles et des maisons de cailloux pour amuser à ce jeu sa petite cousine Julie. De sorte qu'en réalité la situation singulière de M. de Galandot aux ordres d'Olympia se trouvait parfaitement conforme à son passé et que le jeune homme de vingt ans, qui jadis obéissait sans besoin aux médicaments de sa mère, préparait le barbon de cinquante-huit ans, qui se levait au moindre geste de l'Italienne pour lui ramasser son éventail, tirer le store ou courir au gré de son caprice.

Peu à peu, à vrai dire, du service individuel de la personne d'Olympia, M. de Galandot descendait aux soins généraux de la maison. Il commençait même à ressentir cet orgueil particulier aux domestiques d'avoir bien accompli un ouvrage dont on l'avait chargé. Il se montrait déjà naïvement fier de certaines tâches. Une, entre autres, le rehaussait à ses propres yeux.

Olympia n'avait plus confiance qu'en lui pour soigner sa petite chienne Nina depuis qu'on avait surpris Jacopo à lui jouer de mauvais tours, ce qui lui valut d'Angiolino une bastonnade d'où il sortit l'échine lasse et les reins meurtris. Dès lors, ce fut M. de Galandot qui prépara chaque matin la pitance de Nina et la baigna dans un grand baquet au milieu du jardin. La petite bête se laissait faire assez tranquillement. Il la savonnait gravement ; sous sa longue main maigre, elle devenait toute mousseuse ; puis il l'aspergeait, et l'on voyait sauter du bain, parmi des éclaboussures d'eau savonneuse, une espèce de boule, grasse et lisse, qui jappait et que M. de Galandot, pour qu'elle séchât mieux, excitait à courir avec de grands gestes. Mais, à certains jours, la chose allait mal. Nina devenait hargneuse et arrogante, tournait en aboyant autour de son baigneur, happait les longues basques volantes de son habit et finissait par lui mordre les mollets.

Ce spectacle divertissait infiniment Olympia et Angiolino qui le regardaient de la fenêtre. Ils y apparaissaient au saut du lit et souvent dans une attitude peu équivoque. M. de Galandot levait vers leurs rires ou leurs baisers un œil indifférent. Il n'ignorait rien de ce dont ils ne faisaient du reste aucun mystère. Il avait accepté tout sans rien dire, de même qu'il ne semblait point s'apercevoir des visiteurs d'occasion que le rufian continuait d'amener à sa maîtresse et qui passaient la nuit avec Olympia et dont il voyait le matin, dans le corridor, le jeune Jacopo cirer les souliers et brosser les habits en sifflant entre ses dents.

Même sans une entrée fortuite dans la chambre d'Olympia qui lui montra, un jour, la jeune femme aux bras d'Angiolino, M. de Galandot n'en eût pas moins découvert leurs amours, car, s'ils en étalaient crûment les caresses à portes ouvertes, ils n'en cachaient guère les querelles. La maison retentissait alors de leurs cris. M. de Galandot se trouvait donc le témoin de leurs brouilles et de leurs raccommodements. Aussi bien qu'il voyait Angiolino culbuter sans façon sa maîtresse, il avait vu Olympia danser à demi nue sous la canne de son amant. C'étaient de terribles batteries d'où Angiolino se tirait déchiré de coups d'ongles et d'où Olympia s'enfuyait la face chaude de larmes furieuses.

Ils se prenaient aux cheveux et, au milieu des sièges renversés, des objets cassés, des tentures salies par les bouteilles et les flacons qu'ils s'étaient d'abord lancés à la tête, ils formaient un groupe hargneux et hurlant, autour duquel la petite chienne Nina tournait en poussant des glapissements plaintifs, tandis que M. de Galandot, la scène terminée, ramassait les meubles à terre, essuyait les flaques de vin ou les fruits écrasés, réunissait en tas les éclats des verreries, dont ses écus, le lendemain, réparaient le dégât, à moins qu'il ne se tînt immobile, la tête basse et les bras pendants, à écouter, par la porte ouverte et qu'ils n'avaient pas même pris le soin de fermer, les ébats des deux amants qui achevaient leur colère en un combat amoureux où ils mêlaient leurs souffles courts et leurs corps deux fois fatigués.

M. de Galandot écoutait... il y avait de longs silences, des soupirs, des rires... et il restait l'oreille tendue, jusqu'à ce qu'un appel le fît tressaillir en sursaut. On appelait Jacopo, mais M. de Galandot répondait involontairement au lieu du petit valet, comme si, à force d'en avoir rempli l'office, il en eût partagé l'état, et c'était lui qui revenait, apportant sur une assiette les oranges et les citrons que le drôle et la drôlesse mangeaient, à la fin de ces journées orageuses, pour se rafraîchir la bouche.

Ils mordaient tour à tour, au même fruit, et

M. de Galandot, sous sa grosse perruque, maigre en son habit gris usé, se baissait silencieusement pour ramasser les écorces et les épluchures.

X

Comme Jacopo boitait encore d'un coup de canne que lui avait valu quelque incartade, ce fut M. de Galandot, qui ne valait guère mieux, qu'on chargea de la commission. M. de Galandot marchait à petits pas. Il descendait avec précaution l'escalier de la Trinité, car il portait à la main une assez grande caisse carrée enveloppée d'une large serge verte. De temps à autre, il la sentait tressaillir à son poing. C'étaient des sauts, des bonds, des secousses brusques et imprévues. Tous les cent pas il s'arrêtait, posait la caisse à terre, enlevait son chapeau, s'essuyait le front, car il faisait chaud, et reprenait sa route, en prenant grand soin de ne pas heurter les passants aux angles de son ballot. Il avait l'air d'un colporteur et ce fut miracle que personne ne lui demandât à voir sa marchandise. Aussi fut-il bien aise quand il aperçut enfin la façade du palais Lamparelli, car il était tout aussi fatigué de sa charge improvisée que les Hercules engainés de celle du balcon de pierre dont ils soutenaient le séculaire fardeau. Il n'avait, il faut le dire, ni leurs muscles ni leur stature et, précocement vieilli, paraissait plus vieux que son âge, d'autant plus que, depuis quelques jours, il se montrait taciturne, de mine singulière, peu dispos et mal en point.

La haute porte franchie, il se trouva dans un vaste vestibule. Le lieu bourdonnait d'une livrée nombreuse et bigarrée. Sur les banquettes étaient assis des drôles en souquenilles de couleur, qui causaient bruyamment entre eux. Au centre un groupe de valets jouaient aux quilles. La partie était animée. M. de Galandot s'en aperçut en recevant entre les jambes une des boules de buis qui faillit bien le faire tomber. Personne d'ailleurs ne faisait aucune attention à lui. Il avisa dans un coin deux domestiques. Ils étaient assis à terre, les jambes croisées, et jouaient aux cartes. Le plus âgé leva vers M. de Galandot un visage dédaigneux et, à sa question, se borna à lui indiquer du doigt un maraud galonné qui l'écouta insolemment et sortit sans répondre. M. de Galandot attendait debout auprès de sa caisse verte quand l'homme revint et lui fit signe de le suivre.

Il traversa d'abord une longue galerie. Des colonnes plates de marbre antique soutenaient un plafond peint d'où pendaient des lustres de cristal. Une mosaïque pavait le sol. Le laquais, en passant, cracha négligemment sur une figure de déesse qui cambrait dans un médaillon son corps quadrillé. Plus loin une petite pièce ronde à coupole contenait des pupitres et des instruments de musique et donnait accès à une salle carrée. De grands miroirs ornaient les murs. Sur des scabellons se dressaient des bustes de bronze. Devant ces durs regards de métal, M. de Galandot, comme s'il eût reconnu ces faces impériales et consulaires si souvent jadis maniées par lui aux effigies des médailles, redressa un instant sa haute taille courbée, mais la caisse avec ses soubresauts et ses secousses tirait sur son poignet fatigué. Une porte s'ouvrit sur les jardins.

Une terrasse à balustre, ornée de vases et de statues, les dominait. En contre-bas, les arabesques du buis entouraient la quadrature des parterres. Des bassins miroitaient. A gauche, au fond, sous des pins, on distinguait un pavillon de pierre. Le valet, d'une tape dans le dos et la main étendue, fit signe à M. de Galandot que c'était par là qu'il devait aller.

Le cardinal Lamparelli était effondré plutôt qu'assis dans un grand fauteuil de bois doré recouvert d'un damas écarlate. Sous sa robe de moire pourpre, on devinait son corps rachitique et noueux, aux membres grêles, que surmontait une petite tête parcheminée dont le crâne chauve arrondissait à son sommet une calotte rouge. Ses mains ratatinées et griffues grimaçaient fébrilement en leur contracture crispée. Elles étaient, comme la face, couleur d'amadou et de feuilles mortes. Dans ce visage sec, il n'y avait d'humides que les yeux et la bouche d'où découlait continuellement une lente salive qu'essuyait avec soin un grand laquais posté, debout, au dossier du siège. Parfois, par inattention ou par dégoût, il tardait à sa fonction, et le vieillard tournait alors la tête vers lui, une goutte de bave liquide en suspens à sa lèvre alourdie.

Entre ses genoux, le prélat tenait une barrette renversée pleine de pistaches, d'amandes, de noisettes. A côté de lui, à terre, son large chapeau, avec ses glands d'or et ses houppes de pourpre, servait de plat à des noix cassées. Ses doigts noirâtres puisaient alternativement aux deux réserves; il maniait un instant le fruit choisi, puis, avec effort, il le lançait devant lui.

M. de Galandot s'approchait pas à pas, les yeux fixés sur cette singulière apparition. C'était donc là ce fameux Lamparelli dont lui parlait jadis l'abbé Hubertet et dont le nom revenait si souvent dans les discours de Cozzoli et à la bouche d'Olympia et d'Angiolino? Les pins bruissaient lentement dans l'air. Parfois un oiseau invisible s'envolait. On entendait le bruit sec d'une noisette jetée. Le grand laquais, d'un geste distrait, essuyait la bouche salivante et se redressait, immobile, la main au dossier doré du fauteuil cramoisi.

Le cardinal était placé devant le pavillon qui lui servait jadis pour ses débauches discrètes. C'était là que, naguère, Mme Piétragrita avait introduit la jeune Olympia. On avait abattu depuis le mur de façade et grillé l'ouverture, et c'est devant cette baie que, chaque après-midi où le temps le permettait, Lamparelli venait s'asseoir pour jouir du bizarre spectacle qui était maintenant presque le seul plaisir qui satisfît son enfantillage, sa rancune et sa folie.

Les singes du cardinal Lamparelli, de tailles et

d'espèces différentes, étaient tous uniformément vêtus de rouge. Ils portaient des robes écarlates qui s'entr'ouvraient sur des petites culottes fort bien faites, serrées à mi-jambes. Quelques-uns étaient coiffés de barrettes pourpres. D'autres, nu-tête, avaient, pendus à plat dans le dos et retenus autour du cou par une cordelière, des chapeaux cramoisis.

Tout ce petit monde ambigu, grotesque et mélancolique, montrait des visages hargneux ou mornes, presque humains en leur caricature à peine animale. Il y en avait de pygmées, empêtrés dans leurs robes, avec des faces poilues à joues bleuâtres. Certains semblaient extrêmement vieux. Des bésicles naturelles, faites de poils noirs, cerclaient leurs yeux enfoncés sous le surplomb de fronts bombés. Plusieurs offraient, au milieu d'une face plate, des nez camards aux narines dilatées et roses. Quelques-uns gonflaient leurs bajoues flasques. Ceux-ci, tonsurés en rond comme des frères mendiants, ceux-là chevelus, avec des barbes biscornues ou entièrement glabres. Tous avaient l'air oisifs, ennuyés et malfaisants, les yeux vitreux ou pétillants, les regards sournois ou hardis. Un, aveugle, écarquillait deux taies blanches.

Plusieurs, accroupis en rond, au centre de la vaste cage, s'observaient avec une gravité narquoise, tandis que deux d'entre eux se triaient, tour à tour, leur vermine en la faisant craquer sous l'ongle avant de se l'offrir réciproquement, avec cérémonie et délicatesse, pour régal.

Tout à coup, il y en eut un qui se leva, marcha debout comme un homme, puis entravé dans sa robe, retomba à quatre pattes, poussa un cri aigu et se dirigea vers un de ses compagnons assis juste devant le grillage où il cramponnait ses deux petites mains crispées et décrépites.

Ce personnage était un assez grand singe à face sénile, pleurarde et fourbe. Il grelottait et parfois toussait d'une toux rauque. Il était, par contraste, tout habillé de blanc, une soutane aux épaules, une calotte blanche sur la tête, et, pendues à sa ceinture, deux grosses clefs d'or qui, au moindre mouvement, tintaient l'une contre l'autre. Il semblait malade et engourdi, et ses yeux seuls bougeaient continuellement en sa figure immobile.

M. de Galandot regardait avec surprise cette simiesque assemblée. C'était ce que le cardinal Lamparelli appelait son conclave. Le baroque vieillard, déçu en ses ambitions papales, la cervelle dérangée par l'âge et la haine, avait inventé ce jeu impie et, chaque jour, venait contempler durant de longues heures sa ménagerie sacrilège. Taciturne et béat le reste du temps, là seulement il trouvait quelque plaisir en compagnie de ses singes travestis. Il riait, s'amusait, les appelait par leurs noms ou plutôt par ceux de ses confrères du Sacré-Collège qu'il leur donnait. Plusieurs des cardinaux qu'il injuriait ainsi n'existaient plus, de sorte que ces bêtes représentaient des morts Quant au singe vêtu de blanc, il le détestait. On avait ordre de le mal nourrir pour qu'il mourût, car ces trépas mettaient en joie Lamparelli. Mais quand il s'agissait de remplacer le défunt et de lui choisir un successeur, cela n'allait pas sans colères et sans rages et, quand il voyait le nouvel élu paraître à son tour, habillé en pape, il en ressentait un véritable transport de fureur jalouse qui le faisait trépigner de ses pieds goutteux et baver plus abondamment.

Nicolas, sur un signe du laquais, avait déposé la caisse devant le cardinal.

L'un des nombreux métiers d'Angiolino consistait à fournir la ménagerie de Son Eminence et c'étaient deux nouveaux pensionnaires qu'il envoyait M. de Galandot lui porter aujourd'hui.

Le premier était d'espèce minime et comme tout vêtu d'une sorte de bure poilue. Il avait un petit visage guilleret et fripé, l'air mendiant et fin ; le second, de plus grande taille, apparaissait vraiment monstrueux. Sa panse obèse et son dos gibbeux posaient sur des jambes cagneuses. Sa poitrine molle bombait. Presque sans cou, engoncé et difforme, il montrait un masque brutal et finaud, au mufle proéminent, aux mâchoires furieuses, aux babines gonflées, puis, brusquement, il se retourna et fit voir à ses fesses deux ronds de chair crue, à vif et qui semblaient saigner.

A la vue des laides et puantes bêtes, le cardinal Lamparelli ne put se tenir de rire. Sa figure jaunâtre s'épanouit ; il poussait des hoquets, il faisait signe qu'il voulait parler. Il regardait en battant des mains le grand laquais à la serviette, puis d'une petite voix entrecoupée et zézeyante il finit par dire :

— « Ah! Giorgio, ce diable d'Angiolino, il n'y a que lui, il n'y a que lui! »

Une nouvelle poussée de rire l'interrompit, puis il reprit enfin, assez distinctement et plus clairement qu'on eût pu en attendre du début :

— « Ah! cet Angiolino, où a-t-il mis la main sur une pareille merveille? »

Il s'arrêta encore, toussa. Il se fit sur sa figure comme une éclaircie. Maintenant, il ravalait sa salive au lieu de la laisser couler, et ses yeux exprimaient une malice singulière. C'était une de ces échappées intermittentes qui parfois lui rendaient un espace de demi-raison et d'où il retombait ensuite, et promptement, en sa décrépitude habituelle. Il continua.

— « C'est déjà Angiolino qui m'a procuré Palizzio, pense donc, un singe pour représenter ce Palizzio maudit qui vota pour Onorelli; un singe assez laid pour représenter Palizzio, cet imbécile de Palizzio! Tiens, regarde-le! le vois-tu qui se querelle avec Francavilla? »

Palizzio était un assez vilain macaque, crasseux et ordurier en sa robe rouge. Il se tenait en face de Francavilla, les mains mauvaises et grinçant des dents. Francavilla, lui, était une sorte de babouin, piteux et couard. Sa longue queue dépassait sa robe. Soudain, Palizzio se précipita sur cette queue. Les deux bêtes roulèrent l'une sur l'autre avec des cris de rage, en une bousculade furieuse. Palizzio se dégagea assez vite et, tandis que Francavilla s'enfuyait en geignant, il resta maître du terrain, assis sur son derrière, en sa laideur encore batailleuse, mais satisfaite.

Francavilla fit deux fois le tour de la cage, l'air outragé, puis, tout à coup, il avisa le singe blanc qui toussotait tristement, vint à lui, le pinça, et attendit. L'impotent regarda autour de lui, comme pour implorer le secours de ses ouailles, puis il se résigna, toussa encore et se mit à grimper aux barreaux de la grille. Il montait péniblement, se haussant et retombant, s'efforçant de nouveau et s'arrêtant essoufflé et endolori. Sa robe relevée montrait le poil rare de ses cuisses maigres. Il n'avait pas de culottes. Les deux clefs d'or tintèrent faiblement.

Lamparelli eut un nouvel accès de rire.

— « Tu le vois, tu l'as vu ! criait-il en tirant le grand laquais par la manche. Dis, réponds ! Est-ce qu'il ne ressemble pas à Onorelli ! Là, regarde, quand il se gratte... Il est malade, très malade. Il va mourir. Ah ! Ah ! Ah !... »

Il resta un moment silencieux. La salive coula du coin de sa bouche, puis, sa lèvre essuyée, il se tourna vers M. de Galandot, debout auprès de sa caisse dont il avait soigneusement plié en quatre la serge verte.

— « Il va falloir maintenant habiller ces gaillards-là... Tu feras venir Cozzoli pour les mesures, tu sais, Cozzoli, celui qui habite rue del Babuino... Tu iras bien me chercher Cozzoli... Tu diras aussi à Angiolino que tout va bien, continua-t-il en baissant la voix et d'un ton confidentiel; le blanc va mourir et ils me nommeront; ils ne pourront pas faire autrement que de me nommer. Ce n'est pas comme l'autre fois, tu sais, quand ils ont élu Onorelli. Non, non... Regarde-les, je les tiens tous en cage ; ils y sont tous, de Palizzio à Francavilla, tous, tous, et ce niais de Tartaglia, et ce fou de Barbivoglio, et Botta, et Benariva, et le Ponte-Santo, et les deux Terbano, le gros et le petit, et Orolio, le punais, et les autres, et les Français, et les trois d'Espagne, et le Polonais, et je n'ai pas oublié Tartelli le jésuite ; non, tous, tous, et il faudra bien qu'ils me nomment quand ils seront las d'être ici et qu'ils auront assez de manger des noisettes creuses et des amandes rances et de se gratter la fesse. Tu peux lui dire que je les tiens, à Angiolino. »

Il s'arrêta un instant et demeura bouche béante sans pouvoir trouver la suite de son discours.

— « Et ce bon Angiolino, que devient-il, demanda-t-il tout à coup, cet Angiolino de mon cœur ? Voyons, le sers-tu bien ? au moins es-tu un fidèle serviteur, toujours là quand il t'appelle ? Tu ne le laisses pas seul au moins ? Entends-tu, Giorgio ? Il n'est pas comme toi qui m'as laissé tomber sur le nez. »

Et Lamparelli se mit à pleurer tout doucement. Le grand laquais haussa les épaules, se toucha le front et, poussant du coude M. de Galandot, fit, par derrière, un pied de nez au cardinal qui bégayait tout bas en pleurnichant :

— « Toi, tu es...tu es...un...bon...servi...teur...»

Mais la voix du vieillard fut tout à coup couverte par une clameur aigre et furieuse.

La dispute du macaque Palizzio et du babouin Francavilla recommençait de plus belle, et tous les singes maintenant, excités par cet exemple, prenaient part à la lutte. La mêlée était générale. Hargneux, provocants et acharnés, ils s'attaquaient de la griffe et de la dent avec des gambades, des sauts et des contorsions. Le cardinal, à cette vue, se démenait dans son fauteuil doré. Sa figure jaune grimaçait, et il agitait ses mains frénétiques, qui ressemblaient à des feuilles mortes dans le vent.

Les choses allaient tout à fait mal. Les robes rouges se déchiraient par lambeaux qui battaient l'air au bout de bras furieux. Par les trous apparaissaient des nudités velues. Il y avait des poussées et des assauts. Parfois deux groupes se heurtaient et n'en formaient plus qu'un où se confondaient les adversaires en un combat indistinct. Cela dura ainsi pendant quelques minutes, puis, sans raison, le calme revint et les combattants de tout à l'heure se retrouvèrent subitement assis sur leur séant. Palizzio, grommelant encore, prenait fraternellement ses puces à Francavilla qui contemplait le bout de sa queue mordue et saignante et, seul, se retenant d'un bras aux barreaux de la grille, le singe blanc à face papelarde, de l'autre main, troussait sa robe et, de là-haut, d'un jet fin, puis goutte à goutte, pissait de peur sur le sable.

Le cardinal était retombé hébété au fond de son fauteuil en même temps qu'entre les pins quatre porteurs approchaient avec une chaise. Lorsque le vieillard fut monté, les marauds reprirent les bâtons et, comme M. de Galandot s'avançait à la portière pour saluer, il reçut juste dans son chapeau tendu un écu d'or et, stupéfait, il fût resté sans doute à l'y contempler, tant sa surprise le rendait stupide, si le grand laquais à la serviette n'eût, d'un geste familier, fait sauter le chapeau et l'écu et mis l'un sur la tête, et l'autre dans la main de M. de Galandot, tandis qu'avec une bourrade amicale il le poussait dans l'allée où avait déjà disparu la chaise rouge du cardinal aux singes.

M. de Galandot se mit à marcher droit devant lui sans se retourner, les bras ballants, les épaules courbées. Le jardin était désert et silencieux. Les bassins luisaient doucement de leurs eaux miroitantes comme des pièces de métal fluide sculptées en leur transparence à l'effigie mouvante des nuées. Il arriva ainsi à l'escalier de la terrasse. Il avait peine à monter les marches, de ses jambes lourdes, comme si l'or qu'il tenait en la paume de sa main eût coulé en tous ses membres et y eût insinué son poids servile. Essoufflé, il s'arrêta. Les cris des singes et la voix zézeyante du cardinal lui résonnaient encore aux oreilles. Il revoyait l'écu d'or tomber dans son chapeau tendu et ressentait encore la bourrade du grand laquais. Il éprouvait une sorte de honte confuse et humble et il lui semblait que quelqu'un le regardait. Il leva les yeux.

Une statue antique se dressait sur un socle au haut de la terrasse. Cette figure représentait un homme nu coiffé d'un casque guerrier et le bras tendu d'un geste impérieux. Il était d'une forme parfaite, les jambes fortes et fines, les cuisses larges, le ventre plat, le torse musclé et plein, le cou solide, le visage régulier, debout au marbre souple comme dans une chair à la fois vivante et éternelle. Il exprimait vraiment ce que la vie a d'harmonieux et de sain et qui se montre en l'homme par l'exactitude des proportions et la dignité de la stature ; et il y avait une ironie et un contraste singuliers entre cette belle prestance virile, debout au piédestal, et le piteux personnage qui la considérait d'en bas, en sa silhouette ridicule et qui, avec ses bas roulés, son habit à longues basques, sa perruque de travers, représentait tristement ce qu'était devenu, par degrés, jouet d'une destinée obscure et baroque, aux mains d'une fortune narquoise, Nicolas-Louis-Arsène, comte de Galandot, seigneur de Pont-aux-Belles, en France et, à Rome, réduit, entre la courtisane Olympia et le rufian Angiolino, à n'être plus qu'une sorte de serviteur qui faisait les courses au lieu de Jacopo et recevait, à sa place, pour sa peine, l'étrenne domestique d'un petit écu.

XI

Quand M. de Galandot se trouva, sans savoir comment, hors du palais Lamparelli, il demeura un moment devant la porte, incertain et comme hébété, à regarder l'écu d'or qui, à plat, dans la paume de sa main, y miroitait aux rayons du soleil couchant. C'était une de ces fins de journée d'automne, sobres et glorieuses; l'air sec et limpide semblait nourri d'une sorte d'énergie fluide. De grands nuages colorés passaient au ciel; ils y séjournaient juste assez pour prendre des formes harmonieuses ou héroïques, et ils s'en allaient pompeusement en leur splendeur vaporeuse. Dans la franche et saine clarté de l'air, les choses paraissaient comme durables, situées à leur distance vraie, avec leurs proportions exactes. Un vent modéré circulait.

M. de Galandot s'était mis à marcher; il allait au hasard, les yeux fixes et les poings fermés. A l'angle d'une rue, il hésitait un instant, s'essuyait le front. La brise soulevait un peu les longues basques de son habit et il repartait, parlant haut et gesticulant.

Rome était splendide à cette heure, lumineuse

et dorée. M. de Galandot marcha longtemps, jusqu'au soleil couché. Une fontaine coulait au milieu d'une petite place. Il s'arrêta; une cloche sonna doucement. Il reprit sa course comme s'il savait maintenant où aller. Peu à peu aux maisons succédèrent des jardins et des vignes. Il reconnut une ruelle, se mit à courir, arriva à une porte, la poussa et se trouva dans une cour pavée. Il était devant sa villa du Janicule. L'escalier double montait à la terrasse à balustre. Il fit le tour de la maison et se dirigea vers la porte basse qui donnait entrée aux cuisines de la vieille Barbara. La porte était fermée.

Par hasard, Barbara était absente pour trois jours. Comme depuis des mois M. de Galandot n'avait pas reparu, la vieille servante, qui vivait là du produit de son poulailler et du gage que lui payait M. Dalfi, croyait bien pouvoir quitter son poste sans dommage. Aussi avait-elle emporté les clefs, recommandé sa volaille à un frère du couvent voisin et, après vingt chapelets, pris le parti de cette escapade. Le tailleur Cozzoli mariait sa fille Mariuccia. Pour la première fois de sa vie, il délaissait l'aiguille, le dé et les ciseaux et quittait sa boutique pour plus d'une heure. Certes les mannequins solitaires devaient converser de cet événement avec la pie abandonnée. On dansait à l'auberge où Mariuccia, après son mariage avec l'hôtelier, allait tenir comptoir; et la tante Barbara était de la noce.

Une surprise douloureuse décontenança M. de Galandot. Il semblait ne pas comprendre, puis il se ravisa, refit le tour de la maison, monta l'escalier de la terrasse et heurta la porte d'entrée. Elle était disjointe, mais soigneusement close et solide sur ses gonds. Découragé, il s'assit sur la dernière marche.

Le crépuscule commençait à s'obscurcir. M. de Galandot, à voix basse, balbutiait des mots incompréhensibles. Il les répéta plusieurs fois, d'abord à lui-même, puis, comme s'il s'adressait à quelqu'un : « C'est ma maison... Laissez-moi entrer. Je veux entrer. Vous savez bien que je ne suis pas Jacopo. Je suis Galandot, M. de Galandot, le comte de Galandot. »

A son propre nom dit tout haut, il s'était levé brusquement. Son visage était rouge de colère. Il tremblait, ses genoux entrechoquaient leurs rotules. Il recula de plusieurs pas, puis, saisi d'un transport subit, il revint au battant et le frappa du poing et du pied. Personne n'aurait reconnu dans cet énergumène inattendu le grave et doux M. de Galandot. C'était à croire que, contagieuse, la folie du cardinal lui avait dérangé la tête et fait perdre le sens. Les coups retentissaient sourdement dans le silence. La porte ne cédait pas. Alors il redoubla. Il prenait son élan et se ruait contre l'obstacle. Les basques de son habit volaient derrière lui. Il s'acharnait. Soudain, il poussa un cri. Un long clou, dont la pointe sortait du bois vermoulu, l'avait blessé. De douleur il ouvrit la main ; la pièce d'or qu'il y tenait serrée roula, décrivit un cercle et s'aplatit sur le sol avec un petit bruit sec.

M. de Galandot la suivit des yeux. Il lui semblait tenir comme autrefois l'amphore de terre cuite d'où il avait versé les ducats. Comme aujourd'hui, l'un d'eux avait roulé en cercle. C'était le lendemain du jour où il avait vu Olympia couchée sur sa terrasse et mangeant une grappe de raisins. Ne la voyait-il pas là maintenant devant lui, comme jadis, allongée sur le balustre de pierre ? C'est elle. La mule jaune pend à son orteil et claque à son talon nu. Elle a l'épaule découverte et la gorge au vent. C'est bien elle. Le collier d'émeraudes brille à son cou. Il la touche. De ses mains, il tâte son corps souple. Sa chair fond sous ses doigts. Il se penche sur elle. Tout à coup, il s'arrête sans savoir pourquoi, et le voici qui rassemble les vêtements tombés, les plie et les porte soigneusement sur son bras. Il met le collier dans l'écrin, ramasse la grappe à demi mangée et lentement il s'en va sur la pointe des pieds, portant à ses doigts les petites mules de satin jaune... comme un valet... comme un valet...

La nuit était venue, claire et transparente. M. de Galandot descendit les marches de l'escalier. Arrivé au bas, il se mit à pleurer doucement. A un coin de la cour, dans l'ombre, se dressait la vieille chaise de poste. Il s'en approcha à pas lents. Il murmurait entre ses dents de vagues paroles où revenait ce mot : « partir ». De sa main intacte, car l'autre le faisait souffrir du clou qui l'avait pénétrée, il ouvrit la portière et regarda dans la voiture.

Une odeur fade et âcre à la fois s'en exhalait. Un doux bruit s'y faisait entendre. Elle était pleine de choses endormies. Les poules et les pigeons de la vieille Barbara y sommeillaient perchés ou accouvis. Ils se réveillaient peu à peu. Un gloussement inquiet répondait à un frisson d'ailes étirées, puis un remue-ménage silencieux s'y produisit. Le trouble augmentait. Un pigeon s'envola par-dessus la tête de M. de Galandot, tandis qu'une grosse poule effarouchée lui glissait entre les jambes.

Le poulailler tout entier était debout maintenant et s'enfuyait. Un vacarme étouffé remplissait la voiture, et ce fut souffleté d'ailes peureuses et furtives que M. de Galandot, monté sur le marchepied, effaré, dans un tourbillon de duvet épars et de graines soulevées, se laissa tomber sur le coussin troué, parmi les œufs brisés des pondeuses, et pleurant, trépignant, suant la fièvre, s'y affaissa comme dans un refuge, comme si la vieille voiture qui l'avait amené jadis pouvait, au galop de ses chevaux imaginaires, sur les routes de France, le reconduire dans son passé.

XII

Toute la journée, le signor Angiolino avait battu le pavé de Rome à la recherche de M. de Galandot qui ne reparaissait pas. Où pouvait-il bien être allé? Olympia et Angiolino en étaient fort en peine, d'autant plus qu'ils tiraient chaque jour de plus abondantes ressources du gentilhomme français dont le riche revenu passait tout entier aux mains des deux fripons et à celles de M. Dalfi, car le banquier prenait bonne part à la curée. Aussi désirait-il que M. de Galandot durât, de toutes façons, le plus longtemps possible. Il avait signifié la chose à Angiolino et lui avait fixé la mesure où lui et Olympia pourraient rançonner leur pensionnaire. Il voulait bien qu'on dépensât M. de Galandot, mais non qu'on le ruinât, car il redoutait les ennuis qui peuvent suivre un esclandre de ce genre. De même, lorsqu'il trouvait à son client petite mine et mauvais teint, il recommandait aux deux coquins de prendre garde pour lui à la malignité du climat de Rome. M. Dalfi s'intéressait à M. de Galandot d'autant mieux qu'il y était intéressé.

Ce fut donc chez le banquier que le rufian courut

tout d'abord conter ses transes. M. Dalfi ne savait rien. Au palais Lamparelli, Angiolino apprit que M. de Galandot avait fidèlement porté les singes. La caisse s'y trouvait encore. A partir de là, on perdait sa trace. Il n'avait pas dû aller bien loin sans argent.

Olympia et Angiolino se reprochaient l'un à l'autre l'escapade du bonhomme. Ils se rendaient bien compte qu'ils avaient peut-être un peu abusé de lui par leur façon de le traiter; mais, au lieu d'en convenir, ils préféraient se quereller à ce sujet, tout en se promettant intérieurement, quand il reviendrait, de ne s'en prendre qu'à lui de l'alerte qu'il leur causait. Pourtant il ne revenait pas. Aurait-il été attiré dans quelque guet-apens? Sa mine n'était guère faite pour tenter les voleurs, et Angiolino, toujours bouffon, malgré ses inquiétudes, imitait la démarche et les ridicules du vieux gentilhomme, tandis qu'Olympia apostrophait à distance le fugitif. En tout, ils riaient jaune, quoique l'absent eût déjà laissé en leurs mains de belles dépouilles; mais le pire était que leur déconvenue finissait par les tourner contre eux-mêmes.

Aussi, le matin du second jour qui suivit la fuite de M. de Galandot, les choses allaient-elles fort mal dans la chambre où Olympia et Angiolino étaient encore au lit. Dès son réveil, Olympia avait commencé à geindre jusqu'à ce qu'Angiolino agacé eût répondu par un grand soufflet qui rabattit la signora sur son oreiller d'où elle se redressa d'un bond et fit face à son amant en poussant des jurons de colère, l'œil mauvais et les mains hostiles.

Ils en étaient là quand ils entendirent du bruit au dehors. Le vacarme des voix les appela pieds nus à la fenêtre. Elle donnait à l'arrière de la maison sur une petite place, déserte d'ordinaire et qu'ils virent pleine de monde. Des groupes de femmes y riaient et y gesticulaient et une bande de polissons y faisait tapage en agitant leurs guenilles sur leurs corps grêles et souples. C'étaient de ces petits mendiants comme il en pullule à Rome, qui harcèlent les passants et jouent aux osselets sur les dalles, en même temps serviles et turbulents. Angiolino ne devinait pas la raison qui avait bien pu les assembler là pour jeter contre le mur des cailloux, du sable et des pommes de pin. Tout à coup une nouvelle troupe les vint renforcer, au milieu de laquelle, porté sur les épaules de ses camarades, un bambin, à toison noire et frisée comme celle d'un bélier, haussait, au bout d'un bâton, une perruque d'homme.

Olympia et Angiolino poussèrent un double cri. C'était la perruque même de M. de Galandot.

Il montait l'escalier et ils l'entendaient venir. La porte ouverte, il se précipita et resta immobile au milieu de la chambre.

Son habit déchiré ne lui tenait plus au dos. Les basques en avaient été arrachées. Un de ses bas, la jarretière rompue, avait glissé le long de la jambe qui apparaissait maigre et couverte de longs poils gris. Sa chemise passait par son gilet déboutonné. Il était couvert de poussière. Une grande toile d'araignée lui pendait au coude, et au fond de sa culotte s'arrondissaient deux larges cercles de jaune d'œufs où, dans la croûte durcie, des plumes et des duvets demeuraient collés. Cet accoutrement bizarre formait la plus surprenante figure de carnaval qu'on pût voir et expliquait la poursuite des vauriens et leur acharnement contre ce mannequin hétéroclite. Mais ce qui portait au comble la singularité de cette silhouette et ce qui fit éclater de rire Angiolino et Olympia fut de voir M. de Galandot entièrement chauve, sauf quelques longs cheveux gris épars, et sans sa perruque ordinaire que les polissons étaient en train de se disputer sur la place, rués les uns contre les autres, avec force horions, à la conquête de ce bizarre trophée dont le pauvre M. de Galandot tâtait furtivement l'absence sur sa tête dénudée.

Elle le resta. Jacopo chercha en vain une autre coiffure au fond des malles de M. de Galandot. Elles étaient vides et ne contenaient plus de vêtements de rechange. Les douze perruques et les douze habits pareils apportés autrefois de Paris se trouvaient à présent usés. Aussi, le lendemain, quand il se réveilla, éprouva-t-il une singulière surprise.

A peine levé, il alla en chemise à la recherche de son costume habituel, mais il n'en restait plus que les souliers à boucles. Les autres pièces en étaient tellement souillées de crottes de poules et d'œufs écrasés qu'on avait dû les jeter aux ordures et faire appel, pour les remplacer, à la garderobe de Jacopo, Angiolino n'ayant rien voulu distraire de la sienne, de telle sorte que M. de Galandot, ne trouvant rien d'autre à sa portée, fut réduit à se contenter d'une culotte trop courte, grossière et rapiécée, et d'une sorte de souquenille verdâtre.

Ce fut donc dans cet attirail que, n'osant se présenter devant Olympia, il descendit de lui-même à l'office où il subit les quolibets de la servante Julia, de la cuisinière romagnole et de Jacopo qui, enhardi par l'aspect comique du vieux gentilhomme, perdit d'un coup le peu de respect qu'imposaient encore la veille à un drôle de son espèce la canne à pomme d'or, l'habit à basques et la grosse perruque à l'ancienne mode de M. de Galandot.

Il ne répondait rien aux plaisanteries ; d'ailleurs il ne parlait à personne, penaud, interdit, craintif et encore tout moulu de son aventure ; il rôdait en bas dans le vestibule et s'esquivait au moindre bruit. Il se risqua pourtant à sortir du jardin. La petite chienne Nina y jouait. Elle allait et venait par les allées, justement en train de flairer du museau une touffe de buis, quand elle entendit le pas du promeneur. Elle leva la tête et regarda

M. de Galandot se dirigeait vers elle sans la voir ; mais, quand la chienne l'aperçut, elle se mit à aboyer avec fureur contre cet intrus qu'elle ne reconnaissait pas. Sa colère se changea en une véritable hargne. La bestiole jappait furieusement. Elle tournait autour de M. de Galandot qui avait grand'peine à garer ses mollets, si bien que, pour éviter la dent du roquet, il grimpa sur la balustrade de la terrasse. La Nina ne désarma point. Satisfaite de sa victoire, elle se coucha en rond, se pelotonna, mais chaque fois que son prisonnier faisait mine de descendre il voyait l'œil vigilant et la dent prête de son ennemie.

M. de Galandot vivait dans la maison comme s'il eût été une ombre transparente et irréelle. Il n'existait plus. Personne ne le considérait. Les premières fois qu'il croisa Angiolino dans un corridor, il se crut perdu. Angiolino passa comme s'il ne le voyait pas ; mais, à chaque nouvelle rencontre, M. de Galandot ressentait une peur nouvelle. Alors il feignait d'être absorbé par quelque occupation comme de gratter le mur ou de faire un nœud à son mouchoir. Plusieurs jours passèrent.

Peu à peu, M. de Galandot parut se rassurer. Il en vint même à essayer de faire remarquer sa présence. Il toussait et reniflait, mais sans parvenir à attirer l'attention du distrait Angiolino. Souvent il venait jusqu'au bas de l'escalier qui conduisait à la chambre d'Olympia. Il écoutait longuement. Le moindre bruit le mettait en déroute. Une fois même, il se hasarda à monter quelques marches. Un jappement lointain de Nina les lui fit redescendre précipitamment.

Quant à la signora, elle demeurait invisible. Il regardait tristement Julia ou Jacopo passer avec une assiette ou un plateau pour aller chez elle. Un jour il trouva sur une table un réchaud allumé. Il servait à faire chauffer le linge dont Olympia se séchait au sortir du bain. M. de Galandot, du coup, n'y tint plus et, avant que la servante fût venue prendre l'ustensile, il le saisit et se sauva avec, tout courant.

Il arriva ainsi à la porte de la salle de bains. Il hésita un instant, puis, poussant le battant du genou comme il faisait naguère, il entra.

Olympia se baignait; sa tête sortait seule de l'eau; elle avait la nuque appuyée au rebord de sa baignoire et laissait flotter son corps allongé. Auprès d'elle Angiolino se tenait debout, les mains mouillées; il venait sans doute de chercher sous la transparence de l'eau les charmes humides de sa maîtresse.

M. de Galandot posa le réchaud sur une tablette et attendit.

En le voyant, Olympia se redressa brusquement et s'assit. Son torse ruisselant émergea. On entendait un petit clapotement et le bruit des gouttes qui tombaient de ses bras élevés dont elle rajustait sa chevelure. Les gouttelettes brillantes coulaient le long de sa chair polie et s'amassaient sous l'aisselle d'où elles retombaient une à une, comme d'une algue naturelle, brune et frisée. Puis elle croisa ses bras sur sa poitrine et dévisagea M. de Galandot collé au mur de tout son corps et de ses deux mains aux doigts écartés.

— « Comment! c'est toi! Mais d'où viens-tu donc? Je te croyais parti et parti encore sans dire adieu. Et te revoilà?... Oui, on s'en va un beau jour, sans crier gare. Envolé, le bel oiseau, parti, disparu, décampé! On le cherche, rien. Tu sais, j'ai d'abord cru que Lamparelli t'avait fait enfermer par mégarde avec ses singes. Il paraît que non. Tu es donc allé chez des femmes? Dis-moi donc? Est-ce que tu as trouvé mieux? »

Elle s'était mise debout et soupesait sa gorge assouplie.

Angiolino s'essuyait tranquillement les mains et regarda M. de Galandot d'un air goguenard. Olympia reprit :

— « Eh bien ! je m'étais habituée à toi. Voyons, ne te trouvais-tu pas bien chez nous ? Qu'est-ce que tu nous reproches ? »

A mesure qu'elle parlait, elle s'échauffait. Elle croyait, en ce moment, d'assez bonne foi, que M. de Galandot l'avait véritablement offensée. En même temps à sa colère se mêlait l'intention d'enlever au vieux gentilhomme le désir de recommencer son escapade. Elle se savait maintenant assez nécessaire à son habitude pour user de la prise que lui donnait sur lui le besoin qu'il avait d'elle. M. de Galandot écoutait tout cela en silence. Il passait avec embarras sa main sur son crâne chauve et remontait sa culotte dont la ceinture trop large pour sa maigreur ne tenait guère à ses reins.

— « Est-ce que tu n'étais pas heureux avec nous ? continuait Olympia ; que te manquait-il ? Tu es nourri, logé, soigné, gâté. Tout le monde est aux petits soins pour toi, Angiolino et moi !... Il a confiance en toi ! Est-ce qu'il ne t'a pas envoyé porter les singes à Lamparelli, Lamparelli, un cardinal et qui a manqué d'être pape ?... Tu es le père de la maison. Tu sais tout ce qui s'y fait. Est-ce qu'on te cache quelque chose ? Tu prends la meilleure place à table. Angiolino ne manque pas d'y porter ta santé. Tu es le maître de tout, tu fais ce que tu veux. Je t'aimais bien. C'est toi qui baignais

Nina. Tu pouvais monter, descendre, aller, venir, balayer, frotter. Tu étais heureux, et c'est comme cela que tu nous récompenses ! Allons ! demande-moi pardon et à genoux. »

Angiolino avait posé sa main sur l'épaule de M. de Galandot qui fléchit en balbutiant des paroles inintelligibles. Olympia enjamba la baignoire. Ses talons mouillés laissaient à chaque pas une trace luisante. Elle marchait vers M. de Galandot qui la regardait venir la tête basse et les mains jointes.

— « Allons ! demande pardon. Dis : « Pardon, Olympia, je ne le ferai plus ! »

Elle le secouait de ses fortes mains.

Elle était maintenant à califourchon sur son dos et elle l'opprimait de son poids. Entre ses genoux elle serrait les côtes efflanquées du bonhomme qui se débattait en geignant. Olympia prenait goût au jeu. Sa colère tournait en gaîté.

— « Allons, courage, désarçonne-moi. Rue donc ! Bravo, Galandot. »

Une grande glace reflétait leur groupe équestre.

Tout à coup, la monture céda. M. de Galandot s'abattit à plat ventre, tandis qu'Olympia se relevait d'un coup de reins, et, toute nue, debout, les mains aux hanches, partait d'un grand éclat de rire qui lui renversait la tête en arrière et faisait trembler mollement ses seins dont les pointes avivées par l'eau reprenaient en séchant leur couleur d'un brun rosé.

XIII

Il fallut qu'Angiolino lui tînt la main pour qu'il traçât les lettres de son nom au bas d'un billet destiné à M. Dalfi. Angiolino descendit pour cela aux cuisines où M. de Galandot s'était réfugié de son propre gré et d'où il ne sortait plus guère ; il vivait à l'office et au vestibule, devenu un serviteur modèle. Il s'était mis de lui-même à la besogne qu'on voulait bien lui confier. Ni la Julia, ni Jacopo, non plus que la Romagnole, ne le ménageaient. Aucun travail d'ailleurs ne semblait le rebuter et, peu à peu, il en vint aux plus bas et aux plus communs. Il s'y montrait actif et taciturne, allant et venant sans bruit.

On le voyait, les manches retroussées sur ses bras maigres, faire luire des fonds de casseroles et récurer des culs de chaudrons. Parfois il s'oubliait à frotter le même objet indéfiniment d'un geste régulier qu'il eût continué sans nul doute jusqu'au soir si Jacopo ou la Romagnole n'y eussent mis fin. Bonne femme d'ailleurs, cette dernière l'employait à mille services sans le rudoyer. Jacopo aussi le traitait avec douceur.

Ces gens, depuis qu'il avait perdu à leurs yeux,

si l'on peut dire, sa qualité de maître, le considéraient comme l'un d'entre eux et en usaient bien avec lui. La Romagnole, en particulier, l'estimait même pour son habileté à plumer les volailles. Il s'en acquittait fort bien. Assis sur un escabeau, il tenait le poulet entre ses jambes et le nettoyait avec un soin minutieux des moindres duvets, puis une fois la bête nue en son aspect piteux et grelottant, il regardait d'un air singulier les petites ampoules de sa chair dépouillée.

Le travail de M. de Galandot ne se bornait pas là. Il épluchait les légumes. Ses yeux pleuraient aux aigreurs des oignons et des aulx, et la journée ne se passait guère sans qu'il plongeât dans l'eau tiède les plats et les assiettes. M. de Galandot lavait la vaisselle, maniait le torchon et le balai, et Jacopo l'avait instruit à battre les vêtements, à cirer les souliers et à vider les pots.

Moyennant cela, M. de Galandot vivait assez tranquille. Il avait quitté sa chambre d'autrefois et logeait maintenant au rez-de-chaussée, non loin de Jacopo ; il mangeait à l'office et, quand, à table, il entendait quelques vilains propos sur la signora, il rougissait et baissait le nez. Les diverses amours d'Olympia étaient le sujet de plaisanteries assez grossières. La dame, cette année-là, recevait beaucoup de monde. Il y avait à Rome affluence d'étrangers, dont Angiolino ne voulait pas perdre l'aubaine. Ce fut ainsi que M. de Galandot entendit parler de M. Tobyson de Tottenwood. Il le vit même passer dans le vestibule et monter l'escalier.

La haute taille de M. Tobyson, sa perruque blanche

à rouleaux, sa figure sanguine, sa corpulence, ses larges pieds chaussés d'énormes souliers et son vaste habit cramoisi lui firent une forte impression. L'Anglais avait pris ses quartiers chez la signora. Il était généreux et bizarre; on en parlait beaucoup à l'office. Jacopo, qui l'avait vu au lit, racontait qu'il y tenait une place formidable et l'emplissait tout entier d'un amas de chair musculeuse et blanche, et qu'à chaque mouvement le bois craquait sous le poids du gigantesque personnage. M. de Galandot fut appelé à en juger par lui-même, car, un matin, Jacopo ayant été pris de fièvre, ce fut lui qui dut le remplacer et aller chercher l'habit et les souliers du milord pour les mettre en ordre. Il entra sur la pointe des pieds et ressortit de même, sans avoir rien vu, comme s'il eût à pénétrer dans la chambre de l'Ogre.

M. de Galandot aidait la Romagnole à mettre à la broche une poularde grasse pour le souper quand Angiolino parut subitement à l'office. Il s'approcha avec politesse du vieux gentilhomme et le pria avec force prévenances inusitées de vouloir bien le suivre dans la galerie où on les attendait tous deux. Le trouble de M. de Galandot fut d'autant plus grand qu'Angiolino le fit passer devant lui et lui céda le pas.

Ils trouvèrent là M. Tobyson de Tottenwood qui, à leur approche, se leva du fauteuil où il était assis et salua gravement. M. de Galandot, pour ne point demeurer en reste, répondit au salut de l'Anglais par des révérences à la française dont la cérémonie contrastait singulièrement avec la souquenille verdâtre qu'il portait et le petit bonnet qu'il roulait entre ses doigts avec embarras; mais son étonnement redoubla quand, outre Olympia, il vit là, debout en sa taille naine et l'aune à la main, le petit tailleur Cozzoli en personne. Stupéfait, M. de Galandot regardait le pavé et tiraillait le coin de son tablier graisseux.

— « Vous allez prendre mesure à M. le comte de Galandot, dit après un silence M. Tobyson en se rasseyant dans son fauteuil, et je veux que l'habit soit fort beau. Servez-vous d'un bon velours pistache que vous galonnerez pour le mieux. N'épargnez rien et faites promptement. »

M. de Galandot, interdit, se laissa faire. Cozzoli tournait autour de lui et le mesurait en tous sens. M. de Galandot écartait les jambes, ployait le bras, se prêtait à tout docilement.

— « Votre Seigneurie sera contente, jacassait Cozzoli affairé. Allons, voilà qui est bien... Ah! Votre Seigneurie a maigri, quoiqu'elle ait l'air de se bien porter. Comme le temps passe pourtant! On ne vous voit plus à la boutique. Notre Mariuccia a une fille; notre Theresa, deux jumeaux : c'est trop d'enfants et pas assez de pères, car Theresa est si distraite qu'elle a oublié de passer par l'église. Que Votre Seigneurie veuille bien se tourner. Encore un moment. »

L'aune s'agitait aux mains du petit tailleur, tantôt accroupi, tantôt dressé sur la pointe de ses pieds.

— « Ah! cet habit-là me manquait. Je me disais toujours : « Cozzoli, tu as beaucoup habillé et tu n'habilleras donc jamais le seigneur comte de Galandot. » Ah ! ah ! ah ! vous allez voir, Milord ; je couperai en plein velours. Si ma pauvre tante Barbara vous pouvait donc voir ainsi ? Mais elle est morte, la pauvre femme, trois jours après les noces de Mariuccia, du saisissement d'avoir trouvé son poulailler saccagé, les œufs brisés, les couveuses parties et les pigeons envolés jusque sur le dôme de Saint-Pierre... Et vous savez, la pie sait encore le nom de Votre Seigneurie, quoique la pauvre bête soit borgne maintenant... »

Et M. Cozzoli, ayant replié son bagage, salua la compagnie et s'esquiva dans une pirouette.

M. Tobyson de Tottenwood se leva de nouveau de son fauteuil.

— « Maintenant, Angiolino, tu vas pourvoir M. le comte d'un bon appartement. Dans trois jours, vêtu comme il sied, il reprendra à table la place qu'il n'aurait jamais dû quitter et qui appartient à sa qualité de gentilhomme, et tu le traiteras désormais comme il convient que le soit quelqu'un de sa naissance et de son âge, et si, au lieu que ce fût un simple seigneur de France que tu eusses ainsi méconnu, c'eût été un bourgeois de Londres, je t'aurais démis la mâchoire, brisé les dents et rompu les côtes. »

Et debout en son grand habit rouge M. Tobyson serra d'une façon significative son poing puissant, velu de poils fauves et cordé de veines bleuâtres.

Angiolino se mordit les lèvres. Il se repentait maintenant d'avoir trop parlé et d'avoir raconté à l'Anglais l'état et l'histoire de M. de Galandot.

Contre sa prudence habituelle, il avait cédé pour une fois au plaisir de faire un bon conte et de divertir le milord, en même temps que de lui donner une haute idée de son adresse et de son esprit. Il n'était pas fâché non plus de mettre en valeur la force des charmes d'Olympia, puisqu'il paraissait évident que c'était par amour pour elle que le seigneur français subissait depuis plus de cinq années les diverses servitudes dont aucune ne décourageait sa curieuse obstination à les préférer toutes plutôt que de renoncer à une habitude d'autant plus surprenante que les causes en demeuraient obscures et secrètes pour tous ceux qui ignoraient les circonstances de la vie de M. de Galandot et comment le passé s'en reliait par un nœud subtil et inattendu à l'inexplicable présent. Qui eût pensé que le pauvre gentilhomme servait, en une double maîtresse, le fantôme d'un amour unique et deux fois vain. Angiolino ne voyait là qu'un beau trait de singularité et une belle figure d'extravagance. Aussi mit-il tous ses soins à sa narration, l'agrémenta de pantalonnades et de bouffonneries propres à dilater la rate du milord.

Son récit terminé, il s'attendait donc à voir M. Tobyson éclater d'un de ces accès de rire qui lui faisaient, en une bouffée, monter au visage toutes les couleurs de l'apoplexie future et secouaient sa gigantesque personne d'un orage de gaieté. D'ordinaire M. Tobyson ayant ri devenait fort généreux, étant de son naturel hypochondre, et le moment était alors favorable pour qu'Olympia obtînt de lui quelqu'une des belles et précieuses pierres dont il portait toujours dans ses poches un assortiment varié.

Mais, cette fois, le résultat fut tout autre. L'Anglais resta froid. Une rougeur lui monta bien au visage; mais, au lieu de se résoudre en rire, elle se termina par un épouvantable coup de poing qui effondra avec toute sa verrerie la table devant laquelle il était assis. En même temps, Angiolino se sentit pris au collet, enlevé de terre par les mains du milord qui jurait à tue-tête ses goddam les plus vigoureux. L'alerte passée, Angiolino tout ébahi entendit M. Tobyson de Tottenwood exiger que désormais M. de Galandot reprît en sa présence une place conforme à son rang et qu'on mît fin au traitement déshonnête qu'on lui faisait subir.

Trois jours donc après cette algarade qui s'acheva par la visite de Cozzoli, M. de Galandot, vêtu d'un superbe habit de velours pistache, passementé d'or sur toutes les coutures, parut à table. M. Tobyson, ravi de son œuvre, but et mangea surabondamment et voulut que son nouvel ami lui fît raison, si bien que le pauvre M. de Galandot, dont la santé branlait de plus en plus, s'en fut coucher en fort mauvais état.

Un inconvénient inattendu commençait pour lui. M. Tobyson l'avait pris en amitié et ne pouvait plus se passer de sa présence; mais M. de Galandot n'approchait son bienfaiteur qu'avec un grand trouble et une terreur manifeste. La haute taille de l'Anglais, sa corpulence, ses poings énormes, sa grosse voix l'épouvantaient. Le moindre de ses gestes le terrifiait. A table, M. Tobyson avait une façon furieuse de porter sa fourchette à sa bouche et de brandir son couteau qui faisait pâlir son timide voisin. De plus, M. Tobyson avait une terrible brusquerie de mouvements que sa force rendait encore plus redoutable. Ses poignées de mains formaient étau, ses bourrades amicales renversaient. Aussi M. de Galandot vivait-il dans une inquiétude continuelle, et il aurait préféré cent fois éplucher les légumes avec Jacopo et laver la vaisselle avec la Romagnole que de manger les quartiers de viande saignante que l'excellent M. Tobyson lui faisait servir sur son assiette et dont il exigeait impérieusement qu'il se chargeât l'estomac, sous prétexte qu'il le trouvait faible, débile et malingre.

Pourtant le séjour de M. Tobyson à Rome touchait à sa fin et il devait partir bientôt pour Naples. Il fut convenu qu'Olympia et Angiolino l'accompagneraient jusqu'à Frascati. Depuis longtemps déjà les deux associés désiraient y acheter une villa pour y passer au frais la belle saison. Ils étaient riches. L'Anglais venait de se montrer fort généreux et M. de Galandot continuait à rapporter gros. De plus, on leur avait parlé d'un bien à vendre là-bas, et, d'après le rapport que leur en faisait le vieux Tito Barelli, tout à fait à leur convenance. Ils se promettaient de le visiter avec soin.

M. de Galandot ne devait pas être du voyage. Il continuait à maigrir et à tousser beaucoup. Sa faiblesse était grande. Les viandes dont le bourrait

M. Tobyson ne le réconfortaient guère. Visiblement il baissait. Mais, le matin du départ, les voitures prêtes, Milord dans la sienne avec Olympia, Angiolino dans une de louage, au moment où l'on partait, on vit arriver M. de Galandot qui, jeté à la tête des chevaux, pleurant et criant, s'imaginait qu'on allait l'abandonner et que M. Tobyson emmenait Olympia avec lui au bout du monde. En vain expliquait-on à M. de Galandot qu'on reviendrait le soir même, il ne voulait rien entendre et se cramponnait à la portière comme un vieil enfant têtu, si bien que M. Tobyson ordonna à Angiolino de prendre avec lui l'ami français, ce qu'Angiolino fit en maugréant, se souciant peu de parader en compagnie de cet antique mannequin, en habit vert, qui sentait l'office et le graillon, car M. de Galandot, malgré sa dignité reconquise, ne laissait pas d'aider par goût, de temps à autre, à leur besogne, Jacopo et la Romagnole près de qui il se reposait des transes que lui donnait la turbulente amitié de M. Tobyson de Tottenwood.

Et, tout en roulant vers Frascati dans l'air frais du matin, Angiolino trouvait qu'il était grand temps que le milord disparût, que M. de Galandot réintégrât les cuisines et reprît sa souquenille, et il voyait déjà l'habit vert perroquet, chef-d'œuvre de Cozzoli, quitter les épaules maigres du comte pour, planté sur un bâton, servir d'épouvantail aux oiseaux.

XIV

Quand les voitures arrivèrent à l'auberge de Frascati, M. Tobyson et Olympia descendirent de la leur dans un état de désordre qui laissait peu de doutes sur la façon dont ils avaient employé les longueurs de la route. Olympia se rajusta de son mieux. L'Anglais redressa sa perruque à rouleaux, s'étira dans son vaste habit rouge et fit claquer sa langue. Angiolino manifesta aussitôt l'intention de faire une promenade aux villas. Il y en a de fort belles à Frascati, et en particulier la Belvedere et la Mondragone, qui sont célèbres par la beauté de leurs ombrages, l'agrément de leurs jardins et l'abondance de leurs eaux. Angiolino se prétendait un vif goût pour les artifices et les jeux hydrauliques. Il le tenait d'enfance, à avoir fréquenté en ses vagabondages les fontaines de Rome. Il avait bu leurs ondes, regardé leurs nappes et leurs gerbes, barboté dans leurs bassins.

Toutes lui étaient familières par quelque souvenir. Il lui plaisait fort de revoir celles de Frascati ; elles avaient assisté à sa naissante fortune. Il les avait visitées jadis avec ce M. de la Terroise, gentilhomme français qui remarqua ses mérites, le tira du commun et fit honneur à sa jolie figure. Ce riche et généreux seigneur, sa fantaisie passée, laissa le jeune garçon les poches pourvues et des bagues de prix à tous les doigts et en état de se présenter décemment au cardinal Lamparelli.

La proposition champêtre d'Angiolino fut loin d'agréer à M. Tobyson qui ne montra nulle disposition à visiter des curiosités auxquelles il se sentait fort indifférent, car il avait une façon assez particulière de voyager. Sauf le vin et les femmes qu'ils pouvaient fournir, il se préoccupait assez peu des pays qu'il traversait. Aussi passait-il volontiers ses journées à l'auberge. Il y recevait les joailliers de l'endroit, car il était grand amateur de pierres et de bijoux, et c'était merveille de le voir toucher les plus fragiles et les plus délicates de ses fortes mains de boucher et d'assommeur. Partout il achetait les plus belles pièces et les envoyait à Londres à sa femme qu'il ne voyait jamais et qui y vivait nabote et contrefaite, parée comme une châsse, tandis que son gigantesque mari courait le monde en troussant les filles et en vidant les bouteilles.

Au gré de M. Tobyson, on se mit donc à table et les lampées commencèrent. Les rasades suivirent qui menèrent la compagnie assez tard dans l'après-midi. Enfin, après une dernière buverie, M. Tobyson déclara qu'il allait partir et ordonna qu'on attelât sa chaise de poste. Angiolino et Olympia sortirent pour hâter ses ordres et il se trouva seul à table en face de M. de Galandot.

M. de Galandot était assis silencieusement, les

yeux fixés au fond de son assiette, quand un coup de poing que donna sur la nappe M. Tobyson le fit sursauter. Ce coup de poing annonçait que M. Tobyson allait parler; il en faisait d'ordinaire précéder ses discours et le proportionnait à son humeur; aussi tantôt le choc faisait-il sauter les assiettes, tantôt tinter agréablement la verrerie.

M. de Galandot, la tête levée, écoutait déjà. M. Tobyson de Tottenwood parla ainsi. Au dehors, on entendait les palefreniers atteler les chevaux avec un bruit d'ébrouements, de sabots et de clochettes.

— « Si vous étiez né, Monsieur, dans un des verts comtés de notre joyeuse Angleterre, savez-vous bien, Monsieur, ce que je ferais? Je vous prendrais le plus doucement du monde par le collet et je vous déposerais sur la banquette de ma voiture. Je m'y assoierais à côté de vous et je dirais au cocher de fouetter les chevaux, et au galop, postillons! »

M. Tobyson de Tottenwood respira profondément. M. de Galandot courbait la nuque et rentrait la tête dans ses épaules; il se voyait déjà dans les airs, suspendu au poing puissant de l'original.

— « Malheureusement pour vous, Monsieur, vous n'avez pas l'honneur d'être Anglais et, d'autre part, je n'ai pas celui de vous connaître assez pour pouvoir agir avec vous sans votre consentement et vous appliquer un traitement que vous seriez peut-être en humeur et en droit de me reprocher, car chacun est libre de vivre à sa guise et chacun doit rester maître de sa fantaisie. La vôtre, Monsieur le Français, est d'être ridicule. Cela est familier à votre nation et je ne m'en étonne pas. Pardonnez-moi ma franchise, Monsieur, mais elle vient à vous voir ainsi le jouet d'un drôle et d'une drôlesse qui vous dépouillent, vous bernent et se moquent de vous. C'est votre choix, donc je n'ai rien à y redire. J'ai cru pourtant, et vous m'en excuserez sans doute, ne point devoir souffrir qu'en ma présence et à ma vue on traitât de la sorte un gentilhomme de votre état et de votre âge. Voilà tout. J'ai fait cela pour moi et non pour vous, car il ne m'était pas agréable de savoir que les souliers avec lesquels je marchais avaient été cirés par un homme de condition, transformé en maraud. Nous autres Anglais, nous respectons dans l'homme sa nature et sa qualité, mais les gredins en question ne semblent guère se soucier de la vôtre. J'ai mis donc quelque arrêt à leur familiarité, mais soyez bien sûr qu'une fois que j'aurai le dos tourné, Monsieur le comte, vous retomberez à l'office et que ni mes remontrances ni l'habit vert que vous portez ne vous en garantiront point. »

M. de Galandot suivait attentivement le discours de l'Anglais. M. Tobyson le toisa, puis se mit à rire bruyamment. Sa grosse figure rouge s'empourpra.

— « Plus je vous regarde, Monsieur, plus je remarque que vous n'avez rien de ce qu'il faut pour manier de pareils coquins. Si encore vous aviez des poings solides, de la taille et du nerf, je vous en enseignerais bien la manière. La leçon serait courte. Avec un bon coup de pied au cul à Angiolino et quelque large soufflet au visage d'Olympia, vous en seriez quitte et vous les verriez doux comme des moutons. Mais, mon pauvre Monsieur, les femmes et leurs rufians ne sont point votre affaire, et ces deux-là sont de la pire espèce. Vous êtes dans un guêpier dont vous ne sortirez pas et où il me peine de vous laisser, foi de Thomas Tobyson! Si encore vous tiriez quelque avantage de votre turpitude, je vous comprendrais mieux. Certes, cette Olympia est bonne à l'amour, mais vous ne le faites pas même avec elle. Elle sait les métiers du lit. Elle a la peau fraîche et les membres souples, encore que pour mon goût elle ne donne pas ce qu'on en pourrait attendre. Mais cela vous importe peu, car l'usage que vous en faites n'est pas celui dont je parle et vous êtes encore donc sa dupe d'une façon de plus. »

M. de Galandot regarda M. Tobyson d'un air suppliant.

— « Ce que je dis là, Monsieur, n'est point pour vous fâcher. Chacun aime à sa façon, et la vôtre, pour bizarre qu'elle soit, ne m'en paraît pas moins respectable, quoique, comme j'ai l'honneur de vous le dire, je ne la supporterais pas un instant de l'un de mes compatriotes. Libre à vous donc, Monsieur, de faire le passe-temps et le jeu de ces pendards, mais pourtant je ne veux point partir d'ici sans vous proposer quelque chose. »

M. Tobyson s'était levé. Il se dressa, énorme et rouge, en face de M. de Galandot, maigre et vert, qui avait imité son mouvement. La table les séparait.

— « Je pars, Monsieur, dit gravement Thomas Tobyson. Je vous emmène. Dans trois jours nous serons à Naples et dans un mois en France. Je vous y conduirai. Laissez la vie absurde que vous menez ici et où vous faites, je vous le répète, piteuse figure. Olympia et Angiolino en crèveront de dépit. Il n'y aura là pas grand mal, vous les avez suffisamment engraissés de vos dépouilles. Dites un mot et vous êtes libre. Réfléchissez. J'attends votre réponse. Le temps de me verser un verre de vin. C'est dit. »

M. Tobyson s'était couvert et choisissait une bouteille. Il attira à lui un verre vide. Lentement, il inclina la panse de la fiasque. Un filet rouge tomba dans le cristal. M. Tobyson versait lentement en regardant, du coin de son petit œil tendre et narquois, M. de Galandot.

M. de Galandot était de la pâleur d'une cire qui eût sué. De grosses gouttes lui coulaient du front. Il tremblait de tous ses membres. Ses dents claquaient. M. Tobyson reposa la bouteille; le verre était plein jusqu'au bord : il le leva.

— « Eh bien? » dit M. Thomas Tobyson de Tottenwood.

M. de Galandot laissa retomber ses longues mains le long de son corps maigre et, par trois fois, de la tête, fit signe que non, en fermant les yeux.

— « A votre santé, monsieur de Galandot, s'écria M. Tobyson d'une voix de tonnerre, et il vida le verre d'un seul trait, le coude haut. Sa figure était écarlate. Puis, ôtant son chapeau, il s'approcha de M. de Galandot et le salua profondément.

— « Nous autres Anglais, Monsieur, nous estimons les hommes qui vont jusqu'au bout de leur devoir, de leur passion et de leur fantaisie. C'est pourquoi, Monsieur, je prétends vous admirer. Faire ce qu'on veut, tout est là. Ainsi moi, Monsieur, j'ai juré de ne pas revoir Londres tant que vivra Mme Tobyson que je déteste. Voici vingt ans que je m'ennuie par toute l'Europe, car il n'y a au monde qu'une seule chose qui me divertisse, Monsieur, me promener par une petite pluie fine sur le pont de la Tamise. »

Et M. Tobyson, pirouettant sur ses larges talons, disparut brusquement par la porte ouverte.

Au dehors, le fouet claqua ; les chevaux frappèrent le sol du sabot ; les essieux des roues grincèrent. Puis le silence se fit et M. de Galandot entendit la voix d'Olympia qui l'appelait.

Il la trouva avec Angiolino ; ils paraissaient joyeux et sournois et fort aises du départ de M. Tobyson ; un mauvais sourire errait sur les lèvres du rufian. Olympia ricanait. Il s'agissait maintenant d'employer la fin de l'après-midi à visiter les villas, celle d'abord qu'Olympia et Angiolino voulaient acheter et dont ils comptaient bien soutirer le prix à M. de Galandot, et ensuite celles qui contiennent des singularités curieuses en bâtiment, parterres, grottes et jeux d'eaux. La promenade fut gaie. M. de Galandot, plus courbé que de coutume, marchait derrière le couple, s'arrêtait avec eux et les suivait à pas traînants. Ils admirèrent ainsi la Mondragone, mais la Belvedere leur plut davantage. Les jardins y sont en terrasses couvertes de verdures et de cascades, la plus grande couronnée de colonnades à cannelures torses par lesquelles l'eau circule en spirale. Dans les grottes, ils s'étonnèrent devant le Centaure qui sonne du cornet à bouquin et le Faune qui joue de la flûte par les moyens de conduits qui fournissent l'air à ces instruments.

Ils arrivèrent ainsi à une fort belle statue de Triton dans une niche de marbre. Olympia resta à l'écart, mais le naïf M. de Galandot en approcha sur l'invitation d'Angiolino qui passa derrière la statue dont il connaissait le secret et tourna le robinet de telle sorte que M. de Galandot reçut en pleine figure un jet si violent que la force le jeta sur la dalle, à la renverse, tout étourdi du choc dont il se releva ruisselant, la perruque collée aux tempes, son habit vert laissant couler l'eau par toutes les coutures, à la grande joie des deux plaisants ravis d'avoir emprunté à l'onde complaisante le soufflet humide de leur rancune contre l'involontaire protégé de M. Thomas Tobyson de Tottenwood.

XV

Il s'agissait maintenant d'obtenir que M. de Galandot contribuât à l'achat de la villa de Frascati. M. Dalfi, consulté le lendemain, s'y prêta aux conditions ordinaires, et Angiolino rentra chez lui le soir, portant en sa poche le papier où ne manquait que la signature de la dupe complaisante. C'était un jeu de l'obtenir ; aussi le rufian soupat-il gaiement en tête-à-tête avec sa maîtresse. M. de Galandot n'avait point quitté sa chambre depuis le retour de Frascati d'où il était revenu morfondu et claquant des dents. En rentrant, il avait regagné son ancien logis proche des cuisines et s'était mis au lit où la Romagnole, par compassion pour sa toux, lui apportait des cataplasmes et des tisanes chaudes. La soirée achevée gaiement, Olympia et Angiolino allaient se coucher, quand ils entendirent gratter à la porte. La mine effarée de Jacopo se montra.

— « Qu'y a-t-il ? dit Olympia.
— Le seigneur Galandot est très mal.
— Que dis-tu là, Jacopo ?
— Oui, signora, en passant par le couloir, je l'ai entendu qui râlait. On croirait qu'il va étouffer.

Il fait un bruit comme quand on tire de l'eau d'un puits Alors je suis monté prévenir.

— C'est bien, j'y vais, dit Angiolino avec importance. »

Jacopo descendit, laissant la porte ouverte. Olympia et Angiolino ne disaient rien. Ils se tenaient l'un devant l'autre sans se regarder. La lumière de la lampe dessinait leurs ombres bizarres sur le mur. La porte ouverte montrait son carré de ténèbres.

— « Ferme donc », dit Olympia.

Angiolino alla vers la porte, la ferma brusquement en retirant sa main comme par crainte de quelque étreinte invisible. Ils se sentirent plus rassurés.

Ils avaient de la mort une peur stupide et basse, surtout Angiolino qui n'avait jamais vu de cadavres. Il leur croyait un aspect effrayant et pensait que, la vie enfuie, le squelette apparaît immédiatement. Il allait et venait par la chambre. Sa peur se tourna en colère, il frappa du pied.

— « Le gueux! ah! le gueux! nous mourir là, à deux pas! »

Puis il s'arrêta; un moustique brûlé grésilla au flambeau. Olympia remonta l'épaulette de sa chemise. On entendit le glissement léger du linge sur sa peau. Angiolino perplexe se frotta le menton. Le poil de sa barbe rasée râpa la paume de sa main.

— « Après tout, il mourra bien tout seul; qui nous force à descendre? »

L'idée d'aller seul dans les ténèbres le faisait frissonner et il implorait des yeux Olympia pour qu'elle lui offrît au moins de l'accompagner. La chandelle charbonnait, il la moucha avec ses doigts et ajouta :

— « Qu'il crève sans nous ! »

Ils se taisaient, pensant tous deux à la même chose. Si M. de Galandot allait mourir sans signer le reçu de M. Dalfi ? Il s'agissait cette fois d'une somme importante qui, jointe à toutes celles que, depuis des années, ils tiraient du bonhomme, les faisait définitivement riches. Ils se voyaient à Frascati. La villa qu'ils venaient justement de visiter reparaissait à leurs yeux ; elle était blanche dans la verdure, avec une colonnade ; des fenêtres, on découvrait au loin la campagne nue jusqu'à la ligne bleue de la mer. Olympia entendait déjà le bruit de ses mules de satin jaune sur l'escalier de marbre. Elle se voyait accoudée sur la terrasse auprès d'un vase de myrte où roucoulerait une colombe perchée. En été, on viendrait chez eux. Le vieux Tito Barelli, avec sa mine de vieille femme, y conterait des cancans et des nouvelles en mangeant un sorbet à la neige, pendant que le fard fondrait comiquement à ses joues ridées. On jouerait aux cartes... Elle se baignerait en des eaux froides... Mais, pour cela, il fallait que M. de Galandot signât le reçu de M. Dalfi. Ils se regardèrent et lurent la même pensée en leurs yeux.

— « Vas-y, dit Olympia ; où est le papier ?

— Non, descends, répondit Angiolino ; il signera mieux avec toi.

— Mais non, c'est toujours toi qui lui tiens la main. »

L'idée de toucher cette main de mourant, de la

tenir dans la sienne, d'en sentir la chaleur fiévreuse ou la sueur glacée fit frissonner Angiolino. Olympia le toisait. Elle retroussa sa chemise et se gratta le genou, puis elle cracha par terre, haussa les épaules et dit:

— « Lâche ! »

Angiolino, sans répondre, alla à un petit meuble, ouvrit un tiroir, en tira un papier plié en quatre qu'il déplia lentement. Olympia lisait par-dessus son épaule. Elle se pencha, posa le doigt sur un chiffre inscrit en gros caractères.

— « Il faut y aller », dirent-ils en même temps.

Depuis un instant, la petite chienne Nina, pelotonnée au pied du lit, s'agitait. Elle avait ouvert l'œil, remué une oreille. Elle finit par se dresser sur ses pattes. Sa langue rose lui pendait au coin de la bouche. Ses griffes piétinèrent le drap. Elle se mit à japper doucement et les regarda sortir.

Ils descendaient l'escalier. Les marches leur semblaient plus hautes que de coutume ; à chaque pas, ils croyaient mettre le pied dans un trou. Olympia portait le flambeau, Angiolino une petite écritoire de corne avec une plume d'oie. Ils se tenaient par la main. Ils arrivèrent ainsi au vestibule, puis suivirent le couloir qui menait aux cuisines et s'arrêtèrent devant une porte fermée. Angiolino regarda par le trou de la serrure, puis y colla son oreille pour écouter. Il n'entendit aucun bruit.

— « Il doit être mort, dit-il en se relevant, si nous remontions ? »

Olympia écouta à son tour.

— « Entends-tu ? » dit-elle.

Un souffle inégal haletait maintenant derrière la porte, tantôt imperceptible, tantôt gros et ronflant. Intermittent, il bourdonnait comme une mouche ou grinçait comme une poulie.

— « Allons-nous en ! » chuchota Angiolino.

Olympia sans répondre ouvrit la porte.

La chambre était vaste et pleine de ténèbres que la chandelle tenue haut ne parvenait pas à éclairer jusqu'au fond. Les murs nus, crépis à la chaux, semblaient avoir la chair de poule. Le plafond bas était traversé de grosses poutres. A des clous pendaient des bouquets d'oignons, des grappes d'aulx, des paquets d'herbes. A terre, gisaient des cruches cassées, des poteries en morceaux. Dans les coins, des meubles de rebut. Sur un vieux fauteuil boiteux était déposé l'habit pistache de M. de Galandot, lamentable et humide encore de la douche de Frascati, avec ses manches distendues, ses basques recroquevillées, ses broderies ternies, avec je ne sais quoi de saumâtre et de spongieux. Au dossier du fauteuil, la grosse perruque s'étalait, morne, comme une tête sans visage. Tout cela formait une dépouille hétéroclite, bizarre et déjà funèbre.

Le lit où gisait M. de Galandot consistait en une paillasse jetée sur un tréteau bas. Le moribond était couché sur le dos, les mains au drap qu'elles ramenaient en s'y crispant. Dans la face terreuse et durcie, la bouche s'ouvrait péniblement, tandis que les yeux restaient clos. Le crâne chauve luisait comme une cire rance ; quelques longues mèches de cheveux gris ramenés de derrière les oreilles se recourbaient vers les joues creuses. Il semblait sculpté dans une glaise jaune, sèche et comme prête à s'effriter sous les doigts.

Olympia, son flambeau à la main, s'était assise sur le lit. M. de Galandot ouvrit les yeux ; il respirait avec peine. Olympia se pencha sur lui.

— « Voyons, mon vieux Galandot, qu'est-ce qu'on me dit, tu es malade? Tu ne souffres pas, au moins? Mais non, tu as voulu nous faire peur? Ce n'est pas vrai, n'est-ce pas?... As-tu faim? Veux-tu souper? On dressera la table. Allons, lève-toi ; habille-toi. Tu vas mettre ton bel habit vert que t'a fait Cozzoli, Cozzoli de la rue del Babuino, celui qui coud assis sur une table avec sa pie sur l'épaule. Tu mettras aussi ta perruque, ta grande perruque. Veux-tu que je t'aide? Viens. Tu ne vas pas rester ici tout seul? »

M. de Galandot regardait Olympia d'un œil hagard. Une quinte de toux le souleva à demi. Olympia voulut lui prendre la main. Il la retira brusquement. Il l'ouvrait et la refermait alternativement, puis la gardait ouverte et semblait en examiner la paume vide avec attention. Le dégoût se marquait sur son visage et il secouait ses doigts comme pour en faire tomber quelque chose de répugnant, sans doute l'image de la pièce d'or qu'y avait déposée jadis Lamparelli.

— « Finis donc ! continua Olympia ; ta main n'a rien. Tu n'as pas du tout mal à la main. Tu as la main aussi ferme que lorsque tu signes ton nom au bas des reçus de Dalfi. Tu sais quand tu écris au bas : « Galandot ». Veux-tu essayer de signer encore? Tu verras comme tu signes bien et tu ne te croiras plus du tout malade. Tiens, je crois qu'Angiolino a le papier. Angiolino, donne-moi l'écritoire et la plume d'oie. »

Elle cherchait à lui mettre la plume entre les doigts sans y réussir. Peu à peu elle s'impatientait. Le souffle rauque et court lui montait à la figure.

— « Signe donc! lui cria-t-elle durement, tout à coup, menaçante, de doucereuse qu'elle feignait d'être jusque-là ; signe donc! Il fait froid ici. Tu vois bien que j'ai les pieds nus sur le pavé. Je suis en chemise et j'ai perdu une de mes mules dans l'escalier tant je me suis pressée de venir. Signe donc, signe... Ah! le gredin! »

D'un geste violent, M. de Galandot avait rejeté les draps. Une odeur pauvre et sèche sortait de la couche fiévreuse, et on vit pendre le long du lit une jambe étique et une cuisse maigre.

Angiolino, qui attendait assis sur le fauteuil boiteux, se releva d'un bond. Il n'avait plus peur du tout.

— « Laisse-le donc crever s'il veut, ce vieux fou, et va te coucher, Olympia. Moi, je saurai bien le décider à signer et sans tant de façons. Ah çà! crois-tu que tu vas t'en aller ainsi en nous crachant au nez ton âme de vieux sot? Voyez-moi le bon seigneur! sa carcasse pour tout cadeau. Les vers mêmes n'en voudront pas. Nous l'as-tu assez promenée sous les yeux depuis cinq ans! Allons! allons! M. Tobyson n'est plus là, mon gentilhomme. Ah çà, videur de pots, signeras-tu? »

Il jura effroyablement et tâcha de maintenir de

force la plume entre les doigts de M. de Galandot dont la main se rétractait. La plume becquetait le papier sans rien y tracer. Angiolino lâcha le poignet; le bras, en retombant, heurta de l'os le bois du lit.

Olympia avait repris entre les siennes la main pendante de M. de Galandot. Elle se mit à lui parler d'une voix douce, geignante et pleurarde.

— « Voyons, mon petit Galandot, tu ne vas pas me refuser cela à moi. Rappelle-toi tout ce que j'ai fait pour toi, comme tu es venu à la maison... Tu t'es assis dans le fauteuil. Il faisait chaud. Puis tu m'as apporté les émeraudes. J'étais nue sur le lit. Tu allais me prendre. Pourquoi as-tu eu peur; c'était la petite chienne Nina. Tu l'aimais bien. Donne-moi des sequins pour lui acheter des pâtisseries et du savon mousseux. Et mon bain, quand je sortais de l'eau toute ruisselante,.. Oui, je sais, Angiolino a eu tort; il n'aurait pas dû t'envoyer porter les singes à Lamparelli. Mais tu étais si complaisant, tu aimais tant à rendre service! Tu as dû toujours être comme cela; c'est dans ta nature. Alors on oubliait que tu étais un grand seigneur, que tu avais des terres, des bois, des écus. Il ne faut pas nous en vouloir. Tiens, tu vas mieux. Veux-tu que la Romagnole t'apporte un bouillon ou que Jacopo refasse ton lit? Tu respires bien. Allons! signe donc, tu en seras débarrassé, tu pourras dormir. »

M de Galandot semblait comprendre. Il souriait faiblement. Ses lèvres sèches remuèrent.

— « Tu as soif. Qu'est-ce que tu voudrais boire?

Veux-tu du vin, du citron? J'irai chercher des raisins; nous les mangerons ensemble comme le jour où tu m'as vue sur la terrasse. Veux-tu? Je me coucherai sur ton lit, près de toi. Je tiendrai la grappe haute. Je la ferai tourner et je te mettrai moi-même les grains dans la bouche... »

Sa chemise était tombée jusqu'à la taille. M. de Galandot la regardait. Il lui caressa le bras, tandis qu'elle lui glissait la plume aux doigts. Il faisait un effort visible. D'abord le bec égratigna le papier, puis, toujours guidé par Olympia, M. de Galandot traça assez distinctement la lettre G.

Tout à coup, il poussa un cri muet qui s'arrêta dans sa gorge. Ses yeux se dilatèrent avec terreur; Olympia tourna la tête et, en même temps que la porte s'ouvrait silencieusement d'une poussée invisible, elle sentit peser dans sa main la main de M. de Galandot. La plume brisée grinça aux doigts crispés.

Angiolino, debout, laissa lourdement tomber le flambeau, et ce fut dans la nuit que tous deux s'enfuirent épouvantés de la chambre funèbre dont la petite chienne Nina, qui venait d'y entrer ainsi, faisait le tour en reniflant, et, pendant qu'ils remontaient l'escalier les dents claquantes et le poil hérissé, la carline grimpait sur le lit et dressée sur ses pattes, sa langue rose au coin de sa bouche, elle flaira dédaigneusement le visage insensible de M. de Galandot; puis, s'étant gratté le cou délicatement, elle sauta sur le pavé avec un bruit d'ongles et disparut légère, coquette et mystérieuse.

ÉPILOGUE

MM. de Créange et d'Oriocourt, les inséparables, étaient à Paris ensemble. Ils avaient pris tous deux en même temps leur congé et pensaient à le passer gaîment, s'il plaisait au jeu et aux femmes. Ils comptaient, comme toujours, pour cela, sur leur figure et, aussi, sur celles qu'amènent les cartes sur les tapis verts. Ils espéraient bien que cette double faveur ne leur manquerait pas et déjà en escomptaient les plaisirs. Celui de revoir leur ami de Portebize s'ajoutait en outre à ceux qu'ils se promettaient et ils ne le voulurent pas différer. Aussi le troisième jour de leur arrivée, se rendirent-ils à la rue des Bons-Enfants où le portier leur apprit que M. de Portebize n'habitait plus là, mais qu'il était à sa maison de Neuilly où ils le trouveraient certainement. Donc le lendemain, d'assez bonne heure, se firent-ils conduire à l'endroit indiqué.

De beaux ombrages le long de la Seine rendaient le lieu fort plaisant. Ils s'étonnèrent en chemin de trouver leur ami en des goûts si champêtres et si retirés; mais le bon aspect de la demeure et des jardins qui l'entouraient les justifia à leurs yeux.

La grille franchie et entrés au vestibule qui leur parut d'une architecture fort galante, ils eussent dû y trouver Basque et Bourgogne pour les introduire ; mais les deux marauds se tenaient rarement à leur poste d'antichambre. Il semblait que le goût de la nature les eût gagnés à leur tour, car, le plus souvent, ils s'échappaient et passaient leur temps au bord de l'eau à tendre des filets et à relever des nasses. Aussi MM. de Créange et d'Oriocourt ne trouvèrent là pour leur répondre qu'une jolie soubrette dont ce n'était guère la place et qui se leva pour les recevoir.

Nanette était devenue fort jolie et fort bien prise ; mais il faut croire que son caractère ne s'était point amélioré autant que sa figure, car elle tamponnait de son mouchoir une joue encore rouge et tout ardente d'un soufflet qu'elle venait de s'attirer de sa maîtresse. Il ne se passait guère de jours qu'elle évitât quelque réprimande de ce genre, car la belle Fanchon, si elle avait le pied léger, avait aussi la main leste, et M. de Portebize lui-même l'eût peut-être bien éprouvé tout comme Nanette, si sa soumission n'eût désarmé son irritable et folâtre amie, car Mlle Fanchon était devenue la bergère de ce galant ermitage où M. de Portebize et elle jouaient au naturel et pour de bon les *Egarements champêtres*.

Cette union charmante, qui ne demandait sa durée qu'à l'amour et ne connaissait d'autres liens que ses nœuds, avait désespéré M. Laverdon et enchanté M. l'abbé Hubertet. M. Laverdon ne s'en consolait point. Pour lui M. de Portebize était un homme perdu. Des brillantes destinées que lui augurait M. Laverdon, il en choisissait une qui paraissait à l'ambitieux perruquier indigne d'un grand cœur. Eh quoi! cette petite Fanchon était une fille sans importance, bonne tout au plus à l'amusement d'un après-souper ou à la passade d'un après-midi; une fillette sans passé qui n'avait même point le mérite d'être courue et disputée. Et encore il joignait à cela le ridicule d'une passion si jalouse qu'il enlevait la demoiselle au plaisir public pour la mieux réserver au sien, s'ôtant ainsi la chance de partager avec quelque ministre ou quelque traitant un cœur dont il eût été amusant de recevoir librement les faveurs secrètes, tandis qu'un autre en eût obtenu avec peine les coûteuses complaisances. Mais non! M. de Portebize filait le parfait amour. La moindre présidente eût mieux valu aux yeux de M. Laverdon ou même une simple femme de finance, quoique M. de Portebize eût pu prétendre à tout, car, après Mlle Damberville et l'éclat universel de son aventure avec elle, il n'était point de duchesse à la cour qui n'eût agréé ses hommages. Certes M. de Portebize avait eu à cet instant toutes les femmes à sa portée. Les plus difficiles lui fussent devenues aisées; mais une pareille vogue, quand rien ne la renouvelle, tombe vite. M. de Portebize préférait l'amour à la gloire et M. Laverdon, haussant les épaules, disait de lui, mélancoliquement et avec quelque dédain : « C'est un homme à ne plus coiffer. »

Tout au contraire, le bon abbé Hubertet avait

assisté avec indulgence, sérénité et contentement au voluptueux penchant qui réunissait ces jeunes gens. Il en parlait avec dignité et béatitude, allongé dans son fauteuil qu'il ne quittait plus, car ses gouttes lui gonflaient les jambes en attendant qu'elles remontassent et missent fin à ce que l'abbé appelait plaisamment le « songe incertain de sa vie », car il discourait volontiers de sa mort prochaine. Il en laissait venir l'heure, ses mains gourdes croisées sur son gros ventre, occupé de pensées tranquilles et visité de ses amis.

Ni M. de Bercherolles, ni M. de Parmesnil ne manquaient à ce devoir. Ils rencontraient là M. Garonard et M. de Clairsilly. Mlle Varaucourt y paraissait par échappées. Son amant avait sa petite maison au Luxembourg, et souvent, en sortant de chez lui, elle montait prendre des nouvelles de l'abbé. Mlle Damberville fut naturellement admirable en ces circonstances. Elle venait chaque jour. Le chevalier de Gurcy, qui n'aimait point ces spectacles, attendait sa belle en bas chez le marchand de vin du coin, car il ne la quittait plus d'une semelle.

Cependant l'enflure remontée annonçait une fin proche. Toute la compagnie avertie s'y trouva. Mlle Damberville, debout derrière le fauteuil, soutenait la tête du malade. On attendait de moment en moment l'arrivée de Mlle Fanchon qu'on avait fait prévenir. L'abbé s'y opposa jusqu'au bout, craignant d'infliger à sa gracieuse pupille une vue affligeante. Elle vint toute rose de jeunesse, de vie et d'amour. Elle portait une robe champêtre et un grand chapeau de paille blonde. L'abbé Hubertet lui sourit sans pouvoir parler, tandis qu'à genoux, devant son fauteuil, elle couvrait de baisers et de larmes une des mains du bon vieillard, de l'autre il adressait un petit salut amical à M. de Portebize, resté discrètement debout dans la porte, à côté de la célèbre urne de bronze vert.

L'abbé mort, Fanchon et François se trouvèrent nommés dans son testament, elle, avec amitié; lui, avec éloge. D'ailleurs M. l'abbé Hubertet n'oubliait personne. A chacun son legs, même à la petite Nanette, qui eut, comme disait le texte, « les huit écus d'or noués au coin d'un mouchoir des Indes, et un petit miroir pour s'y regarder la joue, qu'elle a souvent rouge ». Les médailles, bas-reliefs, vases antiques et livres allaient au cabinet et à la bibliothèque du roi. L'abbé Hubertet se contentait d'en distraire, pour la léguer à M. de Portebize, en témoignage d'estime, la grande urne de bronze vert trouvée jadis à Rome par feu M. le comte de Galandot.

La mort de M. l'abbé Hubertet semblait, de par son grand âge, si naturelle qu'elle n'interrompit guère les plaisirs des deux amants. Ils goûtaient ceux de l'Amour et de la Nature. La maison de Neuilly en était l'asile et le théâtre. Tout y était gai et élégant, plus rustique que pompeux, car la mode momentanée consistait à se plaire aux charmes des champs et des jardins. Aussi tout prétendait à l'idylle et MM. de Créange et d'Oriocourt s'en aperçurent quand la fine Nanette eut poussé la porte de la salle où se trouvait M. de Portebize.

Cette salle formait un cabinet de treillage. M. de Portebize se tenait au milieu sur un tabouret. Les panneaux de glaces se renvoyaient son image, de sorte qu'à première vue la pièce semblait habitée par plusieurs personnes ; mais M. de Portebize était à lui tout seul tous les bergers des miroirs, car il portait un costume qui, pour être galant, n'en était pas moins pastoral. De hautes guêtres de cuir parfumé lui montaient jusqu'aux cuisses ; sa veste, de couleur tendre, était ornée de nœuds et de bouffettes de rubans, dont un gros flot lui tombait de l'épaule. Il arborait un grand chapeau sur une perruque à boucles et s'exerçait à jouer d'une sorte de musette dont il portait la flûte à ses lèvres et dont il supportait sur ses genoux l'outre gonflée de vent.

En le voyant ainsi, Créange et Oriocourt éclatèrent de rire, et M. de Portebize prit part à leur gaieté, quoiqu'il trouvât tout aussi naturel que leurs uniformes son habit de Colin et son déguisement de garçon de village.

— « Sur ma foi, mon cher François, dit M. de Créange quand ils eurent retrouvé leurs esprits, nous ne nous attendions guère à te trouver en cet accoutrement. Peste ! la galante mascarade et le beau berger que tu fais là !

— M'est avis, mon François, ajouta M. d'Oriocourt, que la bergère n'est pas loin, et je gage de la voir bientôt apparaître avec sa houlette et sa panetière. »

M. de Portebize prit un air modeste et villageois.

— « Et nous pensons bien, dit en riant Créange,

que tu ne souffres point de loups dans ta bergerie.

— Créange, reprit M. d'Oriocourt, Créange, mon ami, nous n'avons rien à faire ici ; nous tombons mal ; l'amitié le cède à l'amour. Il règne en maître. Et nous qui comptions sur toi, mon pauvre Portebize, pour nous mener au tripot et nous conduire chez les filles !

— J'avoue, répondit M. de Portebize, que je serais assez embarrassé de vous accompagner où vous dites et que je n'y ferais guère la figure d'usage ; mais vous accepterez bien pour aujourd'hui l'hospitalité de mon Arcadie. D'ailleurs je veux justifier mon cœur à vos yeux et je ne doute point que la simple vue de Fanchon n'y suffise. La voilà justement qui vient du jardin. »

Mlle Fanchon était délicieuse. Elle marchait sur une longue pelouse dont elle foulait doucement l'herbe molle. Parfois elle se baissait pour cueillir une fleur ou elle courait à la poursuite d'un papillon. Il en voltigeait de légers et de charmants çà et là et de la couleur même de l'été. Elle ne les attrapait point, mais y trouvait l'occasion d'étirer ses bras souples, de courber sa taille mince et de faire flotter son écharpe. Elle ne manquait aucune occasion d'être gracieuse et provocante, car elle savait que ses gestes et ses attitudes laissaient en l'esprit de son amant des images voluptueuses dont le souvenir se mêlait comme des rêves aux réalités amoureuses des plaisirs nocturnes. De plus, elle avait vu M. de Portebize debout à la porte du pavillon. Aussitôt elle courut vers lui. Les baisers qu'elle lui lançait du bout de ses doigts devançaient sa course. Son écharpe se déroulait derrière elle, et ce fut ainsi qu'elle vint tomber sur la poitrine de son berger, la tête sur son épaule, les yeux clos et tout étourdie. Quand elle les rouvrit, elle aperçut MM. de Créange et d'Oriocourt qui la saluaient, essoufflée encore et rougissante sous son chapeau de fleurs.

La connaissance fut vite faite. Si Fanchon se montrait champêtre et amoureuse avec François de Portebize, elle savait fort bien que ce joli jeu ne devait intéresser que médiocrement les étrangers ; aussi avec eux redevenait-elle tout de suite piquante et spirituelle. Ces Messieurs, qui craignaient une petite niaise, admirèrent en elle une personne prompte, vive, gaie et même salée.

Durant la collation qui fut servie, on échangea les propos les plus divers et, au sortir de table, quand on fut se promener au jardin, Mlle Fanchon marchait entre MM. de Créange et d'Oriocourt, comme entre deux camarades, en débitant mille folies. L'amour, comme de juste, en faisait les frais, M. de Portebize venait derrière eux, ravi de cette bonne entente et fier de l'esprit de sa maîtresse. Au détour d'une allée, Fanchon se retourna pour dire à son amant :

— « Vos amis sont charmants, Monsieur, et je comprends pourquoi on vous appelait les inséparables. Quant à eux, il a dû leur arriver qu'un cœur ne les séparât point, et moi-même, à être leur maîtresse, j'eusse eu grand'peine à choisir entre eux. »

MM. de Créange et d'Oriocourt se mirent à rire en s'entre-regardant.

— « Vous ne pensiez pas dire si vrai, Mademoiselle, repartit M. de Créange, et récemment encore une aventure qui nous fut commune nous donna une preuve singulière de ce que vous avancez en plaisantant. Demandez à M. d'Oriocourt de vous raconter cette histoire. Elle vous divertira.

— D'autant plus que nous voilà au bon endroit, dit M. de Portebize. Asseyons-nous. »

Le jardin descendait doucement vers la Seine en pentes de pelouses. Le point de vue était soigneusement aménagé au naturel, à l'instar de ceux de Monceaux ou d'Ermenonville. Il n'y manquait ni le cours d'eau, ni le bosquet, ni l'ermitage, ni les ponts rustiques et, entre les arbres, on apercevait une colonnade en ruines, aux chapiteaux enguirlandés de lierre. La compagnie s'assit sur un banc circulaire, et M. d'Oriocourt commença son récit en ces termes.

— « Il faut vous dire, Mademoiselle, que notre régiment partit en manœuvre, il y a deux mois. Elles avaient pour but d'éprouver la solidité des recrues, la résistance des montures et le savoir des officiers ; aussi furent-elles dures et pénibles tant en exercices difficiles qu'en longues étapes. Tout de même elles prirent fin. Il ne restait plus qu'à s'en revenir, car nous nous étions fort éloignés de nos quartiers ordinaires. Le retour se fit à petites journées et l'une d'elles fut marquée par un grand orage qui nous trempa jusqu'aux os. Le tonnerre éclata avec une violence furieuse, les éclairs se succédèrent sans relâche deux heures durant, ensuite de quoi une pluie régulière vint achever ce que l'averse avait si bien commencé.

Tandis que le gros de la troupe s'accommodait de son mieux dans un village pour y passer la nuit, notre avant-garde, dont nous étions, Créange et moi, s'alla loger dans un petit château dont nous aperçûmes par hasard, de loin, sous le ciel pluvieux, les tourelles pointues. Nos hommes s'abritèrent dans quelques masures voisines et tous deux nous poussâmes vers le manoir. Il faisait presque nuit quand nous entrâmes par une poterne voûtée dans une cour carrée bordée de bâtiments. Nous mîmes pied à terre et nous heurtâmes au logis. »

M. de Portebize, à la cour carrée, à la poterne et aux tourelles pointues, avait dressé l'oreille sans savoir pourquoi.

M. d'Oriocourt continua :

— « Nous fûmes reçus à merveille. Une haute cheminée flambait dans une grande salle basse. La maîtresse du lieu vint à notre rencontre. Elle paraissait forte et bien portante en ses vêtements de couleur sombre. Nous entrevîmes son visage qui nous sembla imposant et plein. Elle portait un trousseau de clefs à la ceinture et quitta son rouet pour nous recevoir.

« Tout d'abord un petit valet d'une quinzaine d'années, vêtu d'une souquenille rapiécée, nous conduisit à nos chambres. Les lits de serge, le carreau rougi, tout annonçait une honnête pauvreté. D'ailleurs, l'aspect délabré du dehors l'annonçait déjà, et les écuries où nous avions vu mettre nos chevaux ne leur montraient aucun compagnon. Les araignées tissaient leurs toiles dans les mangeoires et les souris trottaient sur le sol sans litière. Nul sabot ne troublait leurs ébats. Nous nous trouvions sans doute chez quelque veuve de médiocre état et nous pensions y faire maigre chère. Au bout d'une heure, le petit gueux vint nous chercher pour souper.

« La table dressée nous surprit déjà par la propreté extrême et même par la recherche du service et l'abondance de l'éclairage. Notre hôtesse nous mit à ses côtés. Aux lumières, nous la vîmes mieux. Elle avait dû être fort belle et pouvait encore passer pour l'être. Sa quarantaine, et son surplus peut-être, restait fraîche et saine. Elle était grasse et vigoureuse. Son visage avait sans doute perdu sa finesse, mais la gaieté en demeurait avenante. Les mains fort blanches et le teint éclatant laissaient supposer que le reste avait dû conserver une fraîcheur secrète, comme il arrive souvent en pareil cas aux femmes de cet âge et de cette nature. »

M. de Portebize, à ce portrait, devenait de plus en plus attentif.

— « Mais où notre étonnement redoubla ce fut quand nous goûtâmes ce qu'on nous servit. Nous nous trouvions en face de la chère la plus substantielle et la plus délicate. Eh! Mademoiselle Fanchon, quelles sauces et quels condiments! Il se faisait là, dans ce vieux château, une cuisine digne de la table des princes. Nos compliments semblèrent amuser notre hôtesse ; peu à peu elle s'animait et, au lieu de billevesées et de platitudes de province auxquelles nous nous attendions, c'étaient les propos les plus joyeux, les plus piquants et les plus libres, s'il faut le dire. Cette aimable personne paraissait avoir vécu dans le plus grand monde et la plus galante compagnie.

« Peu à peu, le feu des épices nous montait à la langue. Les vins manquaient. On en servait d'un seul, mais bon. La dame s'en excusa. On vivait ici si à l'écart et dans une retraite si continuelle que la cave s'en ressentait et ne contenait guère que les piquettes du crû. C'était calomnier ce que nous buvions et faire injure au très digne coteau qui remplissait les verres. Si notre hôtesse s'en contentait pour l'ordinaire, elle semblait se souvenir en avoir bu du meilleur. Elle en parlait avec connaissance et nous nous demandions qui pouvait bien être cette dame qui montrait une expérience des tables les plus fines et y avoir connu tous les plaisirs de la bouche.

« Nous en étions là quand Créange se frappa le front. Il se souvenait que son porte-manteau contenait par hasard quelques bouteilles d'excellent champagne. La femme d'un marchand chez qui nous avions logé quelques jours avant n'avait pas voulu nous laisser partir sans que nous emportassions quelques flacons cachetés, pour les boire, en souvenir d'elle, à la santé du roi. « Telles sont, Madame, les fortunes militaires », disait Créange, en revenant de quérir les bouteilles ; « les braves inspirent des sentiments passagers. Leurs conquêtes sont parfois pacifiques. » Ce disant, il faisait sauter l'un des bouchons et versait à la ronde la boisson mousseuse et pétillante.

« L'effet en fut des plus agréables. Après quelques verres, il nous monta à la tête des fumées légères qui nous mirent dans un trouble délicieux. Notre hôtesse parut en ressentir particulièrement le bienfait. On eût dit qu'elle buvait un philtre. La jeunesse lui remontait au visage en couleurs renouvelées ; ses lèvres retrouvaient une pourpre plus riche et ses yeux un regard d'une vivacité nouvelle. On eût dit voir une main habile effacer d'un beau portrait la crasse du temps et que la peinture rafraîchie rendait visibles aux yeux les intentions premières du peintre.

« Elle buvait, renversée au dossier du fauteuil, souriant à nos propos et y répondant avec entrain. Nous échangions des anecdotes. Elle en raconta quelques-unes de fort libertines ; ces images voluptueuses excitaient nos sens. Elle s'apercevait aussi que nous n'étions pas insensibles à ses charmes et nous l'aidâmes à mieux s'en rendre compte ; assis chacun à son côté, nous la pressions fort du genou. Elle répondait de son mieux et semblait fort contente de ce triomphe improvisé d'une beauté à laquelle elle avait trop tôt renoncé en s'enfermant loin du monde en ce château perdu, et elle jouissait de ce ret r à un passé dont elle ne paraissait pas avoir oubl é les galantes occupations. Nous travaillions, Créange et moi, à lui en redonner l'idée. Elle entrait parfaitement dans nos vues.

« Notre conduite ne laissait pas d'étonner le petit valet qui nous servait. Il ne semblait guère habitué à de pareils convives et il est probable que cela sortait de l'ordinaire du château. Sans doute il voyait d'habitude à ces places M. le curé du village ou quelques hobereaux de l'alentour, comme s'en doit composer la compagnie d'une honnête veuve, retirée aux champs pour y vivre de son bien et plus donner à ses devoirs qu'à ses plaisirs. Les nôtres commençaient à étonner le jeune drôle. Il rougissait et paraissait fort en colère contre sa maîtresse et contre nous. Aussi, quand il vit Créange se permettre une privauté plus particulière, il laissa tout d'un coup tomber une pile d'assiettes qu'il tenait entre ses mains et s'enfuit tout courant.

« Cet incident nous divertit fort. Soudain notre hôtesse se leva et disparut. Nous restâmes ainsi quelque temps sans nous apercevoir que nous étions bel et bien enfermés. Notre surprise fut considérable de nous trouver ainsi dupes et captifs. Tout en pestant, nous nous consolions à penser qu'il en valait peut-être mieux ainsi. Sans doute notre prudente amie avait voulu nous éviter quelque désillusion. Contente de nous avoir mis en des idées agréables, elle craignait sans doute, en leur donnant une suite, de ne les pas réaliser assez bien, et elle avait tenu à nous les laisser intactes. D'ailleurs nous nous rendions compte que l'imprévu entrait pour beaucoup dans l'attrait de l'aventure. Souvent la grâce d'un visage ne survit pas à l'instant fugitif où nous l'avons entrevue sous un aspect éphémère.

Quelle était en tout cela la part du sel des propos et des fumées du vin ? Et nous nous remîmes à boire et à achever les bouteilles, pensant bien que la sage châtelaine, une fois à l'abri dans son appartement, enverrait quelqu'un nous conduire dans nos chambres. »

M. de Portebize semblait fort soulagé du tour que prenait l'histoire. « Tout cela va finir, pensait-il, par quelque fable de servante, car Créange et Oriocourt ne sont point difficiles. Et puis, à quoi pensé-je ? Du diable si je n'ai pas cru que ces quatre tourelles étaient celles de Bas-le-Pré. Mais il n'y a pas que là qu'on mange finement... »

— « Nous attendîmes assez longtemps, continua M. d'Oriocourt, quand un bruit de clé dans la serrure nous avertit qu'on venait. La porte s'ouvrit. Nous poussâmes un cri d'étonnement et de plaisir. Notre hôtesse était devant nous, transfigurée. Elle portait une fort belle robe, à l'ancienne mode, il est vrai, mais des plus galantes. La majesté de l'ajustement seyait à cette beauté imposante, plus semblable à Cybèle qu'à Diane. Un éventail battait en ses mains. Le fard qui avivait son teint et la poudre qui couvrait ses cheveux donnaient à ses yeux et à son visage un éclat surprenant. Il semblait qu'elle eût retrouvé sa jeunesse avec l'habit qu'elle portait au temps qu'elle était jeune Elle souriait voluptueusement. Nous comprîmes notre bonheur. Elle paraissait trente ans à peine et nous en eûmes quinze chacun de nous, car elle ne voulut pas nous séparer et confia à notre ardeur commune le soin de satisfaire la sienne. Le bel accoutrement céda comme sa maîtresse à nos empressements, elle riait et se laissait faire et nous fîmes de notre mieux. Les circonstances singulières de l'aventure, cette femme renaissant d'elle-même si l'on peut dire, tout contribua à doubler nos forces. La nuit se passa aux plus délicats et aux plus violents plaisirs ; nous les renouvelâmes tour à tour jusqu'à l'aube et, dans cette nuit singulière où le nôtre fut alterné, le sien nous parut continuel.

« Le coq chantait dans la cour comme nous nous levâmes et courûmes à nos habits, car il fallait partir. Les bougies brûlées s'éteignirent ; une seule vacillait encore, et ce fut à sa lueur que nous vîmes une dernière fois la belle Julie, car ce fut sous ce nom, à défaut du véritable dont elle nous pria de ne nous point enquérir, qu'elle voulut demeurer en notre souvenir. Puis le fumeron baissa, et ce fut à tâtons que nous gagnâmes la porte. Nous entendîmes le soupir d'adieu dont elle salua notre départ et nous sortîmes sans que rien pût nous empêcher de croire que nous venions de rêver le plus amoureux et le plus charmant des songes. »

Toute la compagnie se mit à rire et même M. de Portebize qui riait jaune, incertain si MM. de Créange et d'Oriocourt avaient voulu se moquer de lui ou si réellement ces deux étourdis n'avaient raconté que la vérité sans savoir que ce qui n'était pour eux qu'une aventure divertissante l'était moins pour le fils même de la belle Julie de Portebize...

— « Le plus beau, ajouta M. de Créange, fut peut-être encore la fin de tout ceci.

« Nous trouvâmes dans la cour notre fourrier qui tenait en bride nos chevaux; mais à peine fûmes-nous en selle que nous fûmes assaillis d'une grêle de pierres. L'une d'elles faillit même casser le nez d'Oriocourt, tandis qu'une autre m'effleurait l'oreille. Nous regardâmes d'où venait l'embuscade et notre surprise fut grande de voir debout, sur le seuil, le petit valet qui nous avait servi à table et qui, les poches pleines de cailloux, nous assaillait de la sorte.

« Le fourrier nous amena le vaurien par le fond de la culotte. Il criait et se débattait comme un diable. Il avait de longues oreilles, le poil roux, le visage pintelé de taches de rousseur. Il nous regardait avec fureur, les poings serrés. Le drôle pouvait bien avoir une quinzaine d'années. Tout à coup sa colère tomba et il se mit à pleurer, puis à geindre piteusement. Puis une nouvelle rage le saisit. « Ah! les vilains! ils ont couché avec Madame. » Et il reprenait : « Ah! mes bons Messieurs. C'est qu'elle ne voudra plus de moi. Est-ce que je sais ces belles pratiques de gentilshommes. Hi, hi... C'est pourtant Madame qui m'a appris la chose... hi, hi... Je n'y pensais pas, moi, hi... c'était l'autre année, derrière la meule, hi, hi... »

On s'était remis à marcher et, délaissant les allées, on passait à même les pelouses. Le soir tombait peu à peu, il faisait doux et tiède. Fanchon continuait à rire et à plaisanter. On arriva à la colonnade. Elle élevait un demi-cercle de fûts à cannelures autour d'un socle de pierre en forme de tombeau sur lequel reposait une grande urne de bronze vert, celle que M. de Galandot avait jadis trouvée près de la porte Salaria et que l'abbé Hubertet avait léguée à François de Portebize. Parfois l'une des colombes que nourissait Fanchon venait s'y percher un instant. On entendait sur le métal le grincement des pattes écailleuses ou le frottement du bec de corne. Puis l'oiseau s'envolait, et le vase restait seul debout.

C'était à ce monument, que François de Portebize avait fait élever à la mémoire de son oncle, où se réunissaient, à la brume, Basque et Bourgogne et où venait les rejoindre la jolie Nanette. Elle arrivait, tamponnant d'un mouchoir sa joue fraîchement giflée, et tous les trois, sans souci de la dignité du lieu, s'y livraient en paix, dans l'ombre ou au clair de lune, à mille petits jeux indécents, sans savoir qu'ils ornaient ainsi de vivants et mobiles bas-reliefs le piédestal qui portait vers le ciel, rigide et majestueuse en son bronze verdâtre, l'urne de Galandot le Romain.

FIN

Imprimerie Vve Albouy, 75, avenue d'Italie. — Paris.

www.ingramcontent.com/pod-product-compliance
Lightning Source LLC
Chambersburg PA
CBHW050908230426
43666CB00010B/2077